1001 (EINFACHE & LECKERE) IDEEN UM GÄSTE entspannt einzuladen

1001 (EINFACHE & LECKERE) IDEEN UM GÄSTE *entspannt einzuladen*

C. DEPRAZ

vivo buch

Inhalt

Zen in der Küche? Yes, you can!

Was kann schöner sein, als gemeinsam mit Freunden oder der Familie ein Abendessen zu genießen, bei einem köstlich und hübsch zubereiteten Gericht Gäste kennenzulernen, denen wir erst kürzlich begegnet sind, die Schwiegermutter oder den Liebsten mit einem selbst gemachten und hervorragend gelungenen Dessert zu beeindrucken!

Doch für viele von uns ist dieser Moment des Austauschs und des vergnüglichen Beisammenseins mitunter schon völlig verdorben, bevor es überhaupt losgeht … Stress entsteht bei der bloßen Vorstellung, etwas könnte schiefgehen. Aus Zeitmangel, Platzmangel, Erfahrungsmangel … kann die verheißungsvolle Idee für Gastgeber oder Gastgeberin schnell zu einem wahren Albtraum werden!

Dieses Kochbuch stellt einfache und schmackhafte Gerichte vor und gibt Tipps und Tricks für jeden Koch: den nimmermüden, den von der Angst erfüllten, der Küchenschrank könne nicht gut bestückt sein, den Cro-Magnon in Sachen Küchengerät, den besorgten unorganisierten …

Unter diesen 250 Rezepten finden Sie, was Sie für ein köstliches Abendessen brauchen, auch wenn Ihr Terminkalender dem eines Ministers gleicht, Sie erfahren, welches Menü Sie mit geschlossenen Augen zaubern, wenn es um die Wurst geht, wie man ohne Backofen oder Schneebesen kocht oder auch wie man die richtige Atmosphäre für ein Tête-à-Tête zu zweit schafft …

Sie erfahren, wie Sie Küchenschrank und Kühlschrank bestücken, um brillant zu improvisieren, wie Sie sich an die Ernährungsweise Ihrer Gäste anpassen und in Sachen Geschmack immer auf der sicheren Seite sein können, wie Sie den passenden Wein zum Essen kredenzen, zu Hause einen Empfang organisieren und den Tisch hübsch decken, ohne die Messer zu vertauschen.

Sie werden sehen, mit diesen guten Rezepten, ein paar Ratschlägen und etwas Motivation wird es zu einem wahren Vergnügen, Gäste zum Essen zu empfangen.

Setzen Sie sich fünf Minuten hin … Wählen Sie Ihre Rezepte nach der Zahl der Gäste, dem verfügbaren Platz, dem Budget und Ihren Kochkenntnissen. Einatmen … Ausatmen … Und los kann's gehen, ganz Zen!

Ein herzlicher Willkommensgruß – schnell aufgetischt

Nicht 1 Minute Zeit zum Kochen?

Wenn sich Gäste anmelden … Das sollten Sie stets parat haben

FÜR 6 PERSONEN
ZUBEREITUNGSZEIT: 10 Min.
GARZEIT: 20 Min.
SCHWIERIGKEITSGRAD: ★
KOSTEN: €

- 500 ml Geflügelbrühe
- 2 grüne Äpfel
- 500 g Esskastanien (vorgegart, geschält, vakuumverpackt oder aus der Dose)
- Salz und frisch gemahlener Pfeffer
- 250 g Sahne

Maronensuppe

Eine rasch zubereitete Cremesuppe, bestens geeignet für eine Einladung an einem kalten Herbst- oder Winterabend.

1 Geflügelbrühe in einem Topf erhitzen. Äpfel schälen, entkernen und in kleine Stücke schneiden. Zur Brühe in den Topf geben, aufkochen und 10 Minuten köcheln lassen.

2 Esskastanien nach 5 Minuten mit in den Topf geben und 5 Minuten darin erhitzen.

3 Die Suppe im Mixer zu einer cremigen Suppe pürieren, salzen und pfeffern.

4 Kurz vor dem Anrichten Sahne zufügen, unter Rühren 1 Minute bei hoher Temperatur erhitzen und sofort servieren.

MEIN TIPP

Eine würzige Note gebe ich der Suppe durch die Zugabe von einer Messerspitze Zimt oder Ingwer. Noch aparter: Ich serviere meinen Gästen als Beilage geröstete Lebkuchen.

SELBST GEMACHT SCHMECKT AM BESTEN!

Wenn Sie am Vortag Zeit haben, bereiten Sie die Kastanien selbst vor. Mit einem spitzen Messer ritzen Sie die Schale der frischen Kastanien kreuzweise ein. Sie können die Kastanien ca. 15 Minuten bei 200 Grad im Backofen rösten oder ca. 25 Minuten in kochendem Wasser garen. Möglichst schnell schälen, solange sie noch sehr heiß sind, dabei Schale und Haut abziehen.

FÜR 4 PERSONEN

ZUBEREITUNGSZEIT: 15 Min.

KÜHLZEIT: 1 Std.

GARZEIT: 25 Min.

SCHWIERIGKEITSGRAD: ★

KOSTEN: €

- 4 Lauchstangen
- 1 Zwiebel
- 2 vorwiegend festkochende Kartoffeln
- 2 Esslöffel Olivenöl

Für das Eis:

- ½ Bund Koriander
- 250 g Crème fraîche (mind. 30 % Fett)
- Salz und frisch gemahlener Pfeffer

MEIN TIPP

Für die Eiswürfel verwende ich verschiedene Kräuter, je nach Lust und Laune: Petersilie, Estragon, Kerbel …

Lauch-Cremesuppe mit Kräutereis

Nicht nur bei Desserts bilden heiß und kalt ein gutes Gespann! Bereiten Sie die Suppe am Vorabend zu, dann brauchen Sie sie nur aufwärmen.

1 Für das Eis Koriander waschen, trocken schütteln, Blätter abzupfen und fein hacken. Mit Crème fraîche vermengen, salzen, pfeffern. Die Mischung in Eiswürfelformen verteilen und mindestens 1 Stunde ins Tiefkühlfach stellen.

2 Für die Suppe Lauch putzen, Stangen längs halbieren, waschen und in feine Ringe schneiden. Zwiebel schälen und in dünne Scheiben schneiden. Kartoffeln schälen, waschen und in Würfel schneiden.

3 Olivenöl in einem Topf erhitzen und Lauch und Zwiebel darin bei mittlerer Hitze 5 Minuten dünsten, gelegentlich umrühren. Kartoffelwürfel und Salz zugeben. So viel Wasser zugießen, bis das Gemüse bedeckt ist, das Ganze zugedeckt 20 Minuten köcheln.

4 Das Ganze im Mixer pürieren. Unter häufigem Rühren wieder erwärmen. Suppe in Tellern verteilen und jeweils 1 oder 2 Würfel Kräutereis hineinsetzen. Sofort servieren.

⊳**AUCH LECKER** mit Hokkaidokürbis.

GUT ORGANISIERT IST HALB GEKOCHT!

Wenn Sie die Suppe am Vorabend zubereiten möchten, nach dem Pürieren in den Kühlschrank stellen. Vor dem Servieren unter Rühren bei schwacher Hitze erwärmen.

FÜR 6 PERSONEN

ZUBEREITUNGSZEIT: 10 Min.

GARZEIT: 15 Min.

SCHWIERIGKEITSGRAD: ★

KOSTEN: €

- 1 kg Zucchini
- 2 Knoblauchzehen
- Salz
- 2 Ecken Sahneschmelzkäse
- Olivenöl oder Sahne

MEIN TIPP

Schmelzkäse harmoniert auch sehr gut mit Brokkoli. Denken Sie daran, dass Sie für den Fall einer Blitzsuppe immer ein paar Ecken Käse im Kühlschrank haben.

Zucchini-Cremesuppe

Im Sommer kalt, im Winter warm zu genießen!

1 Zucchini waschen, die Enden entfernen und Zucchini in Scheiben schneiden.

2 Zucchini in einen Topf geben, bis zur Hälfte mit Wasser bedecken. Knoblauch schälen, durch eine Presse drücken und zufügen. Salzen und 15 Minuten kochen.

3 Schmelzkäse zugeben und im Mixer pürieren, bis eine fast schaumige Creme entsteht.

4 Suppe in Teller geben und sofort servieren – im Sommer mit einem Schuss Olivenöl, im Winter mit ein wenig Sahne.

FÜR 4 PERSONEN

ZUBEREITUNGSZEIT: 10 Min.

GARZEIT: 1 Min.

SCHWIERIGKEITSGRAD: ★

KOSTEN: €

Rucolasalat mit Feigen

In der Expressküche sollten Sie mutig pfeffrig-süße Kombinationen probieren.

- 80 g Rucola
- 120 g Hartkäse aus Schafsrohmilch (z. B. Tome de brebis)
- 8 frische Feigen
- 1 Esslöffel Olivenöl

Für die Salatsoße:

- 2 Esslöffel Olivenöl
- 2 Esslöffel Walnussöl
- 1 Esslöffel Apfelessig
- Salz und frisch gemahlener Pfeffer

1 Für die Salatsoße in einer Schüssel alle Zutaten verrühren, salzen und pfeffern.

2 Rucola waschen und trocken schleudern. Käse in hauchdünne Scheiben schneiden.

3 Feigen in Viertel schneiden. Olivenöl in einer Pfanne erhitzen und Feigen darin 1 Minute anbraten.

4 Rucola auf Tellern verteilen, Käse darauf anrichten, mit Salatsoße beträufeln und die lauwarmen Feigenviertel darauf anrichten.

UNSER PROFI-TIPP

Eine reife Feige zeigt auf der Oberfläche kleine Risse und gibt auf Fingerdruck leicht nach. Sie darf nicht zu weich sein. Ein fester Stielansatz ist ein Zeichen für Frische.

FÜR 4 PERSONEN

ZUBEREITUNGSZEIT: 10 Min.

SCHWIERIGKEITSGRAD: ★

KOSTEN: €

Salat mit Mini-Romanasalat und Rucola

- 6 Mini-Romanasalate
- 1 Bund Rucola
- ½ Bund Koriander

Für die Soße:

- ½ Zitrone
- 4 Esslöffel Sahne
- 1 Esslöffel Olivenöl
- 1 Knoblauchzehe (zerdrückt)
- Salz und frisch gemahlener Pfeffer

Ein frischer Salat, der sich im Handumdrehen zubereiten lässt.

1 Romanasalate, Rucola und Koriander waschen und trocken schütteln. Von den Romanasalaten jeweils den Strunk entfernen und Blätter ablösen. Korianderblätter abzupfen und klein schneiden.

2 Für die Salatsoße die halbe Zitrone auspressen. In einer Salatschüssel alle Zutaten verrühren, salzen und pfeffern.

3 Salatblätter unmittelbar vor dem Servieren zur Soße geben, untermischen und mit fein geschnittenem Koriander bestreuen.

MEIN TIPP

Der Mini-Romanasalat ist ein Sommer- und Herbstsalat. Im Frühjahr nehme ich stattdessen den ausgewachsenen Romanasalat.

FÜR 4 PERSONEN

ZUBEREITUNGSZEIT: 5 Min.

SCHWIERIGKEITSGRAD: ★

KOSTEN: €

Salat mit Kichererbsen und Tomaten

- 250 g Kichererbsen
- 5 Tomaten
- 3 rote Zwiebeln
- 1 Bund Dill
- 12 schwarze Oliven (z.B. Kalamata)
- 200 g Thunfisch (im eigenen Saft)

Für die Soße:

- 1 rosa Grapefruit
- 5 Esslöffel Olivenöl
- Salz und frisch gemahlener Pfeffer

Ein Gericht, das in gerade einmal 5 Minuten auf dem Tisch steht.

1 Kichererbsen mit klarem Wasser abspülen und abtropfen lassen.

2 Tomaten waschen, trocken tupfen, ggf. Stängelansätze entfernen und Tomaten in kleine Würfel schneiden. Zwiebeln schälen und in feine Scheiben schneiden. Dill waschen, trocken schütteln, Spitzen abziehen und fein hacken.

3 Für die Soße Grapefruit auspressen und den Saft in eine große Salatschüssel gießen. Olivenöl, Salz und Pfeffer zugeben und die Zutaten zu einer glatten Soße verrühren.

4 Kichererbsen, Tomatenwürfel, fein geschnittene Zwiebeln und Oliven zur Soße geben und sorgfältig unterheben.

5 Thunfisch abgießen, zerbröseln und auf dem Salat verteilen.

MEIN TIPP

Der säuerliche Geschmack der rosa Grapefruit gibt dem Salat den richtigen Pfiff. Sie ist im Geschmack süßer als ihr gelbes Gegenstück.

FÜR 4 PERSONEN

ZUBEREITUNGSZEIT: 10 Min.

GARZEIT: 5–8 Min.

SCHWIERIGKEITSGRAD: ★

KOSTEN: €

Sardinen im Teig mit Petersiliensalat

Ein ganz einfaches Rezept mit großer Wirkung.

- 2 Bund glatte Petersilie
- 2 Zitronen
- 4 Brickteigplatten
- 8 Sardinen in Olivenöl
- 5 Esslöffel Olivenöl
- Salz und frisch gemahlener Pfeffer

1 Den Backofen auf 210 Grad vorheizen.

2 Petersilie waschen und trocken schütteln. 1 Zitrone schälen, Kerne entfernen und weiße Haut abziehen, Fruchtfleisch in kleine Würfel schneiden. Die zweite Zitrone auspressen.

3 Brickteigplatten ausbreiten, halbieren. Jeweils auf eine Hälfte 1 Sardine und 1 Petersilienzweig legen, den Brickteig so einrollen, dass die Sardine davon umhüllt ist. Die Röllchen in einer feuerfesten Form 5–8 Minuten im Backofen goldbraun backen.

4 In der Zwischenzeit Zitronensaft, Olivenöl und Zitronenwürfelchen in einer Salatschüssel mischen. Die übrige Petersilie (Blätter von den Zweigen abgezupft) sowie Salz und Pfeffer zugeben und noch einmal unterheben.

5 Salat auf die Teller verteilen und die Sardinen im Brickteig daneben anrichten. Servieren.

MEIN TIPP

Damit ein bisschen mehr Sonne auf den Teller kommt, verwende ich anstelle von Petersilie Koriander, eine Gewürzpflanze der orientalischen Küche.

WUSSTEN SIE SCHON?

Petersilie zählt zu den Lebensmitteln mit dem höchsten Vitamin-C-Gehalt, er ist doppelt so hoch wie bei Orangen. Also nicht sparen, und bieten Sie Ihren Gästen reichlich davon an. Sie werden mit diesem kleinen Salat zu Höchstform auflaufen!

FÜR 4 PERSONEN

ZUBEREITUNGSZEIT: 15 Min.

GARZEIT: 10 Min.

SCHWIERIGKEITSGRAD: ★

KOSTEN: €

- 1 große Zucchini (oder 2 kleine)
- ½ Bund Basilikum
- ½ Bund Minze
- 6 Eier
- 100 g geriebener Parmesan
- Salz und frisch gemahlener Pfeffer
- 2 Esslöffel Olivenöl

MEIN TIPP

Das Omelett kommt bei meinen Gästen auch sehr gut an, wenn ich es in kleinen Häppchen zum Aperitif anbiete.

Zucchini-Frittata

Die Frittata ist die köstliche italienische Variante des Omeletts, gefüllt mit verschiedenen Gemüsesorten der Saison.

1 Zucchini waschen, die Enden abschneiden und Zucchini mit dem Gemüsehobel oder der mittelgroben Reibefläche einer Küchenraspel reiben.

2 Basilikum und Minze waschen, trocken schütteln, Blätter abzupfen und klein schneiden.

3 In einer großen Schüssel Eier aufschlagen und so lange rühren, bis eine schaumige Masse entsteht. Geriebene Zucchini, Kräuter und Parmesan unterrühren, mäßig salzen (auch der Parmesan liefert Salz) und pfeffern.

4 Olivenöl in einer großen Pfanne erhitzen. Den Inhalt der Salatschüssel hineingeben und bei mittlerer Hitze 5 Minuten backen, Frittata mithilfe eines Tellers vorsichtig wenden und in weiteren 5 Minuten fertig garen.

5 Frittata heiß, lauwarm oder kalt servieren.

FÜR 6 PERSONEN

ZUBEREITUNGSZEIT: 5 Min.

GARZEIT: 5 Min.

SCHWIERIGKEITSGRAD: ★

KOSTEN: €

Wachsweiche Eier auf Avocado-Concassé

Eine einladende Warm-Kalt-Mischung.

- Salz
- 6 frische Eier
- 3 Handvoll Rucola
- 3 reife, aber feste Avocado
- 1 Zitrone
- frisch gemahlener Pfeffer
- Olivenöl

1 In einem Kochtopf gesalzenes Wasser zum Kochen bringen, Eier vorsichtig hineinlegen. Ab dem Zeitpunkt, da das Wasser wieder aufkocht, 5 Minuten kochen. Das heiße Wasser wegschütten und Eier kalt abschrecken.

2 Rucola waschen und trocken schleudern. Avocados halbieren, Kern entfernen, Fruchtfleisch mit einem Löffel herauslösen und in kleine Würfel schneiden.

3 Zitrone auspressen. Avocados mit dem Zitronensaft beträufeln, salzen und pfeffern. In einer Salatschüssel mit Rucola mischen und etwas Olivenöl darübergießen.

4 Die Mischung auf Teller verteilen. Eier schälen, halbieren und je zwei halbe Eier auf einem Teller anrichten.

UNSER PROFI-TIPP

Beim wachsweichen Ei ist das Eigelb dick, aber noch flüssig. Damit das wachsweiche Ei gelingt, muss es länger kochen, als ein weich gekochtes Ei (3 Minuten) und nicht so lang wie ein hart gekochtes Ei (10 Minuten).

FÜR 6 PERSONEN

ZUBEREITUNGSZEIT: 15 Min.

GARZEIT: 40 Min.

SCHWIERIGKEITSGRAD: ★

KOSTEN: €

- 250 g Mehl
- 1 Päckchen Backpulver
- 5 Esslöffel Olivenöl
- 3 Eier
- 300 g Naturjoghurt
- 100 g geriebener Gruyère
- 150 g Thunfisch (im eigenen Saft)
- 50 g schwarze Oliven (entsteint)
- 1 in Salz eingelegte Zitrone (Rezept Seite 169 zum Selbermachen)
- frisch gemahlener Pfeffer
- Butter für die Form

MEIN TIPP

Auf dem Sommerbuffet richte ich den Kuchen in Stückchen an: geht weg wie warme Semmeln!

Thunfisch-Kuchen mit Zitronenconfit

Ganz schnell und immer ein großer Erfolg.

1 Den Backofen auf 180 Grad vorheizen.

2 Mehl, Backpulver, Olivenöl, Eier, Joghurt und Gruyère in eine Schüssel geben und zu einem glatten Teig verarbeiten.

3 Thunfisch abtropfen lassen und Oliven abgießen und fein würfeln. Eingelegte Zitrone in Würfel schneiden, Thunfisch klein zupfen. Thunfisch, Oliven und Zitrone zum Teig geben, unterarbeiten und pfeffern.

4 Eine Kastenform mit Butter einstreichen und den Teig hineingeben. Im Backofen 40 Minuten backen.

> **DAZU** schmeckt grüner Salat.

GUT ORGANISIERT IST HALB GEKOCHT!

Der Kuchen hat den Vorteil, dass er am Tag nach dem Backen noch besser schmeckt. Backen Sie den Kuchen am Vorabend, nehmen Sie ihn aus der Form und lassen ihn vollständig abkühlen. Wieder in die Backform setzen, mit Frischhaltefolie abdecken und kalt stellen. 1 Stunde vor dem Anrichten aus dem Kühlschrank nehmen.

FÜR 4 PERSONEN

ZUBEREITUNGSZEIT: 5 Min.

GARZEIT: 10–15 Min.

SCHWIERIGKEITSGRAD: ★

KOSTEN: €

- 4 große Fenchelknollen (oder 8 kleine)
- 2 Esslöffel geriebener Parmesan
- 2 Esslöffel Olivenöl
- Salz und frisch gemahlener Pfeffer

UNSER PROFI-TIPP

Stiele und Grün vom Fenchel aufbewahren. Sobald beides getrocknet ist, können sie Ihrer Gemüsebrühe und Ihren Fischgerichten damit eine Anisnote verleihen.

Geschmorter Fenchel mit Parmesan

Eine nie dagewesene Fenchelzubereitung mit köstlichem Anisgeschmack.

1 Fenchelknollen putzen, waschen und je nach Größe halbieren oder vierteln. 10 Minuten in Dampf garen.

2 Parmesan auf einen Teller geben und die Fenchelstücke darin wenden, sodass sie ganz von Käse umhüllt sind.

3 Olivenöl in einer großen Pfanne erhitzen und den Fenchel von beiden Seiten in 1–2 Minuten goldbraun braten. Salzen und pfeffern.

> **DAZU** schmeckt Hühnchen oder Fisch aus dem Ofen.

FÜR 6–8 PERSONEN

ZUBEREITUNGSZEIT: 15 Min.

GARZEIT: 35 Min.

KÜHLZEIT: 12 Std.

SCHWIERIGKEITSGRAD: ★

KOSTEN: €

- 4 Zucchini
- 2 Esslöffel Olivenöl
- ½ Teelöffel Currypulver
- frisch gemahlener Pfeffer
- 4 Eier
- geriebene Muskatnuss
- 200 g Gouda mit Kümmel

MEIN TIPP

Möchte ich es etwas festlicher haben, verwende ich Gratinförmchen und reduziere die Garzeit auf 15 Minuten.

Zucchini-Pudding mit Gouda

Wird der Pudding am Tag zuvor zubereitet, entwickelt er durch den Kümmel ein ungeahntes Aroma – und Sie sparen Zeit!

1 Am Abend zuvor den Backofen auf 180 Grad vorheizen.

2 Zucchini waschen, beide Enden entfernen und Zucchini in Würfel schneiden.

3 In einem Topf Olivenöl erhitzen und Zucchiniwürfel bei schwacher Hitze darin 10 Minuten unter häufigem Rühren braten. Curry und Pfeffer zufügen (nicht salzen, da der Käse schon salzig ist).

4 Derweil in einer Schüssel Eier verquirlen, pfeffern und eine Messerspitze geriebene Muskatnuss zugeben. Gouda fein reiben und zur Eiermasse geben.

5 Sobald die Zucchini gar sind, in eine Auflaufform schichten, Eiermasse darübergießen und den Pudding 25 Minuten im Backofen garen. Mit einem Messer die Garprobe machen: Bleibt es beim Einstechen trocken, ist der Pudding gar. Abkühlen lassen und kalt stellen.

6 Am Tag der Einladung Pudding unmittelbar vor dem Servieren aus dem Kühlschrank nehmen.

> **DAZU** gedünstete Fischfilets servieren.

Nicht 1 Minute Zeit zum Kochen?

Bei unserem ausschweifenden Leben ist es manchmal schwierig, nach allen Regeln der Kunst Gäste zu empfangen.

Wichtig: Wenn die Zeit knapp ist, nehmen Sie sich 5 Minuten, um sich zu organisieren.

TIPPS UND TRICKS, ZEIT ZU SPAREN

- Einkäufe, die wie von Zauberhand über das Internet geliefert werden.
- Ein gedeckter Tisch, bevor Sie morgens zur Arbeit gehen.
- Ein Schmorgericht, das Sie am Vorabend zubereiten und zum Aperitif aufwärmen.

Und Sie werden sogar noch 15 Minuten Zeit für ein kleines Päuschen haben, bevor Ihre Gäste eintreffen ...

Wer sagt denn, dass man für ein gutes Abendessen stundenlang in der Küche stehen muss?

Gerichte, die ganz praktisch am Vorabend zuzubereiten sind:

- Lauch-Cremesuppe und Kräutereis (Rezept Seite 12)
- Rinderbacke mit Wurzelgemüse (Rezept Seite 62)
- Matcha-Tiramisu (Rezept Seite 76)

Blitzrezepte, in genau 30 Minuten verzehrfertig:

- Rucolasalat mit Feigen (Rezept Seite 14)
- Lachs in Wirsing (Rezept Seite 28)
- Mousse mit Waldbeeren (Rezept Seite 72)

Ein spontanes Abendessen, völlig stressfrei!

- Maronensuppe (Rezept Seite 10)
- Pasta mit Sardinen (Rezept Seite 34)
- Erdbeerauflauf (Rezept Seite 70)

Schnell gemacht! Ein paar hübsche Ideen!

- **Rühreier** mit … allem, was Sie gerade zur Hand haben: TK-Kräuter, getrocknete Trüffelschalen und -scheiben, Fischrogen aus dem Glas …
- Große **Schalenkartoffeln** 30 Minuten kochen, in zwei Hälften aufreißen, dazu passt zum Beispiel Crème fraîche und ein Hauch Fleur de Sel mit getrockneten Morcheln.
- **Geschnetzeltes Rindfleisch** 3 Minuten in der heißen Pfanne gebraten.
- Vor dem Abendessen in 20 Minuten **einen Mürbeteig** backen, und kurz bevor es losgeht, mit Lemon Curd (englische Zitronencreme) füllen.

FÜR 4 PERSONEN

ZUBEREITUNGSZEIT: 10 Min.

GARZEIT: 15 Min.

SCHWIERIGKEITSGRAD: ★

KOSTEN: €€

Lachs in Wirsing

Dieses zarte Farbenspiel ist ganz leicht zuzubereiten.

- Salz
- 8 Wirsingblätter
- 4 Lachssteaks (je 150 g)
- 1 Zitrone
- 4 Esslöffel Olivenöl
- frisch gemahlener Pfeffer

1 In einem großen Topf mit gesalzenem Wasser Wirsingblätter 5 Minuten blanchieren. Auf Küchenpapier abtropfen lassen und die mittlere harte Rispe sorgfältig auslösen.

2 Die 4 schönsten Blätter beiseitelegen. Restliche Blätter mit dem Messer fein hacken, salzen und jeweils mittig auf die 4 großen Kohlblätter legen, je 1 Lachssteak daraufsetzen. Kohlblätter zu Päckchen einschlagen, salzen und pfeffern. Die Päckchen im Dampfgarer 10 Minuten garen.

3 Zitrone auspressen. Wirsing-Lachs-Päckchen mit Zitronensaft und Olivenöl beträufeln.

⊳ **DAZU** Kartoffelpüree oder restlichen Kohl reichen. Kohl 10 Minuten kochen, abgießen, in Streifen schneiden und kurz in einer Pfanne mit 1 Esslöffel Olivenöl und einigen Speckwürfelchen schwenken.

GUT FÜR DIE GESUNDHEIT

Dieses Gericht ist köstlich und gleichzeitig gesund. Lachs gehört zu den Fischsorten mit dem höchsten Omega-3-Gehalt. Er enthält außerdem die Vitamine A und D. Kohl liefert Vitamin C und Eisen. Ein ausgewogenes Gericht, das in genau 25 Minuten fertig ist!

FÜR 4 PERSONEN

ZUBEREITUNGSZEIT: 5 Min.

GARZEIT: 5–7 Min.

SCHWIERIGKEITSGRAD: ★

KOSTEN: €€

- 800 g Kabeljaufilet
- Olivenöl
- 1 Zitrone
- Salz und frisch gemahlener Pfeffer

Kabeljau aus der Mikrowelle

Dieses ausgewogene Gericht zeigt Ihren Gästen, wie gut einfache Dinge schmecken können.

1 Kabeljau unter fließend kaltem Wasser abspülen, trocken tupfen und in 4 gleich große Portionen teilen.

2 Eine mikrowellengeeignete Platte hauchdünn mit Öl bestreichen, Kabeljaustücke mit der gewölbten Seite nach unten darauf anordnen.

3 5 Minuten im Mikrowellenofen kochen. Garprobe machen und gegebenenfalls Garzeit 2 Minuten verlängern.

4 Zitrone auspressen. Kabeljau mit Zitronensaft und 1 Spritzer Olivenöl beträufeln. Salzen und pfeffern.

> **DAZU** grüne Gemüsesorten oder Dampfkartoffeln mit einer Quark-Kräuter-Soße reichen.

MEIN TIPP

Kabeljau ist ein Fisch, den besonders Kinder gern mögen. Er hat köstliches weißes Fleisch, das nach dem Garen leicht zusammenfällt. Oft bereite ich es für meine kleinen Gäste zu.

FÜR 4 PERSONEN

ZUBEREITUNGSZEIT: 15 Min.

GARZEIT: 6 Min.

SCHWIERIGKEITSGRAD: ★

KOSTEN: €€€

- 800 g Seeteufel
- 1 Zitrone
- Olivenöl
- 150 g getrocknete Tomaten in Öl
- 1 Knoblauchzehe
- 10 Kapern
- 5 schwarze Oliven (entsteint)
- Salz und frisch gemahlener Pfeffer
- 1 Esslöffel Schnittlauchröllchen

Seeteufel auf römische Art

Fast wie in der ewigen Stadt ...

1 Seeteufel in Stücke teilen und in einen Topf geben. Zitrone auspressen, den Fisch mit dem Zitronensaft und etwas Olivenöl beträufeln. Zugedeckt bei mittlerer Hitze 6 Minuten garen.

2 Eingelegte Tomaten abgießen, Knoblauch schälen und Kapern in Küchenpapier leicht ausdrücken.

3 Tomaten, Knoblauch, Kapern und Oliven im Mixer zu einer feinen Mischung zerkleinern. Salzen und pfeffern.

4 Mischung zum Fisch geben. Mit Schnittlauch bestreuen, mit Salz und Pfeffer abschmecken und heiß servieren.

> **DAZU** frische Nudeln servieren.

UNSER PROFI-TIPP

Kapern sind in Essig eingelegte Blütenknospen des dornigen Kapernstrauchs. Achten Sie bei Ihrer Wahl auf hochwertige Qualität. Kleinere Kapern sind angenehmer im Geschmack und besitzen ein feines Aroma. Größere Kapern schmecken schnell bitter.

FÜR 4 PERSONEN

ZUBEREITUNGSZEIT: 5 Min.

GARZEIT: 10 Min.

SCHWIERIGKEITSGRAD: ★

KOSTEN: €€

Kabeljau-Steaks mit Tagliatelle

Ein köstliches Fischgericht und im Nu zubereitet.

- 4 Kabeljau-Steaks
- Olivenöl
- 400 g frische Tagliatelle
- 2 Esslöffel grüne Olivenpaste (Tapenade)
- Salz und frisch gemahlener Pfeffer

1. Den Backofen auf 200 Grad vorheizen.
2. Kabeljau-Steaks in eine ofenfeste Form legen, etwas Olivenöl darübergießen und 10 Minuten im Backofen backen.
3. In der Zwischenzeit Salzwasser in einem Topf zum Kochen bringen und die Tagliatelle darin 2 Minuten kochen.
4. Olivenpaste in eine Schüssel geben. Tagliatelle abgießen und dazugeben. Mit etwas Olivenöl beträufeln und mit der Paste mischen.
5. Nudeln auf Teller geben, Kabeljau-Steaks darauf anrichten, Pfeffer darübermahlen und sofort servieren.

MEIN TIPP

In meinem Küchenschrank habe ich stets eine große Auswahl an Teigwaren – so findet sich immer die passende Sorte zum Anrichten meiner Leckerbissen.

SELBST GEMACHT SCHMECKT AM BESTEN!

Für die grüne Olivenpaste 2 Knoblauchzehen mit 1 Esslöffel Kapern zerdrücken. 200 g grüne entsteinte Oliven zum Püree geben und das Ganze zerkleinern. 2 Esslöffel gemahlene Mandeln untermengen. Den Saft von ½ Zitrone und 2 Esslöffel Olivenöl zugießen, pfeffern. Auch als Brotaufstrich auf kleinen Häppchen ein Genuss.

FÜR 4 PERSONEN

ZUBEREITUNGSZEIT: 15 Min.

GARZEIT: 10–13 Min.

SCHWIERIGKEITSGRAD: ★

KOSTEN: €

Pasta mit Sardinen

Eine Dose Sardinen und Nudeln finden sich immer, um spontan ein schnelles Abendessen zu zaubern.

- 500 g Spaghetti
- Salz und frisch gemahlener Pfeffer

Für die Soße:

- 1 Handvoll Rosinen
- 120 g Sardinen in Olivenöl
- 1 Handvoll Pinienkerne
- Butter
- ½ Bund Basilikum
- 3 Esslöffel Olivenöl
- 1 Esslöffel Sojasoße

1 Für die Soße Rosinen in Wasser einweichen. Sardinen abtropfen lassen, Mittelgräte entfernen, 4 Filets zurückbehalten und den Rest mit einer Gabel zerdrücken.

2 In einer kleinen Pfanne Pinienkerne mit etwas Butter rösten.

3 Basilikum waschen, trocken schütteln, Blätter abzupfen und große Blätter klein schneiden, kleine zum Garnieren beiseitelegen.

4 In eine große Schüssel Olivenöl und Sojasoße geben, abgetropfte Rosinen, klein geschnittenes Basilikum, zerdrückte Sardinen sowie geröstete Pinienkerne zufügen. Gut mischen.

5 Spaghetti nach Packungsangabe in ca. 10–13 Minuten in Salzwasser garen. Abgießen und in die Schüssel geben.

6 Nudeln in Teller geben, mit den restlichen Sardinenfilets und Basilikumblättern garnieren. Ein bisschen frisch gemahlenen Pfeffer darübergeben und servieren.

FÜR 4 PERSONEN

ZUBEREITUNGSZEIT: 15 Min.

GARZEIT: 15 Min.

SCHWIERIGKEITSGRAD: ★

KOSTEN: €

- 2 Esslöffel Fischfond (in Pulverform)
- 200 ml Kokosmilch
- 1 Teelöffel Currypulver
- 2 Esslöffel Olivenöl
- 500 g gemischte TK-Meeresfrüchte
- Salz und frisch gemahlener Pfeffer

Meeresfrüchtepfännchen

Aus Kokosmilch und Curry zaubern Sie ein leichtes und leckeres exotisches Gericht.

1 Fischfondpulver mit 300 ml Wasser verrühren. Aufkochen und 5 Minuten einköcheln lassen.

2 Kokosmilch und Curry zufügen, gut verrühren und weitere 5 Minuten köcheln.

3 Olivenöl in einer Pfanne erhitzen und die Meeresfrüchte darin 5 Minuten unter ständigem Rühren braten. Salzen, pfeffern und den gesamten Pfanneninhalt in die Soße geben.

4 Das Ganze 5 Minuten bei schwacher Hitze köcheln lassen. Die Mischung auf 4 Pfännchen verteilen und heiß servieren.

> **DAZU** schmeckt Thai-Reis.

FÜR 4 PERSONEN
ZUBEREITUNGSZEIT: 15 Min.
MARINIERZEIT: 12 Std.
GARZEIT: 40 Min.
SCHWIERIGKEITSGRAD: ★
KOSTEN: €€

Huhn in Pastis

Denken Sie daran, am Vorabend die Marinade für das Huhn vorzubereiten – es bringt Ihnen den Duft der Garigue in die Küche.

- 1,5 kg Huhn
- 5 reife Tomaten
- 3 Zwiebeln
- 4 Knoblauchzehen
- ½ Bund glatte Petersilie
- 2 Esslöffel Olivenöl

Für die Marinade:

- 3 Esslöffel Olivenöl
- 1 Teelöffel Safran
- 4 Esslöffel Pastis
- 1 Teelöffel Fenchelsamen
- Salz und frisch gemahlener Pfeffer

1 Am Vorabend die Marinade vorbereiten: In einem großen tiefen Teller alle Zutaten verrühren, mit Salz und Pfeffer würzen.

2 Das Huhn zerteilen. Auf einen Teller legen, rundum marinieren und im Kühlschrank ruhen lassen.

3 Am Tag der Einladung Tomaten kurz in kochendes Wasser legen, kalt abschrecken und häuten, anschließend entkernen und in Würfel schneiden. Zwiebeln schälen und in feine Scheiben schneiden. Knoblauch schälen und durch eine Presse drücken. Petersilie waschen, trocken schütteln und Blätter abzupfen.

4 In einem großen Topf Olivenöl erhitzen, Zwiebeln und Knoblauch darin goldbraun braten. Tomatenwürfel, Petersilienblättchen, Hühnchen mit Marinade zugeben. Zugedeckt 40 Minuten köcheln.

FÜR 4 PERSONEN

ZUBEREITUNGSZEIT: 15 Min.

GARZEIT: 10 Min.

SCHWIERIGKEITSGRAD: ★

KOSTEN: €

Hähnchenfilet mit Sojasprossen

Ideal für ein spontanes Abendessen unter Freunden.

- 500 g Hähnchenbrustfilet
- 300 g Sojasprossen
- 1 kleines Bund Schnittlauch
- 100 g Champignons
- 1 Zitrone
- 2 Teelöffel Olivenöl
- 1 Esslöffel Sojasoße
- frisch gemahlener Pfeffer

1 Hähnchen in feine Streifen schneiden. Sojasprossen unter fließend kaltem Wasser abspülen und abtropfen lassen. Schnittlauch waschen und in Röllchen schneiden.

2 Champignons putzen, ggf. abbürsten und in feine Scheiben schneiden. Zitrone auspressen und Champignonscheiben damit beträufeln.

3 In einer Pfanne das Fleisch im heißen Olivenöl anbraten. Sojasprossen zufügen, mit Sojasoße würzen, pfeffern und 5 Minuten bei schwacher Hitze garen.

4 Vor dem Anrichten alle Zutaten mischen und mit Schnittlauch bestreut servieren.

MEIN TIPP

Frische Sojasprossen, eigentlich Keimlinge, werden an der Obst- und Gemüsetheke im Supermarkt oder in Asialäden in Schälchen angeboten.

FÜR 4 PERSONEN

ZUBEREITUNGSZEIT: 15 Min.

GARZEIT: 15 Min.

SCHWIERIGKEITSGRAD: ★

KOSTEN: €

Hühnchen mit Mirabellen auf Linguine

Ein Sommerrezept, originell und schnell mit ein paar Nudeln zubereitet.

- 4 Hähnchenbrustfilets
- 3 unbehandelte Limetten
- Salz und frisch gemahlener Pfeffer
- 300 g Mirabellen
- 6 Esslöffel Olivenöl
- 450 g Linguine

MEIN TIPP

Die Mirabellenzeit ist kurz. An den Marktständen findet man sie von Mitte August bis September. Im Herbst nehme ich stattdessen Zwetschgen.

1 Hähnchenbrustfilet in Streifen schneiden und in eine Schüssel legen.

2 Limetten waschen, die Schale abreiben und 1 Teelöffel davon zurückbehalten. Limetten auspressen. Limettensaft über die Hähnchenteile gießen, abgeriebene Limettenschale zufügen, salzen, pfeffern und alles vermischen.

3 Mirabellen waschen, entsteinen und in einem Topf mit einem Esslöffel Olivenöl 5 Minuten bei starker Hitze braten. Vom Herd nehmen und beiseitestellen.

4 Linguine in kochendem Salzwasser nach Packungsangabe garen. Das dauert ca. 8–11 Minuten.

5 In der Zwischenzeit Fleisch abtropfen lassen. In einer großen Pfanne mit 3 Esslöffeln Olivenöl unter häufigem Rühren 7–8 Minuten goldbraun braten. Zunächst die Mirabellen zugeben, dann die Marinade. 1 Minute bei hoher Hitze braten.

6 Abgegossene Nudeln in eine Schüssel geben, restliches Olivenöl und die Hühnchen-Mirabellen-Mischung zugeben. Auf Tellern anrichten und Pfeffer aus der Mühle darübermahlen.

FÜR 6 PERSONEN

ZUBEREITUNGSZEIT: 10 Min.

GARZEIT: 25 Min.

SCHWIERIGKEITSGRAD: ★

KOSTEN: €€

- 20 g Butter
- 2 Esslöffel Olivenöl
- 6 Wachteln
- 1 Schalotte
- Salz und frisch gemahlener Pfeffer
- 600 g Kirschen
- ½ Bund Kerbel
- 1 Esslöffel Balsamico

Wachteln an Kirschen

Eine schmackhafte und raffinierte Zubereitung – in genau 30 Minuten fertig auf dem Tisch!

1 In einem Topf Butter und Olivenöl erhitzen und die Wachteln darin von allen Seiten goldbraun anbraten.

2 Schalotte schälen und in feine Scheiben schneiden, zu den Wachteln geben und 2 Minuten mitbraten. Salzen, pfeffern und zugedeckt bei schwacher Hitze 15 Minuten kochen, Wachteln nach der Hälfte der Garzeit wenden.

3 Kirschen waschen, Kerbel waschen, trocken schütteln, Blätter abzupfen und fein hacken. Mit Balsamico zu den Wachteln geben und das Ganze weitere 5 Minuten erhitzen.

> **DAZU** schmeckt Couscous.

MEIN TIPP

Dieses Gericht schmeckt ebenfalls köstlich mit hellen Weintrauben, die geschält und entkernt werden, und trockenem Weißwein anstelle des Balsamico.

WUSSTEN SIE SCHON?

Zuchtwachteln sind an einem Flügel mit einer Aluminiumklammer versehen, auf der die Registrierungsnummer des Züchters steht. Ein Verzeichnis von Züchtern finden Sie im Internet. Wachteln sind recht empfindlich: Sie sollten im Kühlschrank an der kühlsten Stelle aufbewahrt und innerhalb von zwei Tagen nach dem Kauf verarbeitet werden.

FÜR 4 PERSONEN

ZUBEREITUNGSZEIT: 10 Min.

GARZEIT: 30 Min.

SCHWIERIGKEITSGRAD: ★

KOSTEN: €

Hähnchen mit Kräuter-Taboulé

Einfache Zubereitung für einen Ausflug mit Freunden in die libanesische Küche.

- 4 ganze Hähnchenschlegel
- 8 Zweige Thymian
- 8 Scheiben Rohschinken
- 1 Esslöffel Olivenöl

Für das Taboulé:

- Salz
- 200 g Hartweizengrieß (mittelfein)
- ½ Bund glatte Petersilie
- ½ Bund Minze
- 1 Zitrone
- 3 Esslöffel Olivenöl

1 Jeweils Schenkel von der Keule trennen. Auf jedes Stück 1 Zweig Thymian legen und mit 1 Scheibe Schinken umwickeln.

2 Olivenöl in einer Pfanne erhitzen und Hähnchenstücke anbraten. Zugedeckt bei schwacher Hitze 30 Minuten garen.

3 In der Zwischenzeit für das Taboulé 200 ml gesalzenes Wasser zum Kochen bringen. Hartweizengrieß in eine Schüssel geben und kochendes Wasser darübergießen, umrühren, abdecken und 5 Minuten quellen lassen.

4 Kräuter waschen, trocken schütteln, Blätter abzupfen und hacken. Zitrone auspressen.

5 Den aufgequollenen Hartweizengrieß mit 2 Esslöffeln Zitronensaft beträufeln, Olivenöl und Kräuter unterrühren. Taboulé als Beilage zum Hähnchen reichen.

FÜR 4 PERSONEN

ZUBEREITUNGSZEIT: 30 Min.

GARZEIT: 50 Min.

RUHEZEIT: 12 Std.

SCHWIERIGKEITSGRAD: ★

KOSTEN: €€

- 1 Perlhuhn
- 3 unbehandelte Clementinen mit Blättern
- Olivenöl
- Salz und gemahlener Pfeffer

Für die Soße:

- 300 ml Dessertwein (z.B. Macvin du Jura)
- 100 g leicht gesalzene Butter

UNSER PROFI-TIPP

Macvin du Jura ist ein Likörwein, der als Aperitif oder Digestif getrunken wird. Sie können stattdessen auch Pineau des Charentes verwenden.

Perlhuhn in Dessertwein

Ein köstliches Gericht für ein winterliches Abendessen. Bereiten Sie es am Vorabend zu, so können Sie Ihre Zeit ungehindert den Gästen widmen.

1 Am Tag zuvor den Backofen auf 180 Grad vorheizen.

2 Perlhuhn in einen gusseisernen Bräter legen. Clementinen unter kaltem Wasser gründlich waschen und halbieren. Zusammen mit den Blättern um das Perlhuhn herum anordnen. 1 Esslöffel Olivenöl darübergießen, salzen und pfeffern. Topf verschließen und das Huhn 45 Minuten im Backofen schmoren. Abkühlen lassen und kalt stellen.

3 Am Tag der Einladung die Soße zubereiten. Den Dessertwein in einem Topf zum Kochen bringen, damit er seine Säure verliert, und 2 Minuten einköcheln. 5 Minuten abkühlen lassen. In einen Mixer gießen, Butter zugeben und so lange mischen, bis eine Art Saft entsteht. Einen Schuss Olivenöl darübergeben.

4 Perlhuhn tranchieren und die Geflügelstücke wieder zu den Clementinen in den Bräter geben. Das Ganze weitere 5 Minuten erhitzen. Clementinen um die Perlhuhnstücke herum anrichten, Soße extra dazu reichen.

> **DAZU** schmecken Kartoffelpüree oder Tagliatelle.

FÜR 4 PERSONEN
ZUBEREITUNGSZEIT: 10 Min.
GARZEIT: 5 Min.
SCHWIERIGKEITSGRAD: ★
KOSTEN: €€

- 200 g Champignons
- 1 Schalotte
- 50 g junger Spinat
- 2 Esslöffel Olivenöl
- 1 Esslöffel Walnussessig
- 2 Esslöffel Sahne
- Salz und gemahlener Pfeffer
- 500 g Spinatravioli
- 150 g geräucherte Entenbrust (in feinen Scheiben)

Spinatravioli mit Entenbrust

In Nullkommanichts auf dem Tisch!

1 Champignons putzen, ggf. abbürsten. Champignons in feine Scheiben schneiden.

2 Schalotte schälen und in feine Scheiben schneiden. Blattspinat waschen und trocken schleudern.

3 In einer großen Schüssel Olivenöl, Walnussessig und Sahne verrühren. Salzen, pfeffern und Champignons, Schalotte und Blattspinat zugeben.

4 Ravioli in kochendem Salzwasser 5 Minuten kochen. Abgießen und in die Schüssel geben. Die Zutaten gut vermengen, auf Tellern verteilen und die Entenbrustscheiben dazu anrichten.

GUT ORGANISIERT IST HALB GEKOCHT!

Sie haben keine geräucherte Entenbrust? Keine Panik. Sie können sie ohne Weiteres durch eine ganze Entenbrust ersetzen, die Sie in einer heißen Pfanne auf der Hautseite braten und in feine Scheiben schneiden. Oder auch durch einen sehr guten rohen, leicht angeräucherten Schinken.

FÜR 4 PERSONEN

ZUBEREITUNGSZEIT: 10 Min.

GARZEIT: 10 Min.

SCHWIERIGKEITSGRAD: ★

KOSTEN: €

Hähnchenbrustfilet mit frischen Feigen

Überraschen Sie Ihre Gäste an einem Spätsommerabend, wenn die Feigen reif sind.

- 4 Hähnchenbrustfilets
- 8 frische Feigen
- 1 Esslöffel Olivenöl
- frisch gemahlener Pfeffer

Für die Soße:

- 1 unbehandelte Zitrone
- 1 Teelöffel gemahlener Ingwer
- 1 Teelöffel gemahlener Kreuzkümmel
- 1 Teelöffel gemahlene Kurkuma
- 3 Esslöffel Olivenöl
- 1 Esslöffel Sojasoße

1 Für die Soße Zitrone gründlich waschen und Schale abreiben. In einer kleinen Schüssel Gewürze, abgeriebene Zitronenschale, Olivenöl und Sojasoße verrühren.

2 Fleisch in einen tiefen Teller legen und mit der Soße begießen. Wenden, sodass das Fleisch von allen Seiten mit der Soße überzogen ist. Anschließend in einer Pfanne je 5 Minuten auf beiden Seiten braten.

3 In der Zwischenzeit Feigen abreiben und von oben sternförmig bis zur Hälfte einschneiden (sodass die Viertel nicht voneinander getrennt werden).

4 In einer zweiten Pfanne Feigen in Olivenöl 2 Minuten unter ständigem Rühren braten.

5 Auf jedem Teller 1 Hähnchenfilet und 2 Feigen anrichten, Pfeffer darübermahlen und mit dem Bratensaft beträufelt servieren.

⩾ **DAZU** Bulgur, Couscous oder Teigwaren servieren.

NOCH MEHR GENUSS ...

Reichen Sie dazu ein Kompott aus Zwiebeln und hellen Trauben, das Sie am Vorabend zubereiten. Dazu 2–3 in Scheiben geschnittene Zwiebeln bei schwacher Hitze in Olivenöl anbraten, 300 g Weintrauben (geschält, halbiert und entkernt) zufügen. Salzen, pfeffern und zugedeckt 30 Minuten unter gelegentlichem Rühren zu Kompott einkochen. Das Kompott lässt sich einige Tage im Kühlschrank aufbewahren.

FÜR 4 PERSONEN

ZUBEREITUNGSZEIT: 15 Min.

GARZEIT: 15 Min.

SCHWIERIGKEITSGRAD: ★

KOSTEN: €

- 300 g Pizzateig (Kühltheke)
- 2 Kugeln Mozzarella
- 1 Handvoll Rucola
- 8 Scheiben Pancetta (Bauchspeck)
- 8 eingelegte Tomaten in Öl (in Scheiben)
- Olivenöl
- Salz und gemahlener Pfeffer

Calzone mit Rucola und Pancetta

Mit einem Pizzateig, einer Handvoll Rucola und ein paar Scheiben Pancetta zaubern Sie spontan ein Abendessen.

1 Den Backofen auf 240 Grad vorheizen.

2 Pizzateig ausrollen und 8 Kreise von je 12 cm Durchmesser ausstechen.

3 Mozzarella in 8 gleichmäßige Scheiben schneiden. Rucola waschen und trocken schleudern.

4 Jede Teigplatte mit etwas Rucola, 1 Scheibe Pancetta, 1 eingelegten Tomate und 1 Scheibe Mozzarella belegen. Mit etwas Olivenöl beträufeln, salzen, pfeffern und den Teig über dem Belag zusammenklappen. Die Ränder mit einer Gabel fest zusammendrücken, sodass die Taschen gut verschlossen sind.

5 Im Backofen 15 Minuten backen. Sobald die Calzone Farbe annehmen, sind sie fertig gebacken.

> **DAZU** Rucolasalat reichen.

FÜR 4 PERSONEN

ZUBEREITUNGSZEIT: 10 Min.

GARZEIT: 25 Min.

SCHWIERIGKEITSGRAD: ★

KOSTEN: €

Schweinefleisch an Aprikosen

Eine köstliche Mahlzeit für alle, die es süß und herzhaft zugleich mögen.

- 800 g Schweinerücken
- 2 Zwiebeln
- 4 Zweige Koriander oder glatte Petersilie
- 3 Esslöffel Olivenöl
- Salz und gemahlener Pfeffer
- 125 g Soft-Aprikosen
- 4 Esslöffel Sojasoße
- 1 Esslöffel flüssiger Honig

1 Schweinerücken in Streifen schneiden. Zwiebeln schälen und in Scheiben schneiden. Koriander oder Petersilie waschen, trocken schütteln, Blätter abzupfen und hacken.

2 Olivenöl in einem Topf erhitzen und Schweinefleischstreifen darin in 3 Minuten goldbraun braten. Zwiebeln zufügen und zusammen mit dem Fleisch weiterbraten. Salzen und pfeffern.

3 Aprikosen, Sojasoße, Honig, Koriander oder Petersilie und 200 ml Wasser zugeben. Zugedeckt bei schwacher Hitze 20 Minuten garen.

4 Abschmecken und servieren.

⩾ **DAZU** Reis oder Couscous reichen.

MEIN TIPP

Getrocknete Früchte sind praktisch, um auch bei knapper Zeit schmackhafte Gerichte zuzubereiten. Natürlich Aprikosen, aber auch Birnen, Äpfel, Pflaumen, Bananen …

FÜR 6 PERSONEN

ZUBEREITUNGSZEIT: 10 Min.

GARZEIT: 2 Std. 30 Min.

RUHEZEIT: 12 Std.

SCHWIERIGKEITSGRAD: ★

KOSTEN: €€

- 1,4 kg Lammschulter (entbeint)
- 2 Esslöffel Olivenöl
- 8 Knoblauchzehen
- 4 Zweige Rosmarin oder Thymian
- Salz und frisch gemahlener Pfeffer
- 100 ml trockener Weißwein

Lammtopf

Diesen feinen Lammtopf am Vortag zubereiten und am Tag der Einladung vor dem Servieren bei schwacher Hitze erwärmen.

1 Am Vortag den Backofen auf 180 Grad vorheizen.

2 Lammfleisch in 12 Stücke zerteilen. Lammstücke nebeneinander in einen Bräter legen, mit Olivenöl begießen und gut vermischen, sodass sie vollständig damit überzogen sind. Ungeschälte Knoblauchzehen, gewaschenen und trocken getupften Rosmarin oder Thymian zugeben, salzen und pfeffern.

3 Weißwein angießen und zugedeckt 1 ½ Stunden im Backofen garen. Die Backofentemperatur auf 150 Grad reduzieren und 1 weitere Stunde schmoren.

4 Am Ende der Garzeit Deckel abnehmen und den Lammtopf weitere 20 Minuten im ausgeschalteten Ofen lassen. 12 Stunden kalt stellen.

5 Am Tag der Einladung Lammtopf bei hoher Temperatur erhitzen. Mit 200 ml heißem Wasser ablöschen, dabei mit einem Holzlöffel umrühren und 2 Minuten kochen lassen.

⊳ **DAZU** Salzkartoffeln, frisches gedämpftes Gemüse oder Püree reichen.

FÜR 4 PERSONEN

ZUBEREITUNGSZEIT: 5 Min.

GARZEIT: 10 oder 15 Min.

SCHWIERIGKEITSGRAD: ★

KOSTEN: €€

- 1 Esslöffel Meersalz
- 1 Teelöffel fein zerstoßener Pfeffer
- 2 Lammkarrees (entbeint und zu Filets à 200 g ausgelöst)
- 2 Esslöffel Olivenöl
- 8 Knoblauchzehen
- 2 Zweige Thymian

UNSER PROFI-TIPP

Die Kristalle von Meersalz sind wesentlich feiner als die von Tafelsalz. Meersalz löst sich sehr schnell auf, sodass Nahrungsmittel, die damit gewürzt werden, es gut aufnehmen. Es ist reich an Magnesium und Spurenelementen und von sehr viel milderem Geschmack als handelsübliches Speisesalz.

Pfefferlamm

Lamm harmoniert ausgezeichnet mit Knoblauch und Thymian.

1 Meersalz und Pfeffer mischen. Lammfilets damit einreiben.

2 In einem Topf Lammfilets im heißen Olivenöl 5 Minuten von allen Seiten goldbraun braten.

3 Ungeschälte Knoblauchzehen und Thymian zugeben, nach Geschmack weitere 5 Minuten (rosa) oder 10 Minuten (medium) braten.

4 Topf vom Herd nehmen, das Bratenfett abgießen, Lammfilets 10 Minuten mit geschlossenem Deckel ruhen lassen.

⩥ **DAZU** am Vortag zubereiteten Zucchini-Gratin und Rucolasalat reichen.

FÜR 4 PERSONEN

ZUBEREITUNGSZEIT: 30 Min.

GARZEIT: 1 Std. 30 Min.

SCHWIERIGKEITSGRAD: ★

KOSTEN: €€

Kreolisches Lamm

Je länger das Gericht köchelt, umso schmackhafter! Im Voraus zubereiten und bei schwacher Hitze erwärmen.

- 1 kg Lammschulter (entbeint und in Stücke geschnitten)
- 3 Esslöffel Olivenöl
- 1 Zwiebel
- 2 Knoblauchzehen
- 1 Esslöffel Currypulver
- Salz und frisch gemahlener Pfeffer
- 200 ml Kokosmilch
- 1 kleine Ananas
- 4 Zweige Petersilie

1 In einem großen Bräter Lammstücke im heißen Olivenöl goldbraun braten.

2 Zwiebel und Knoblauch schälen, in Scheiben schneiden, zum Fleisch geben und 1 Minute mitbraten.

3 Curry darüberstreuen, salzen und pfeffern. Kokosmilch und 500 ml Wasser angießen, bei starker Hitze verrühren, danach 1 Stunde 20 Minuten bei schwacher Hitze köcheln lassen. Gelegentlich umrühren.

4 Vor dem Anrichten Ananas schälen. 4 schöne Scheiben auswählen und in große Würfel schneiden, den holzigen Innenstrunk entfernen.

5 Ananaswürfel zum Lammragout geben und 10 Minuten erwärmen.

6 Petersilie waschen, trocken schütteln, Blätter abzupfen und hacken. Mit Petersilie bestreut servieren.

> **DAZU** schmeckt schwarzer Camargue-Reis.

MEIN TIPP

Wer es scharf mag, kann zu Beginn der Garzeit eine zerkleinerte grüne Chilischote zugeben.

GUT ORGANISIERT IST HALB GEKOCHT!

Wenn Sie das Gericht am Vortag zubereiten, die Ananas ebenfalls vor dem Servieren zufügen. Die restliche Ananas in Würfel schneiden. Ananaswürfel in einer Schale zurückbehalten, mit Frischhaltefolie abdecken und am nächsten Tag einen Obstsalat einplanen, den Sie mit anderen frischen oder getrockneten Früchten ergänzen.

FÜR 4 PERSONEN

ZUBEREITUNGSZEIT: 10 Min.

GARZEIT: 7 Min.

SCHWIERIGKEITSGRAD: ★

KOSTEN: €€

- 4 Knoblauchzehen
- 100 g eingelegte Tomaten in Öl
- 1 Zweig Rosmarin
- 2 Esslöffel Olivenöl
- 4 Scheiben aus der Lammkeule
- Salz und frisch gemahlener Pfeffer

Lammkeulen-Scheiben mit Knoblauch

Ein traditionelles Rezept, das nichts von seinem Reiz verloren hat.

1 Ungeschälte Knoblauchzehen der Länge nach halbieren. Eingelegte Tomaten abgießen. Rosmarin abspülen und trocken tupfen.

2 In einer großen Pfanne Knoblauch und Rosmarin im Olivenöl bei schwacher Hitze 2 Minuten andünsten.

3 Lammscheiben hineingeben und bei starker Hitze von jeder Seite 2 Minuten anbraten, eingelegte Tomaten zufügen. Bei schwacher Hitze 1 weitere Minute braten. Salzen, pfeffern und heiß servieren.

⊳ **DAZU** passt Kartoffelpüree.

FÜR 4 PERSONEN

ZUBEREITUNGSZEIT: 10 Min.

RUHEZEIT: 10 Min.

GARZEIT: 5 Min.

SCHWIERIGKEITSGRAD: ★

KOSTEN: €€

- 800 g Kalbsnuss
- 1 Bund Zitronenthymian
- 2 Esslöffel Olivenöl
- Salz und frisch gemahlener Pfeffer

UNSER PROFI-TIPP

Zitronenthymian zeichnet sich durch einen natürlichen Zitronengeschmack aus, wie auch das Zitronenbasilikum. Sollte er nicht zu finden sein, durch normalen Thymian und ein wenig abgeriebene Zitronenschale ersetzen.

Kalbsgeschnetzeltes mit Zitronenthymian

Dieser Thymian hat einen wunderbaren Geschmack nach Zitrone.

1 Kalbfleisch in feine Streifen schneiden. Zitronenthymian waschen, trocken schütteln. In einem tiefen Teller Fleischstreifen auf ein Bett aus Zitronenthymian legen. Das Fleisch hineindrücken und darin wenden, sodass die Aromen gut einziehen. 10 Minuten ruhen lassen.

2 Olivenöl in einer Pfanne erhitzen und Kalbfleischstreifen unter ständigem Rühren 5 Minuten darin anbraten. Zum Ablöschen 2 Esslöffel Wasser zugeben und verrühren.

3 Salzen, pfeffern und sofort servieren.

> **DAZU** passen gegrillte Paprikaschoten und weißer Reis.

FÜR 4 PERSONEN

ZUBEREITUNGSZEIT: 30 Min.

GARZEIT: 2 Std. 10 Min.

SCHWIERIGKEITSGRAD: ★

KOSTEN: €€

- 2 Möhren
- 2 Selleriestangen
- 2 Knoblauchzehen
- 3 Esslöffel Mehl
- 4 Beinscheiben von der Kalbshachse je 200 g
- 3 Esslöffel Olivenöl
- 300 ml Weißwein
- 1 kleine Dose passierte Tomaten
- 1 Zweig Thymian
- 1 Lorbeerblatt
- Salz und frisch gemahlener Pfeffer

UNSER PROFI-TIPP

Ossobuco (auf Deutsch „Knochen mit Loch") wird mit Beinscheiben von der Kalbshachse zubereitet. Das Mark – das vermeintliche Loch im Knochen – wird mit dem Knochen gekocht und serviert. Es birgt das Geheimnis und verleiht dem Gericht seinen unverkennbaren Geschmack. Wählen Sie daher hochwertiges Fleisch.

Ossobuco

Ein wunderbar aromatisches Schmorgericht aus der traditionellen Mailänder Küche. Am Vorabend zubereiten und erwärmen, sobald die Gäste an der Haustür klingeln!

1 Möhren und Sellerie putzen, waschen und in Stücke schneiden. Knoblauch schälen und durch eine Presse drücken.

2 Mehl in einen Teller geben und die Beinscheiben darin wenden.

3 Im heißen Olivenöl in einem Bräter goldbraun anbraten. Das Fleisch aus dem Topf nehmen und Gemüse und Knoblauch hineingeben. 5 Minuten anbraten, dabei gelegentlich umrühren.

4 Weißwein angießen und 5 Minuten kochen, passierte Tomaten, gewaschenen Thymianzweig, Lorbeerblatt und Beinscheiben zufügen.

5 Salzen und pfeffern. Zugedeckt bei schwacher Hitze 2 Stunden garen, gelegentlich umrühren, und falls die Soße zu sehr eindickt, Wasser zugießen.

6 Vor dem Anrichten einige Minuten erwärmen.

> **DAZU** schmeckt Reis.

NOCH MEHR GENUSS ...

Servieren Sie das Ossobuco mit einer Gremolata, einer italienischen Kräutergewürzmischung aus gehackter, glatter Petersilie und Knoblauch mit Zesten von Zitronen, manchmal auch von Orangen.

FÜR 4 PERSONEN

ZUBEREITUNGSZEIT: 20 Min.

GARZEIT: 40 Min.

RUHEZEIT: 12 Std.

SCHWIERIGKEITSGRAD: ★

KOSTEN: €€

Kalbsnieren mit Senf

Am Vorabend zubereiten, damit das Gericht seine Aromen entfaltet.

- 2 Zwiebeln
- 30 g Butter
- 6 Esslöffel Erdnussöl
- 2 Kalbsnieren (je 350 g)
- Salz und frisch gemahlener Pfeffer
- 3 Esslöffel Portwein
- 250 ml Kalbsfond (aus Kalbsfond in Pulverform)
- 2 Esslöffel Crème fraîche (mind. 30 % Fett)
- 2 Esslöffel Senf (aus schwarzen Senfkörnern)

1 Am Vorabend Zwiebeln schälen und in Scheiben schneiden.

2 In einer Pfanne Butter und die Hälfte des Erdnussöls erhitzen und Zwiebelscheiben bei schwacher Hitze darin goldbraun andünsten.

3 Die Kalbsnieren von Fett befreien und in Stücke schneiden.

4 In einem Topf restliches Olivenöl erhitzen und Nieren in 3 Minuten darin goldbraun braten. Salz und Pfeffer hinzugeben.

5 Nieren herausnehmen und auf einem Teller beiseitelegen. In der Pfanne verbliebenes Öl weggießen, Portwein in die Pfanne gießen und bei hoher Temperatur erhitzen. Kalbsfond zugießen und auf ein Drittel einkochen.

6 Crème fraîche zufügen, unterrühren, weitere 5 Minuten köcheln, Senf unterrühren und abschmecken.

7 Kalbsnierenstücke und Zwiebeln zur Soße geben und bei schwacher Hitze 10 Minuten garen. Abkühlen lassen und bis zum nächsten Tag kalt stellen.

8 Am Tag der Einladung vor dem Anrichten erwärmen.

> **DAZU** Kartoffelpüree oder Tagliatelle servieren.

FÜR 4 PERSONEN

ZUBEREITUNGSZEIT: 15 Min.

GARZEIT: 10 Min.

SCHWIERIGKEITSGRAD: ★

KOSTEN: €€

- 600 g Rumpsteak
- frisch gemahlener Pfeffer
- 4 Zweige Koriander
- 4 Zwiebeln
- 2 Esslöffel Olivenöl
- 1 Esslöffel Sojasoße
- 4 Esslöffel Sesamsamen

Gegrilltes Rumpsteak mit Sesam

Knackige Sesamsamen bringen das gewisse Etwas. Ein vorzügliches Gericht – fertig in 25 Minuten!

1 Rumpsteak in feine Streifen schneiden, pfeffern und beiseitelegen. Koriander waschen und trocken tupfen.

2 Zwiebeln schälen und in feine Scheiben schneiden. In einer kleinen Pfanne mit der Hälfte des Olivenöls 3 Minuten unter häufigem Rühren anbraten, Sojasoße zugeben und die Pfanne vom Herd nehmen.

3 In einer anderen Pfanne Rumpsteakstreifen im restlichen Olivenöl bei hoher Hitze kräftig braten, je nach Geschmack blutig oder medium. Zwiebeln mit Soße und Sesamsamen darübergeben und mit Pfeffer würzen.

4 Auf Teller verteilen und mit Koriandergrün garnieren.

⊳ **DAZU** Kartoffelpüree servieren.

FÜR 6 PERSONEN

ZUBEREITUNGSZEIT: 30 Min.

GARZEIT: 3 Std.

RUHEZEIT: 12 Std.

SCHWIERIGKEITSGRAD: ★

KOSTEN: €

Rinderbacke mit Wurzelgemüse

Bereiten Sie das Gericht am Vorabend zu, dann gewinnen Sie am Tag der Einladung viel Zeit. Es schmeckt köstlich!

- 4 Esslöffel Olivenöl
- 2 Rinderbacken (in Stücke geschnitten)
- 2 Zwiebeln
- 300 ml trockener Weißwein
- 1 Bouquet garni
- Salz und frisch gemahlener Pfeffer
- 2 kg Wurzelgemüse (Topinambur, Knollenziest, Pastinake, Steckrübe, Schwarzwurzel) und Möhren
- 4 Zweige glatte Petersilie

1 Am Vorabend Olivenöl in einem großen Bräter erhitzen und Rinderbackenstücke darin goldbraun anbraten.

2 Zwiebeln schälen und in Scheiben schneiden. Hinzugeben, untermischen und ebenfalls goldbraun braten.

3 Weißwein angießen, Bouquet garni zufügen und mit Wasser aufgießen. Salz und Pfeffer zugeben und zugedeckt bei schwacher Hitze 2 ½ Stunden köcheln lassen.

4 In der Zwischenzeit das Gemüse putzen, schälen, waschen, abtropfen lassen und in längliche Stücke schneiden. Am Ende der Garzeit Gemüse hinzufügen und weitere 20 Minuten garen. Auf Zimmertemperatur abkühlen und bis zum nächsten Tag kalt stellen.

5 Am Tag der Einladung ca. 30 Minuten vor dem Essen Topf aus dem Kühlschrank nehmen und das Ganze bei schwacher Hitze 10 Minuten erwärmen.

6 Petersilie waschen, trocken tupfen, Blätter abzupfen und hacken. Fleisch und Gemüse auf Tellern anrichten und Petersilie darüberstreuen.

MEIN TIPP

Ich wähle das Gemüse danach aus, was der Markt gerade anbietet, und passe die Zusammensetzung entsprechend den Vorlieben meiner Gäste an. Das Gericht fällt immer anders aus.

FALLS SIE DIESES GERICHT AM SELBEN TAG ZUBEREITEN MÖCHTEN ...

... kochen Sie das Gemüse 30 Minuten statt 20 Minuten. Mit Petersilie bestreuen und servieren.

staub

FÜR 4 PERSONEN

ZUBEREITUNGSZEIT: 15 Min.

GARZEIT: 2 Std.

RUHEZEIT: 12 Std.

SCHWIERIGKEITSGRAD: ★

KOSTEN: €

Flämische Karbonade

Traditioneller Schmorfleisch-Eintopf aus der Flämischen Küche, der am Vorabend zubereitet wird.

- 800 g Rindfleisch zum Schmoren
- 700 g Zwiebeln
- 3 Esslöffel Olivenöl
- 1 Esslöffel brauner Zucker oder Rübenzucker
- 1 l dunkles Bier
- 1 Bouquet garni
- 600 g Kartoffeln
- Salz und frisch gemahlener Pfeffer

1 Am Vorabend Fleisch in kleine Würfel schneiden. Zwiebeln schälen und in feine Scheiben schneiden.

2 In einem Bräter das Fleisch im heißen Olivenöl kräftig bräunen, Zwiebeln zugeben und unter Rühren 1 Minute braten. Braunen Zucker oder Rübenzucker zufügen, untermischen und 1 Minute karamellisieren.

3 Mit Bier ablöschen, zum Kochen bringen, dann die Temperatur reduzieren. Bouquet garni zugeben, salzen, pfeffern, mit einem Deckel verschließen und 2 Stunden schmoren.

4 In der Zwischenzeit Kartoffeln schälen, waschen, in große Stücke schneiden. 10 Minuten vor Ende der Garzeit in den Bräter geben. Die Kartoffeln sollen nicht vollständig durchgegart sein. Abkühlen lassen und bis zum nächsten Tag kalt stellen.

5 Am Tag der Einladung erwärmen: Die Kartoffeln werden dann auf den Punkt gegart sein.

UNSER PROFI-TIPP

Die Karbonade ist eine Variante des Rinderschmorbratens. Schmoren ist ein langsames und schonendes Garverfahren, bei dem das Fleisch zart wird und Garflüssigkeit freigesetzt wird. Für Schmorgerichte eignen sich wunderbar markhaltige Stücke wie Schulter, Bug oder Hesse.

FÜR 8 PERSONEN

ZUBEREITUNGSZEIT: 20 Min.

MARINIERZEIT: 12 Std.

GARZEIT: 5 Std. 15 Min.

RUHEZEIT: 12 Std.

SCHWIERIGKEITSGRAD: ★

KOSTEN: €

- 1,8 kg Rindfleisch
- 2 Zwiebeln
- 2 Möhren
- 1 Bund Thymian
- 4 Zweige glatte Petersilie
- 3 Lorbeerblätter
- 1 l Rotwein (ziemlich kräftig, Côtes du Rhône)
- 3 Esslöffel Olivenöl
- 1 Teelöffel grobes Salz
- 8 Pfefferkörner

Provenzalischer Topf

Mindestens zwei Tage im Voraus zubereiten. Am Tag der Einladung werden Sie richtig Zeit haben.

1 Zwei Tage vorher Rindfleisch in große Würfel schneiden und in eine große Schüssel legen.

2 Zwiebeln schälen und vierteln. Möhren putzen, waschen, ebenfalls vierteln. Kräuter waschen, trocken schütteln.

3 Zwiebeln, Möhren, Lorbeerblatt, Thymian und Petersilie in die Schüssel zum Fleisch geben. Mit Rotwein begießen, mit Frischhaltefolie abdecken und 12 Stunden im Kühlschrank marinieren.

4 Am nächsten Tag Fleisch und Zutaten abgießen, in einem großen gusseisernen Topf im Olivenöl 10 Minuten anbraten.

5 Mit der Marinade bedecken, salzen, pfeffern und 5 Stunden bei schwacher Hitze schmoren.

6 Am Tag der Einladung 5 Minuten offen bei hoher Hitze erhitzen.

⊳ **DAZU** Hörnchennudeln oder Makkaroni reichen.

FÜR 4 PERSONEN
ZUBEREITUNGSZEIT: 20 Min.
GARZEIT: 10 Min.
SCHWIERIGKEITSGRAD: ★
KOSTEN: €€

- 500 g zartes Rindfleisch (Filet, Fonduefleisch)
- 150 g Zuckererbsen
- 100 g kleine Champignons
- 4 Zweige Koriander oder glatte Petersilie
- 1 Esslöffel Olivenöl
- 4 Knoblauchzehen
- 2 Esslöffel rote oder grüne Curry-Paste
- 400 ml Kokosmilch
- Salz

Rindfleisch-Curry mit Kokosmilch

Ein gehaltvolles Gericht mit indischen Aromen, überraschend schnell zuzubereiten.

1 Rindfleisch in große Würfel schneiden. Von den Zuckerschoten Stielenden und Blütenansätze abschneiden und unter kaltem Wasser abspülen. Champignons putzen, ggf. abbürsten. Koriander oder Petersilie waschen, trocken tupfen, Blätter abzupfen und hacken.

2 Olivenöl in einem Topf erhitzen, ungeschälte Knoblauchzehen, Zuckerschoten und Champignons darin 2 Minuten anbraten. Fleischwürfel zugeben und von allen Seiten kräftig braten.

3 Curry-Paste in die Kokosmilch rühren und auf das Fleisch gießen. Salzen und unter Rühren leicht aufkochen. Hitze reduzieren, zugedeckt 5 Minuten köcheln lassen.

4 Unmittelbar vor dem Servieren Koriander oder Petersilie darüberstreuen.

> **AUCH LECKER** mit Pute oder Hühnchen.

> **DAZU** Wildreis reichen.

Wenn sich Gäste anmelden … Das sollten Sie stets parat haben

Bestimmte Zutaten, die leicht aufzubewahren sind, verwandeln ein einfaches Gericht in einen wahren Festschmaus. Immer griffbereit sein sollten:

Im Tiefkühlfach

- **Gewürzkräuter**, gewaschen, getrocknet und fein geschnitten und in kleinen, luftdicht verschlossenen Behältern tiefgefroren (Kräuter, Zitronengras, kleine weiße Zwiebeln …)
- in Eiswürfelformen gefrorener **Weißweinfond** für Blitz-Risottos
- **Meeresfrüchte** für die Zubereitung von Minuten-Pfännchen
- hausgemachte **Fruchtsoßen** zu Panna cotta, Fontainebleau aus Frischkäse
- Beutelchen mit gemischten **Beeren**, in Würfel geschnittener **Mango** oder **Rhabarber** …

IM KÜCHENSCHRANK

- Selleriesalz für Cremesuppen oder Tomatensalat
- Rosafarbenes Himalaya-Salz mit seinen großen Kristallen bringt große Wirkung
- Fleur de Sel mit getrockneten Morcheln zu Kartoffelpüree
- Rosa Pfefferbeeren und 5-Pfeffermischung für Fischgerichte, Geflügel und Braten
- Weinessig mit Himbeeraroma zu Rote-Bete-Salat und zum Ablöschen von gebratener Entenbrust
- Pesto (grün und rot) passt natürlich zu Nudeln, aber auch zu Kalbs- oder Geflügelschnitzel oder gedämpftem Fisch
- Tintenfischtinte zum Färben und Verfeinern von Nudeln und Reis
- Chips von alten Gemüsesorten für Abwechslung beim Aperitif
- Roter Reis für mehr Farbe auf dem Teller
- Getrocknete Pilze zum Einweichen für die Pilzpfanne
- Jasmintee verleiht Basmatireis zusätzlichen Duft.
- Knisterzucker für Erdbeerkuchen, zu Obstspießen …

Im Kühlschrank

- **Trüffelbutter** zu frisch gebratenen Jakobsmuscheln
- **Fertigteig** zum Ausrollen (Pizzateig und Blätterteig)
- getrocknete, **eingelegte Tomaten, Artischocken in Olivenöl** für Teigwaren und Salate
- **Salzzitronen** für Tajine, in Papier gebratenen Fisch …

FÜR 4 PERSONEN
ZUBEREITUNGSZEIT: 10 Min.
GARZEIT: 5 Min.
SCHWIERIGKEITSGRAD: ★
KOSTEN: €€

- 400 g Erdbeeren
- 250 g Sahne
- 4 Eigelb
- 100 g Zucker

MEIN TIPP

Ich suche hierfür besonders aromatische Erdbeeren aus.

Erdbeerauflauf

Ein köstliches Dessert in genau 15 Minuten – Ihre Gäste werden begeistert sein.

1 Backofengrill einschalten.

2 Erdbeeren waschen. 4 schöne Erdbeeren beiseitelegen. Die übrigen mit Küchenpapier trocken tupfen, Stängelansätze entfernen und je nach Größe halbieren oder vierteln. In kleinen Auflaufformen verteilen.

3 In einer Schüssel Sahne, Eigelbe und Zucker verrühren, über die Erdbeeren gießen und 5 Minuten unter dem Grill backen.

4 Vor dem Servieren mit je 1 Erdbeere garnieren.

NULLTARIF!

Aus dem übrigen Eiweiß Baisers herstellen. Eiweiße zu Schnee schlagen, pro Eiweiß 50 g Zucker hinzufügen, vorsichtig unterheben und auf einem mit Butter eingefetteten Backblech kleine Häufchen setzen. 2 Stunden bei 80 Grad im Backofen trocknen.

FÜR 4 PERSONEN

ZUBEREITUNGSZEIT: 15 Min.

AUFTAUZEIT: 30 Min.

KÜHLZEIT: 12 Std.

SCHWIERIGKEITSGRAD: ★★

KOSTEN: €

- 400 g TK-Himbeeren
- 70 g Zucker
- 500 g Sahne
- 2 g Agar-Agar
- 1 Paket Löffelbiskuits

UNSER PROFI-TIPP

Damit Ihre Sahne auch sicher steif wird: 30 Minuten vor dem Gebrauch Schlagsahne in den Kühlschrank stellen und eine kleine Schüssel sowie die Rührbesen des Handrührgeräts ins Gefrierfach legen.

Himbeer-Charlotte

Mit tiefgefrorenen Himbeeren ist dieses Dessert das ganze Jahr hindurch ein Erfolg! Am Vorabend zubereiten.

1 Am Vorabend Himbeeren in eine Schüssel geben, mit Zucker bestreuen und 30 Minuten auftauen lassen.

2 Sahne steif schlagen.

3 Aufgetaute Himbeeren im Mixer pürieren. 1 Glas Püree zurückbehalten, um Löffelbiskuits zu tränken.

4 Ein Drittel des restlichen Himbeerpürees anwärmen, Topf vom Herd nehmen und Agar-Agar zugeben. Verrühren, zwei Drittel des Pürees zufügen und wieder verrühren. Geschlagene Sahne vorsichtig unterheben.

5 1 Charlottenform mit Frischhaltefolie auslegen. Beiseitegestelltes Püree in einen tiefen Teller gießen. Flache Seite der Löffelbiskuits in die Soße dippen und auf der Innenseite der Form anordnen. Himbeercreme hineingießen, glatt streichen und mit einer Schicht Löffelbiskuits bedecken. Mit Frischhaltefolie abdecken und in den Kühlschrank stellen.

6 Charlotte am Tag der Einladung unmittelbar vor dem Servieren aus der Form nehmen.

⊳ **AUCH LECKER** mit frischen Himbeeren oder Erdbeeren.

FÜR 4 PERSONEN

ZUBEREITUNGSZEIT: 10 Min.

SCHWIERIGKEITSGRAD: ★

KOSTEN: €

- 450 g gemischte TK-Beeren
- 50 g Puderzucker
- 150 g Sahnequark

MEIN TIPP

Wenn ich keinen Quark im Haus habe, nehme ich Ricotta oder Mascarpone, die ebenfalls sehr cremig sind.

Mousse mit Waldbeeren

Auf die Schnelle ein Dessert mit einem Beutel tiefgekühlter Früchte und etwas Quark!

1 Einige Beeren zur Seite legen.

2 Die übrigen Beeren mit Puderzucker und Quark verrühren.

3 In Schälchen verteilen und mit den beiseitegestellten Früchten garnieren.

> **AUCH LECKER** im Sommer mit reifen Erdbeeren oder Pfirsichen.

NOCH MEHR GENUSS …

Um diese köstliche Mousse zu verfeinern, reichen Sie dazu selbst gemachte Baisers (Rezept Seite 70).

FÜR 4 PERSONEN

ZUBEREITUNGSZEIT: 10 Min.

GARZEIT: 5 Min.

SCHWIERIGKEITSGRAD: ★

KOSTEN: €

- 250 g Sahne
- 250 ml Milch
- 100 g brauner Zucker
- 1 Vanilleschote
- 400 g Haferflocken
- 300 g TK-Himbeeren
- 20 g Zucker

Himbeer-Porridge

Ihre Gäste werden sich sicher alle ein zweites Mal bedienen.

1 Sahne 30 Minuten vorher in den Kühlschrank stellen, eine kleine Schüssel sowie die Rührbesen des Handrührgeräts ebenso lang ins Gefrierfach legen.

2 Milch und braunen Zucker in eine Schüssel geben und verrühren. Vanilleschote der Länge nach aufschneiden und zugeben. Aufkochen.

3 Haferflocken in die Schüssel geben und unter ständigem Rühren in die kochende Milch gießen, Vanilleschote zuvor entfernen. Abkühlen lassen.

4 In einem Teller die Hälfte der Himbeeren mit einer Gabel zerdrücken, darauf achten, dass der Saft nicht verloren geht, die abgekühlten Haferflocken unterrühren.

5 Gekühlte Sahne steif schlagen, Zucker zugeben und weiter schlagen, bis sie fest ist. Sorgfältig unter die Haferflocken heben.

6 Porridge in Schälchen verteilen. Mit den übrigen Himbeeren garnieren.

⊳ **AUCH LECKER** mit frischen Himbeeren oder tiefgekühlten gemischten Früchten.

FÜR 4 PERSONEN

ZUBEREITUNGSZEIT: 5 Min.

GARZEIT: 15 Min.

SCHWIERIGKEITSGRAD: ★

KOSTEN: €

- 12 frische Feigen
- 12 Walnusskerne

Für den Sirup:

- 125 g Zucker
- 5 Gewürznelken
- 2 Zimtstangen

Feigen mit Walnüssen

Ein Last-Minute-Dessert – und ideale Begleitung zu einer Kugel Vanilleeis.

1 Feigen öffnen und mit je 1 Walnusskern füllen.

2 Für den Sirup die Zutaten in einen großen Topf geben, 350 ml Wasser zugießen und zum Kochen bringen. 5 Minuten bei mittlerer Hitze köcheln lassen.

3 Die mit Walnüssen gefüllten Feigen in den Sirup setzen und weitere 10 Minuten bei hoher Hitze kochen.

4 Gewürznelken und Zimtstangen herausnehmen. Vor dem Servieren leicht abkühlen oder vollständig erkalten lassen.

> **DAZU** Vanilleeis reichen.

FÜR 6 PERSONEN

ZUBEREITUNGSZEIT: 20 Min.

KÜHLZEIT: 6 Std.

SCHWIERIGKEITSGRAD: ★★

KOSTEN: €

Matcha-Tiramisu

Am Vorabend zubereiten und am Tag der Einladung völlig entspannt bleiben. Ein überraschend anderes Tiramisu!

- 1 l Sahne
- 3 Eier
- 50 g Zucker
- 1 Päckchen Vanillezucker
- 150 g Mascarpone
- 1 Teelöffel Matcha-Teepulver
- 2 Esslöffel Matcha-Sirup
- 2 Esslöffel Mandelsirup
- 15 Löffelbiskuits
- 2 Esslöffel Kakaopulver

1 Sahne am Vorabend in den Kühlschrank stellen, eine kleine Schüssel sowie die Rührbesen des Handrührgeräts 30 Minuten vor dem Gebrauch ins Gefrierfach legen.

2 Eier trennen. Eigelbe mit dem Zucker verrühren, bis eine schaumig-weiße Masse entsteht.

3 Eiweiße zu festem Schnee schlagen, Vanillezucker zugeben und weitere 20 Sekunden schlagen.

4 Die gekühlte Sahne steif schlagen.

5 In einer großen Schüssel Mascarpone mit Matcha-Pulver 2 Minuten verrühren. Die Zucker-Ei-Mischung unterziehen, gut verrühren und, sobald eine homogene Masse entstanden ist, zunächst den Eischnee und dann die geschlagene Sahne vorsichtig unterheben.

6 In einer Kastenform oder einer anderen Form mit hohem Rand eine Schicht von dieser Masse verteilen.

7 Die beiden Sorten Sirup und 3 Esslöffel Wasser in einem tiefen Teller mischen. Die Löffelbiskuits kurz in die Mischung tauchen und sofort nebeneinander auf der Matcha-Cremeschicht verteilen.

8 Die Form abwechselnd mit in Sirup getauchten Löffelbiskuits und Matcha-Creme füllen. Mit einer Cremeschicht abschließen, diese glatt streichen und die Form für mindestens 6 Stunden in den Kühlschrank stellen.

9 Am Tag der Einladung das Tiramisu 20 Minuten vor dem Servieren aus dem Kühlschrank holen. Aus der Form nehmen und mit Kakaopulver bestäuben.

UNSER PROFI-TIPP

Mit Sirups können Sie auch Cocktails verfeinern.

FÜR 4 PERSONEN

ZUBEREITUNGSZEIT: 20 Min.

GARZEIT: 30 Min.

SCHWIERIGKEITSGRAD: ★

KOSTEN: €

- 2 Eier
- 3 Esslöffel Zucker
- 1 Päckchen Vanillezucker
- 4 Esslöffel Mehl
- 200 ml Milch
- 1 Teelöffel Backpulver
- 1 Prise Salz
- 4 Äpfel
- 4 Teelöffel Konfitüre (Johannisbeere, Heidelbeere, schwarze Johannisbeere oder Himbeere)
- Puderzucker

MEIN TIPP

Wenn ich dieses Dessert am Vortag zubereite, denke ich daran, dass ich es 1 Stunde vor dem Essen auf Zimmertemperatur bringe.

Äpfel im Nest

Vier Äpfel, zwei Eier und Verlass auf den Küchenschrank – und fertig ist Ihre Nachspeise!

1 Den Backofen auf 180 Grad vorheizen.

2 Eier trennen. Eigelbe mit Zucker und Vanillezucker verrühren, bis eine schaumig-weiße Masse entsteht. Mehl, Milch, Backpulver und Salz zufügen. Kräftig durchmischen und zu einer homogenen Masse verarbeiten.

3 Eiweiße zu festem Schnee schlagen und vorsichtig unter den Teig heben.

4 Teig in eine mit Butter gefettete Backform geben.

5 Äpfel schälen. Kerngehäuse mit einem Apfelausstecher entfernen. Die Aushöhlung mit Marmelade füllen und Äpfel in den Teig drücken. 30 Minuten im Backofen backen.

6 Kurz vor dem Servieren mit Puderzucker bestäuben.

FÜR 4 PERSONEN

ZUBEREITUNGSZEIT: 5 Min.

SCHWIERIGKEITSGRAD: ★

KOSTEN: €

- 2 Birnen
- 200 g Apfelmus
- 600 g Naturjoghurt
- 4 Esslöffel knuspriges Früchte- oder Schokomüsli

Blitzdessert im Glas

2 reife Birnen und ein Rest Apfelmus sind die Grundlage für diese rasch zubereitete Nachspeise.

1 Birnen schälen und in kleine Würfel schneiden. In Portionsgläschen verteilen.

2 In jedes Portionsgläschen etwas Apfelmus und Joghurt füllen, darüber einen Esslöffel Müsli geben.

Noch schneller geht es, wenn Sie küchenfertiges Apfelmus verwenden.

⊳ **AUCH LECKER** mit in Scheiben geschnittenen Bananen und zerkrümeltem Spekulatius.

FÜR 4 PERSONEN

ZUBEREITUNGSZEIT: 10 Min.

RUHEZEIT: 10 Min.

GARZEIT: 45 Min.

SCHWIERIGKEITSGRAD: ★

KOSTEN: €

- 200 ml Milch
- 200 g Sahne
- 1 Päckchen Vanillezucker
- 4 Eigelb + 1 Eiweiß
- 80 g Zucker
- 1 Bauernbrötchen
- 60 g weiche Butter
- 3 Esslöffel Orangenkonfitüre
- Zimt

Pudding mit Orangenkonfitüre

Ganz einfach und köstlich nach Orangen duftend.

1 In einem Topf Milch, Sahne und Vanillezucker erhitzen.

2 Eigelbe und Eiweiß mit Zucker verrühren, bis eine schaumig-weiße Masse entsteht. Vanillemilch zugießen und verrühren.

3 Brötchen in Scheiben schneiden. Die weiche Butter mit der Marmelade mischen, Brotscheiben damit bestreichen und in einer Puddingform anrichten. Ei-Milch-Mischung über die Brotscheiben gießen. 10 Minuten ruhen lassen.

4 Den Backofen auf 180 Grad vorheizen.

5 Den Pudding 45 Minuten im Backofen fest werden lassen. Pudding vor dem Servieren mit etwas Zimt bestäuben.

NULLTARIF

Mit dem restlichen Eiweiß Bratäpfel mit Baiserhaube herstellen. 4 oder 8 Äpfel im Ganzen schälen. Kerngehäuse mit einem Apfelausstecher entfernen. Die Aushöhlung mit Konfitüre füllen und 30 Minuten bei 220 Grad im Backofen backen. In der Zwischenzeit Eiweiße zu Schnee schlagen, pro Eiweiß 50 g Zucker zugeben und die Bratäpfel damit bedecken. Bratäpfel im Backofen nochmals bei 100 Grad backen, bis die Baisermasse zu bräunen beginnt.

FÜR 4 PERSONEN

ZUBEREITUNGSZEIT: 10 Min.

KÜHLZEIT: 12 Std.

GARZEIT: 10 Min.

SCHWIERIGKEITSGRAD: ★

KOSTEN: €

- 100 g Zucker
- 50 g leicht gesalzene Butter
- 200 g Sahne
- 175 g schwarze Schokolade
- 300 ml Orangensaft
- 1 g Agar-Agar oder 1 Blatt Gelatine
- Meersalz

UNSER PROFI-TIPP

Fudge ist eine Süßware aus dem englisch-amerikanischen Raum. Sie besteht aus Weichkaramell mit Vanille- und Schokoladenaroma.

Schokoladen-Orangen-Fudge

Am Vorabend zubereiten – in nur wenigen Minuten entsteht ein köstliches Dessert.

1 Am Vorabend Zucker mit 2 Esslöffeln Wasser in einem Topf erhitzen, bis der Zucker karamellisiert.

2 Topf vom Herd nehmen und Butter und Sahne unterrühren. Schokolade zerkleinern und zugeben. Rühren, bis die Schokolade geschmolzen ist. Bei Bedarf bei schwacher Hitze erneut erhitzen, sodass eine glatte Masse entsteht.

3 Eine kleine, quadratische Form mit Backpapier auslegen, Schokoladen-Karamell-Masse in die Form gießen. Glatt streichen und abkühlen lassen. Mit Frischhaltefolie abdecken und 12 Stunden in den Kühlschrank stellen.

4 Am Tag der Einladung Orangensaft bei schwacher Temperatur erhitzen, 5 Minuten köcheln lassen. Agar-Agar oder 1 Blatt zuvor in kaltem Wasser eingeweichte Gelatine zufügen und verrühren. Topf vom Herd nehmen und abkühlen lassen.

5 Fudge in Quadrate schneiden. Orangensirup in tiefe Tellerchen gießen, Fudge-Stückchen darin anrichten, mit Meersalz bestreuen und servieren.

Damit stehen Sie auf der sicheren Seite!

Wer kommt eigentlich zum Abendessen?

Besondere Ernährungsformen

FÜR 4 BIS 6 PERSONEN

ZUBEREITUNGSZEIT: 15 Min.

GARZEIT: 30 Min.

SCHWIERIGKEITSGRAD: ★

KOSTEN: €€

Pfifferlinge mit Blauen Kartoffeln

Dieses prächtige Farbenspiel ist nicht so deftig, wie es aussieht.

- 800 g Blaue Kartoffeln
- 200 g Pfifferlinge
- 2 Esslöffel Apfelessig für das Dressing + etwas Apfelessig für die Pfifferlinge
- 50 g Butter
- 2 Esslöffel Walnussöl
- Salz und frisch gemahlener Pfeffer
- ½ Bund Kerbel

1 In einem Kochtopf Wasser erhitzen. Kartoffeln gründlich waschen und 20 Minuten im sprudelnden Wasser kochen. Pellen und in Scheiben schneiden.

2 Pfifferlinge putzen und sorgfältig mit Essigwasser abspülen. Butter in einer Pfanne zerlassen und Pfifferlinge unter gelegentlichem Rühren so lange braten, bis die ausgetretene Flüssigkeit verdampft ist.

3 In einer Schüssel Pfifferlinge mit Kartoffelscheiben mischen, Walnussöl und Essig zugeben, salzen und pfeffern und vorsichtig unterheben.

4 Kerbel waschen, trocken schütteln, Blätter abzupfen und hacken. Über den Salat streuen. Lauwarm anrichten.

⊳ **DAZU** geräucherte Entenbrustfilets anrichten, so wird's ein vornehmes Abendessen.

WUSSTEN SIE SCHON?

Die Blaue Kartoffel (auch Vitelotte genannt) ist eine Urkartoffelsorte. Ihre Besonderheit ist ihre violette, fast schwarze Schale sowie ihr violettes, eher mehliges Fruchtfleisch. Mit ihrer ausgefallenen Farbe macht sie Eindruck im Salat und zu Chips verarbeitet. Auch das violette Püree ist ein echter Hingucker.

FÜR 4 PERSONEN
ZUBEREITUNGSZEIT: 30 Min.
GARZEIT: 45 Min.
SCHWIERIGKEITSGRAD: ★
KOSTEN: €

Kürbis mit Parmesan-Crumble

Mit ihrem leicht nussigen Geschmack spricht diese Vorspeise jeden an, auch Vegetarier.

- 1 Hokkaido-Kürbis
- 20 g leicht gesalzene Butter
- 2 Esslöffel flüssiger Honig
- 1 Teelöffel Vier-Gewürze-Mischung (Pfeffer, Muskat, Zimt, Nelken)

Für den Crumble:

- 100 g Mehl
- 100 g geriebener Parmesan
- 100 g leicht gesalzene Butter
- Salz und frisch gemahlener Pfeffer

1. Den Backofen auf 180 Grad vorheizen.
2. Hokkaido waschen und in ca. 1 cm dicke Scheiben schneiden (Hokkaido wird nicht geschält). Kerne und faserige Innenteile entfernen.
3. In einer Pfanne Butter zerlassen und Kürbisscheiben von beiden Seiten darin goldbraun anbraten. Honig und Vier-Gewürz-Mischung zugeben, 5 Minuten dünsten, Kürbisscheiben gelegentlich wenden.
4. In der Zwischenzeit den Crumble zubereiten. In einer Schüssel Mehl mit Parmesan mischen, weiche Butter und Pfeffer zugeben. Teig mit den Fingerspitzen zu einer krümeligen Masse verarbeiten.
5. Kürbisscheiben in einer Auflaufform anordnen, leicht salzen und pfeffern, mit Crumble bedecken. 35 Minuten im Backofen backen: Der Crumble soll schön goldbraun sein.
6. Warm oder lauwarm anrichten.

> **DAZU** Endivien- oder Frisée-Salat reichen.

MEIN TIPP

Ich nehme die Butter vorher aus dem Kühlschrank, damit sie weich wird. Und ich salze nur wenig, weil Parmesan und Butter bereits Salz liefern.

FÜR 6 PERSONEN

ZUBEREITUNGSZEIT: 25 Min.

GARZEIT: 25 Min.

SCHWIERIGKEITSGRAD: ★

KOSTEN: €

- 600 g Möhren
- 2 Zwiebeln
- 2 Esslöffel Olivenöl
- Salz und frisch gemahlener Pfeffer
- 1 Schafmilchjoghurt
- 100 g Sahne

UNSER PROFI-TIPP

Damit die Schlagsahne auch bestimmt gelingt, denken Sie daran, 30 Minuten vor dem Gebrauch die Sahne kalt zu stellen und eine kleine Schüssel sowie die Rührbesen des Handrührgeräts ins Gefrierfach zu legen.

Möhren-Schafmilch-Creme

Diese sämige Creme ist ein überraschender Gaumenkitzel.

1 Möhren putzen und schälen, waschen und in Scheiben schneiden. Zwiebeln schälen und klein schneiden.

2 Olivenöl in einem Topf erhitzen und Möhren und Zwiebeln darin in 5 Minuten goldgelb braten. 1 l Wasser, Salz und Pfeffer zugeben, zugedeckt 20 Minuten bei mittlerer Hitze garen.

3 In einer kleinen Schüssel Joghurt mit dem Handrührgerät verrühren. In einer anderen kleinen Schüssel gekühlte Sahne steif schlagen. Geschlagene Sahne unter den Joghurt heben, salzen und in den Kühlschrank stellen.

4 Möhren und Zwiebeln im Mixer pürieren und die Möhrencreme in Tassen, Schälchen oder tiefen Tellern anrichten. Schafmilch-Schlagsahne darauf verteilen und Pfeffer darübermahlen.

FÜR 6 PERSONEN

ZUBEREITUNGSZEIT: 25 Min.

GARZEIT: 15 Min.

SCHWIERIGKEITSGRAD: ★

KOSTEN: €

- 150 g Sahne
- 25 Frühlingszwiebeln
- 2 Esslöffel Olivenöl
- 500 g grüne TK-Erbsen
- Salz und frisch gemahlener Pfeffer
- 100 g Mascarpone

Cappuccino von grünen Erbsen

Sie mutet wie ein geheimnisvolles Dessert an, diese köstliche Vorspeise.

1 30 Minuten vor dem Gebrauch Sahne kalt stellen und eine kleine Schüssel sowie die Rührbesen des Handrührgeräts ins Gefrierfach legen.

2 Zwiebeln schälen und in Scheiben schneiden. In einem Topf 5 Minuten in Olivenöl unter ständigem Rühren braten. Erbsen und 1 l Wasser zugeben, salzen und 10 Minuten bei hoher Hitze köcheln.

3 In der Zwischenzeit Mascarpone in einer Schüssel schaumig schlagen. In einer anderen Schüssel Sahne steif schlagen und unter den Mascarpone heben. Salzen und in den Kühlschrank stellen.

4 Erbsen im Mixer pürieren, würzen und in Tassen, kleine Schalen oder tiefe Teller gießen. Mascarpone-Sahne darübergeben.

5 Den Cappuccino kalt oder warm servieren.

GUT FÜR DIE GESUNDHEIT

Dieser Cappuccino ist nicht nur lecker, sondern auch gesund. Grüne Erbsen enthalten mehr Kohlenhydrate, Proteine und Ballaststoffe als die meisten frischen Gemüsesorten. Zudem sind sie reich an Vitaminen und Mineralstoffen (insbesondere an Provitamin A und Vitamin K, Phosphor und Kalium).

FÜR 4 PERSONEN
ZUBEREITUNGSZEIT: 15 Min.
SCHWIERIGKEITSGRAD: ★
KOSTEN: €

Melonen-Gazpacho mit Madeira

- 700 g Charentais-Melone
- 4 Esslöffel Madeira
- Salz und frisch gemahlener Pfeffer
- 120 g Parmaschinken (in dünnen Scheiben)
- 8 Basilikumblätter

Dieses Gericht lässt sich sehr hübsch anrichten.

1 Melone vierteln und Kerne entfernen. Melone schälen und vom Fruchtfleisch 16 gleich große Würfel von je 2 cm Länge beiseitelegen.

2 Restliches Fruchtfleisch in kleine Stücke schneiden, mit Madeira zu einem Gazpacho mischen, Salz und Pfeffer unterrühren (wenn Ihnen die Konsistenz zu dickflüssig ist, etwas Wasser zugeben).

3 Gazpacho und Melonenwürfel in den Kühlschrank stellen.

4 Vor dem Servieren auf 8 Holzstäbchen abwechselnd Schinkenscheiben, Melonenwürfel und Basilikumblätter spießen. Gazpacho in Schälchen füllen und die Spießchen halb über den Rand legen.

⊳ **AUCH LECKER** mit Wassermelone, Tomaten und roten Paprikaschoten, 1 Prise roter Chili und Zitronensaft. Mit diesem roten Gazpacho ist Ihnen der Erfolg sicher!

FÜR 4 PERSONEN

ZUBEREITUNGSZEIT: 5 Min.

SCHWIERIGKEITSGRAD: ★

KOSTEN: €

- 150 g Blattspinat
- 3 Esslöffel Sahne
- 1 Esslöffel Olivenöl
- 1 Esslöffel Pinienkerne
- Salz und frisch gemahlener Pfeffer

UNSER PROFI-TIPP

Blattspinat muss ganz frisch sein, damit er knackig bleibt.

Salat von Blattspinat

Ein einfache Vorspeise, leicht und köstlich, die nach Belieben variiert werden kann.

1 Spinatblätter waschen und trocken schleudern.

2 Sahne und Olivenöl in eine Schüssel gießen. Salz und Pfeffer zugeben und verrühren.

3 Spinatblätter zufügen, Pinienkerne darüberstreuen und kurz vor dem Servieren unterheben.

⩾ **DAZU** dünne Scheiben geräuchertes Entenbrustfilet, geschälte Garnelen oder Wachteleier servieren.

BUON APPETITO!

Eine italienische Note verleihen Sie dem Ganzen, wenn Sie Parmesanhobel zufügen und statt Sahne einen Schuss Balsamico darüberträufeln. Ihre Gäste werden es lieben!

FÜR 6 PERSONEN

ZUBEREITUNGSZEIT: 30 Min.

GARZEIT: 30 Min.

SCHWIERIGKEITSGRAD: ★

KOSTEN: € €

- 2 Tomaten
- 1 Fenchelknolle
- 2 Schalotten
- 1 Knoblauchzehe
- 2 Esslöffel Olivenöl
- 20 kleine Artischockenböden (aus der Dose)
- 1 Esslöffel Tapenade
- 50 g geriebener Parmesan
- 1 Rolle Blätterteig (Kühlregal)
- Salz und frisch gemahlener Pfeffer

Tarte Tatin mit Artischocken

Kann als Vorspeise oder als Hauptgericht eines vegetarischen Menüs serviert werden.

1 Tomaten waschen, trocken tupfen und in kleine Würfel schneiden. Fenchel putzen, Schalotten und Knoblauch schälen und alles in feine Scheiben schneiden.

2 In einer Pfanne Olivenöl erhitzen und das vorbereitete Gemüse darin anbraten. Weitere 15 Minuten sanft garen, ab und zu umrühren.

3 Den Backofen auf 200 Grad vorheizen.

4 Artischocken in einer ofenfesten Form kreisförmig anordnen. Mit Salz und Pfeffer bestreuen. Mit Tapenade bestreichen, dann den Inhalt der Pfanne darübergeben. Gemüse gut verteilen und mit Parmesan bestreuen.

5 Die Füllung mit ausgerolltem Blätterteig bedecken und diesen auf die Artischocken drücken. 30 Minuten im Backofen backen, dabei darauf achten, die Temperatur, sobald der Teig Farbe annimmt, auf 180 Grad zu reduzieren.

6 Die Tarte aus der Form nehmen, solange sie noch heiß ist.

WUSSTEN SIE SCHON?

Mit der Tarte Tatin, die „kopfüber", also unter dem Teig gebacken wird, und dann „richtig herum" serviert wird, sind die Schwestern Tatin, die Anfang des 20. Jahrhunderts in der Sologne ein Hotel-Restaurant führten, berühmt geworden. Diesen großen Klassiker genießt man heute mit Ananas (Rezept Seite 150), Mango, aber auch mit Auberginen, Zwiebeln …

FÜR 8 PERSONEN
ZUBEREITUNGSZEIT: 20 Min.
GARZEIT: 40 Min.
KÜHLZEIT: 12 Std.
SCHWIERIGKEITSGRAD: ★
KOSTEN: €€

- 200 g Kräcker
- 150 g Butter
- 4 Eier
- 1 Zitrone
- 1 Bund Schnittlauch
- 8 Scheiben Räucherlachs
- 400 g Frischkäse
- 4 Esslöffel Quark
- Salz und frisch gemahlener Pfeffer

Frischkäsetarte mit Räucherlachs

Wird diese Tarte schon am Vorabend zubereitet, können sich die Aromen voll entfalten.

1 Am Vorabend den Backofen auf 160 Grad vorheizen.

2 Kräcker zerbröseln. Butter in einem Topf zerlassen, Kräckerbrösel zugeben und mit der Butter vermengen. Krümelteig auf den Boden einer Springform drücken.

3 Eier aufschlagen, Zitrone auspressen, Schnittlauch waschen, trocken schütteln und in Röllchen schneiden. Lachs in dünne Scheiben schneiden.

4 In einer Schüssel Frischkäse und Quark mischen, verquirlte Eier, Zitronensaft, Schnittlauch und die Hälfte der Lachsstreifen zufügen. Salzen und leicht pfeffern. Vorsichtig mischen und in die Backform gießen.

5 Die Tarte 40 Minuten im Ofen backen. Abkühlen lassen und 12 Stunden in den Kühlschrank stellen.

6 Zum Servieren die Tarte aus der Form nehmen und mit den restlichen Lachsscheiben garnieren.

⊳ **DAZU** Rucola reichen.

FÜR 4 PERSONEN

ZUBEREITUNGSZEIT: 30 Min.

GARZEIT: 20 Min.

SCHWIERIGKEITSGRAD: ★

KOSTEN: €

- 1 Selleriestange
- 1 Zwiebel
- 400 ml trockener Weißwein (z.B. Muscadet)
- 2 Esslöffel Olivenöl
- 1 Bouquet garni
- 2 kg Miesmuscheln (gereinigt)
- 300 g Sahne
- 1 Teelöffel Currypulver
- 12 feine Scheiben Chorizo

UNSER PROFI-TIPP

Frische Muscheln erkennt man an einer feucht glänzenden, geschlossenen Schale. Muscheln müssen sehr rasch nach dem Einkauf verzehrt und kühl gelagert werden (im Gemüsefach des Kühlschranks).

Muschelcremesuppe

Eine besondere Vorspeise aus dem Meer, verfeinert mit einem Hauch würziger Chorizo-Wurst.

1 Sellerie waschen und in dünne Ringe schneiden. Zwiebel schälen und in feine Scheiben schneiden.

2 Weißwein und Olivenöl in einen großen Topf gießen. Sellerie, Zwiebel, Bouquet garni und Muscheln in den Topf geben. Unter Rühren kochen, bis sich die Muscheln öffnen.

3 Geöffnete Muscheln herausnehmen und den Sud abseihen (Muscheln, die sich nicht geöffnet haben, sind ungenießbar!). Sud in einem Topf zum Kochen bringen, Sahne und Curry zugeben, unterrühren und 5 Minuten köcheln lassen.

4 Muscheln aus der Schale lösen. In einer beschichteten Pfanne Chorizo-Scheiben ohne Fett goldbraun rösten.

5 Kurz vor dem Servieren Muscheln in den eingekochten Sud geben und bei mittlerer Hitze einige Sekunden mischen. In kleinen Schalen oder tiefen Tellern anrichten und mit gerösteten Chorizo-Scheiben garnieren.

FÜR 4 PERSONEN

ZUBEREITUNGSZEIT: 10 Min.

GARZEIT: 4 Min.

SCHWIERIGKEITSGRAD: ★

KOSTEN: €€€

Jakobsmuscheln im Speckmantel

Ein einfaches Rezept, das bei Muschelfreunden sehr beliebt ist.

- 1 Handvoll Rucola
- 16 Jakobsmuscheln
- Salz und frisch gemahlener Pfeffer
- 16 feine Scheiben ungeräucherter Bauchspeck
- 1 Teelöffel Thymianblüten
- Olivenöl

1 Rucola waschen und trocken schleudern.

2 Jakobsmuscheln auf die Arbeitsfläche legen und mit Pfeffer bestreuen. Jede Muschel mit einer Scheibe Speck umwickeln und mit Thymianblüten bestreuen.

3 Vor dem Servieren in einer großen Pfanne 2 Esslöffel Olivenöl erhitzen und die Muscheln 2 Minuten von jeder Seite anbraten.

4 Rucola auf Tellern anrichten, salzen und mit Olivenöl beträufeln. Je 4 Jakobsmuscheln auf einem Teller anrichten, mit Bratensaft beträufeln und servieren.

UNSER PROFI-TIPP

Behalten Sie das Garen der Jakobsmuscheln im Auge. Sie dürfen nicht zu stark kochen, weil sie sonst zäh wie Gummi werden können.

WUSSTEN SIE SCHON?

Die Jakobsmuschel wird in Frankreich (Oktober bis Mai) auf dem sandigen oder seegrasbewachsenen Meeresboden der normannischen Küsten geerntet. Gute Fanggründe gibt es auch in Schottland und Irland. Jakobsmuscheln enthalten 90 g festes und sehr feines, weißes Muskelfleisch und den Rogen (Corail).

FÜR 4 PERSONEN

ZUBEREITUNGSZEIT: 20 Min.

GARZEIT: 20 Min.

SCHWIERIGKEITSGRAD: ★

KOSTEN: €

Gemüsepäckchen

Ein köstliches Rezept, das sich als Vorspeise oder als schmackhafte Beilage eignet.

- 4 Möhren
- 2 junge Lauchstangen
- 4 Frühlingszwiebeln
- 1 Stange Zitronengras
- 200 g Brokkoli
- 4 Zweige glatte Petersilie
- 2 Esslöffel Sojasoße
- Salz und frisch gemahlener Pfeffer
- Olivenöl

1 Den Backofen auf 200 Grad vorheizen.

2 Möhren putzen und in Scheiben schneiden. Lauch, Frühlingszwiebeln und Zitronengras waschen und in feine Scheiben schneiden. Brokkoli waschen und in kleine Röschen teilen.

3 Gemüse auf vier große Quadrate Pergamentpapier verteilen, je einen Zweig Petersilie (gewaschen) auf die Gemüsehäufchen legen und mit Sojasoße beträufeln.

4 Mit etwas Salz und Pfeffer bestreuen und die Pergamentpäckchen verschließen. 20 Minuten im Backofen garen.

5 Vor dem Anrichten Pergamentpäckchen öffnen und mit einem Spritzer Olivenöl verfeinern.

> **AUCH LECKER** mit Sommergemüse (grüne Bohnen, Zucchini, Tomaten, Zuckererbsen).

> **DAZU** gedünstete Fischfilets servieren.

MEIN TIPP

Ich salze die Soße nur sehr wenig, da Soja bereits ein Salzlieferant ist.

FÜR 6 PERSONEN

ZUBEREITUNGSZEIT: 5 Min.

GARZEIT: 35 Min.

SCHWIERIGKEITSGRAD: ★

KOSTEN: €€€

- 1,5 kg kleine Kartoffeln (La Ratte, Bamberger Hörnchen)
- 3 Esslöffel Olivenöl
- 4 Knoblauchzehen
- 2 Esslöffel Trüffelsaft
- Salz und frisch gemahlener Pfeffer

UNSER PROFI-TIPP

Nehmen Sie vorzugsweise einen Trüffelsaft des ersten Kochvorgangs. Zu finden ist er in Dosen in Feinkostgeschäften.

Bratkartoffeln in Trüffelsaft

Trüffel ist ein besonderer Genuss in Kombination mit einfachen Speisen, wie diesen kleinen Kartoffeln.

1 Kartoffeln waschen und trocken tupfen. Olivenöl in einem Topf erhitzen. Kartoffeln zugeben und im heißen Öl bei starker Hitze 5 Minuten unter ständigem Rühren anbraten.

2 Ungeschälte Knoblauchzehen und 1 Esslöffel Trüffelsaft zufügen. Hitze reduzieren und 30 Minuten bei schwacher Hitze dünsten. Häufig und sehr sorgfältig umrühren.

3 Am Ende der Garzeit salzen und pfeffern und zum Schluss mit dem übrigen Trüffelsaft beträufeln.

> **DAZU** schmeckt Rinderfilet im Blätterteigmantel (Rezept Seite 144).

Wer kommt eigentlich zum Abendessen?

Manchmal sind es die Gäste, die eine wahre Panik auslösen: Wird ihnen das Essen schmecken und wird es überhaupt gelingen? Es gibt Lösungen, um solche Situationen zu umgehen …

„Machen Sie es einfach: Fragen Sie Ihre Gäste durch die Blume, was sie gern essen würden …“

Klassiker für alle Feinschmecker von 7 bis 77:

- gegrilltes Geflügel
- Überbackenes und Nudelgerichte
- pikante Kuchen und Quiches
- traditionelle Gerichte wie Lammkeule mit Gemüse (wie Möhren, Zwiebeln, Erbsen, weiße Rüben, grüne Bohnen) und Getreidebeilage …

BESONDERE REZEPTE FÜR BESONDERE GÄSTE, EINFACH UND VERBLÜFFEND

- Pfifferlinge mit Blauen Kartoffeln (Rezept Seite 86)
- Rinderfilet im Blätterteigmantel (Rezept Seite 144)
- Schoko-Karamell-Kuchen mit gesalzener Butter (Rezept Seite 156)

Tipps und Tricks

Wie Sie auch die schwierigsten Gäste beeindrucken

- Setzen Sie beim Einkauf der Zutaten auf **sehr gute Qualität**.
- Wählen Sie **einfache Rezepte** aus, bei denen nichts schiefgehen kann, und die Sie vor allem schon ausprobiert haben.
- Legen Sie besonderes Augenmerk auf die **Tischdekoration** und das **Anrichten der Speisen.**

HIER IST FÜR JEDEN GESCHMACK DAS PASSENDE REZEPT DABEI, GANZ BESTIMMT

- Tarte Tatin mit Artischocken (Rezept Seite 94)
- Seezunge mit Karamell-Lauch (Rezept Seite 116)
- Mandelcreme an heißen Birnen (Rezept Seite 146)

REZEPTE MIT ZERTIFIKAT „GARANTIERTER ERFOLG"

- Cappuccino von grünen Erbsen (Rezept Seite 90)
- Normannisches Huhn (Rezept Seite 124)
- Himbeer-Financier (Rezept Seite 152)

Besser vermeiden – es sei denn, Sie kennen sich richtig gut aus:
- Innereien, Austern, Schnecken ... sie könnten im Einzelfall Unbehagen auslösen
- süß-salzige oder sehr scharfe Gerichte.
- Schalen- und Krustentiere
- ölhaltige Früchte (Erdnüsse, Walnüsse ...), da viele allergisch reagieren.

FÜR 6–8 PERSONEN
ZUBEREITUNGSZEIT: 10 Min.
GARZEIT: 30 Min.
SCHWIERIGKEITSGRAD: ★
KOSTEN: €

- 1 Brokkoli
- 1 Romanesco
- 2 Eier + 1 Eiweiß
- 200 g Sahne
- 50 g geriebener Parmesan
- Salz und frisch gemahlener Pfeffer

UNSER PROFI-TIPP

Wollen Sie den Flan etwas ausgeprägter im Geschmack, verwenden Sie einen hochwertigen Parmesan und reiben Sie ihn selbst.

Brokkoli-Flan mit Parmesan

Ideal zu gebratenem Hühnchen. Eine Verbindung, die bei fast allen gut ankommt.

1 Den Backofen auf 180 Grad vorheizen.

2 In einem großen Topf Salzwasser zum Kochen bringen. Brokkoli und Romanesco in Röschen teilen, waschen und abtropfen lassen. Zuerst Brokkoli im sprudelnden Wasser 10 Minuten kochen. Nach 5 Minuten Romanesco zugeben.

3 Abgießen. Beide Kohlsorten mit Eiern, Eiweiß, Sahne und Parmesan vermengen und pfeffern.

4 Gratinförmchen oder eine große ofenfeste Form mit Butter einstreichen, mit der Mischung füllen und 20 Minuten im Backofen stocken lassen.

GARNIER-IDEE

Reichen Sie dazu einen kleinen Rotkohlsalat, das gibt farblich einen schönen Kontrast. Rotkohl und etwas Zwiebel in feine Scheiben schneiden, mit Walnussöl, Weinessig und einem Schuss Zitronensaft würzen. Salzen und pfeffern.

FÜR 4 PERSONEN

ZUBEREITUNGSZEIT: 10 Min.

GARZEIT: 10–15 Min.

SCHWIERIGKEITSGRAD: ★

KOSTEN: €

Kürbis und Süßkartoffeln mit Aprikosen

Ob als Beilage oder Hauptgericht, diese Gemüsesorten sind immer sehr beliebt.

- 1 kg Kürbis, z. B. Butternuss
- 2 Süßkartoffeln
- 12 Soft-Aprikosen
- 1 Esslöffel Kümmelsamen
- Salz und frisch gemahlener Pfeffer

1 Im unteren Teil des Dampfgarers 1 l Wasser erhitzen.

2 Kürbis schälen und entkernen. Süßkartoffeln schälen. Das Fruchtfleisch jeweils in Stücke schneiden. Waschen und mit den Aprikosen in den oberen Garaufsatz geben. Mit Kümmelsamen bestreuen. Salzen, pfeffern und 10–15 Minuten im Dampf garen.

3 Mit der Messerspitze die Garprobe machen: Das Gemüse muss zart sein.

> **DAZU** gebratenes Hähnchen oder gedünstetes Fischfilet reichen bzw. für Vegetarier mit Hartweizengrieß als Beilage servieren.

UNSER PROFI-TIPP

Ideal für dieses Gericht ist der feine Butternuss-Kürbis. Er besitzt ein zartes Aroma, das nach Butter und Nüssen schmeckt.

FÜR 4 PERSONEN

ZUBEREITUNGSZEIT: 10 Min.

GARZEIT: 30 Min.

SCHWIERIGKEITSGRAD: ★

KOSTEN: €

- 3 Schalotten
- 25 g Butter
- 350 g Risotto-Reis
- 150 ml Weißwein
- 1 l Gemüsebrühe
- 150 g Rucola
- 100 g geriebener Parmesan
- frisch gemahlener Pfeffer

MEIN TIPP

Ich behalte meinen Risotto während des Kochens immer im Auge: Dem Reis darf es nie an Brühe fehlen, sodass er quellen und cremig werden kann.

Rucola-Risotto

Ein sehr aromatischer Risotto, mundet perfekt als leichte Mahlzeit oder als Beilage zu gedünstetem Fisch.

1 Schalotten schälen und in feine Scheiben schneiden. Die Hälfte der Butter in einer hohen Pfanne erhitzen und Schalotten 1 Minute bei schwacher Hitze darin anbraten. Reis 2 Minuten einrühren.

2 Weißwein zugießen und verkochen lassen, nach und nach Gemüsebrühe zugießen und dabei regelmäßig umrühren.

3 Rucola waschen und trocken schleudern, einige Blätter zur Seite legen und den Rest fein hacken. Zum Reis geben und verrühren.

4 Am Ende der Garzeit Parmesan und restliche Butter zufügen. Pfeffer unterrühren und den Risotto auf Tellern anrichten.

5 Mit den beiseitegelegten Rucolablättern garnieren und servieren.

FÜR 4 PERSONEN

ZUBEREITUNGSZEIT: 15 Min.

GARZEIT: 15–20 Min.

SCHWIERIGKEITSGRAD: ★

KOSTEN: €

- 2 Zucchini
- 2 Zwiebeln
- 8 Soft-Aprikosen
- 60 g Butter
- 3 Esslöffel Olivenöl
- 1 Esslöffel gemahlener Kreuzkümmel
- 1 Esslöffel gemahlener Ingwer
- 1 Prise Safran
- 1 Zimtstange
- 1 Esslöffel Pinienkerne
- 2 Esslöffel Rosinen
- Salz und frisch gemahlener Pfeffer
- 250 g Basmati-Reis

Gewürzreis mit getrockneten Früchten

Die Bollywood-Fans unter Ihren Gästen werden davon nicht genug bekommen können.

1 Zucchini waschen, Enden abschneiden und Zucchini in Würfel schneiden. Zwiebeln schälen und in feine Scheiben schneiden. Aprikosen vierteln.

2 In einem Topf die Hälfte der Butter und 1 Esslöffel vom Olivenöl erhitzen, darin Gewürze, Pinienkerne, Aprikosen und Rosinen 5 Minuten unter Rühren rösten, bis sie vollständig vom Fett überzogen sind. Mit Salz und Pfeffer würzen und in einer Schale beiseitestellen.

3 Restliche Butter und Reis in den Topf geben. Bei hoher Hitze 1 Minute unter Rühren anbraten, den Inhalt des Schälchens einrühren. Vollständig mit Wasser bedecken und zum Kochen bringen und das Ganze zugedeckt bei schwacher Hitze so lange garen, bis das Wasser vollständig absorbiert ist.

4 In einer Pfanne restliches Olivenöl erhitzen. Zwiebeln anbraten, Zucchiniwürfel zugeben und 5 Minuten unter Rühren Farbe nehmen lassen.

5 Den Gewürzreis mit dem Zucchini-Zwiebel-Kompott servieren.

FÜR 4 PERSONEN

ZUBEREITUNGSZEIT: 25 Min.

MARINADE: 2 Std.

GARZEIT: 25 Min.

SCHWIERIGKEITSGRAD: ★

KOSTEN: €€

- 800 g Kabeljaufilet
- 4 rote Zwiebeln
- 1 Esslöffel Olivenöl
- 3 Esslöffel flüssiger Honig
- 8 Soft-Aprikosen
- 4 Zweige Koriander

Für die Marinade:

- 2 Knoblauchzehen
- 1 Esslöffel Kreuzkümmelsamen
- 1 unbehandelte Zitrone
- 1 Esslöffel Olivenöl
- Salz und frisch gemahlener Pfeffer

Kabeljau-Tajine

Süßlich und herzhaft zugleich, von sämiger Konsistenz und reich an Aromen.

1 Für die Marinade Knoblauch schälen und durch eine Presse drücken. Mit Kreuzkümmelsamen mischen. Von der Zitrone Schale abreiben und Frucht auspressen. Zitronenschale und Zitronensaft mit Olivenöl zur Marinade geben. Mit Salz und Pfeffer würzen und gut verrühren.

2 Kabeljaufilet in Würfel schneiden und auf einen Teller legen. Mit der Marinade begießen, abdecken und 2 Stunden kalt stellen.

3 Zwiebeln schälen und in feine Scheiben schneiden. Olivenöl in einem Topf erhitzen, Zwiebeln 15 Minuten bei mittlerer Hitze darin andünsten: Sie sollen leicht gebräunt sein.

4 Fischwürfel auf die Zwiebeln in die Pfanne legen, mit der Marinade begießen und zugedeckt bei schwacher Hitze 10 Minuten garen.

5 In der Zwischenzeit Honig in einem kleinen Topf erhitzen, Aprikosen zugeben und leicht karamellisieren.

6 Kurz vor dem Anrichten Aprikosen zum Fisch geben und vorsichtig untermischen. Koriander waschen, trocken tupfen. Die Tajine mit Korianderzweigen garniert servieren.

⊳ **AUCH LECKER** mit Datteln.

FÜR 4 PERSONEN

ZUBEREITUNGSZEIT: 15 Min.

GARZEIT: 15 Min.

SCHWIERIGKEITSGRAD: ★

KOSTEN: €€

- 4 Fenchelknollen
- Olivenöl
- Salz und frisch gemahlener Pfeffer
- 800 g Kabeljaufilet
- 16 schwarze Oliven (entsteint)

MEIN TIPP

Ich bestreue den Fisch vor dem Kochen mit 1 Teelöffel Anissamen.

Fenchel-Kabeljau

Ein feiner Schlankmacher mit würziger Anisnote.

1 Den Backofen auf 240 Grad vorheizen.

2 Äußere Blattrippen der Fenchelknollen ablösen und die Knollen der Länge nach in sechs Stücke schneiden. Fenchel waschen und trocken tupfen. In einer Pfanne 2 Esslöffel Olivenöl erhitzen und Fenchel zugeben. Mit Salz und Pfeffer bestreuen und 10 Minuten bei schwacher Hitze dünsten.

3 In der Zwischenzeit Kabeljau in 4 Stücke schneiden. In eine ofenfeste Form legen, mit Olivenöl beträufeln und mit Salz würzen. 10 Minuten im Backofen garen.

4 Oliven zum Fenchel in die Pfanne geben und weitere 5 Minuten garen. Mit der Messerspitze die Garprobe machen: Die Fenchelstücke müssen zart sein.

5 Das Gemüse auf der Fischplatte anrichten, frischen Pfeffer darübermahlen und sofort servieren.

> **AUCH LECKER** mit anderen weißfleischigen Fischsorten (z. B. Lengfisch).

> **DAZU** passen Bratkartoffeln.

FÜR 4 PERSONEN

ZUBEREITUNGSZEIT: 20 Min.

GARZEIT: 10 Min.

SCHWIERIGKEITSGRAD: ★

KOSTEN: €€

- 800 g Kabeljaufilet
- 1 Bund Basilikum
- 4 Scheiben roher Schinken
- 1 Glas eingelegte Tomaten in Öl
- Salz und frisch gemahlener Pfeffer

UNSER PROFI-TIPP

Kabeljau ist ein köstlicher Fisch mit weißem Fleisch, das nach dem Garen leicht zerfällt. Man kann ihn durch Schellfisch oder Seehecht ersetzen.

Kabeljau-Päckchen

Es ist immer wieder die reinste Freude zu entdecken, was in diesen Päckchen drinsteckt. Wie bei einer Wundertüte!

1 Den Backofen auf 200 Grad vorheizen.

2 Kabeljau in 4 Stücke schneiden. Basilikum waschen und trocken tupfen. Blätter abzupfen.

3 Schinkenscheiben auf die Arbeitsfläche legen. Auf jede Scheibe 1 Stück Fisch und 4 Tomatenviertel legen, Basilikumblätter darauflegen und das Ganze in die Schinkenscheiben einrollen.

4 4 Quadrate Pergamentpapier ausschneiden. Je ein Fischröllchen auf ein Pergamentpapier legen und zu Päckchen verschließen. 10 Minuten im Backofen garen.

5 Beim Servieren die Päckchen öffnen und würzen.

> **DAZU** schmeckt weißer Reis.

FÜR 4 PERSONEN

ZUBEREITUNGSZEIT: 20 Min.

GARZEIT: 15 Min.

SCHWIERIGKEITSGRAD: ★

KOSTEN: €€

Nudeln mit Lachs und Algen

Und hier ein japanisch inspiriertes Gericht, bestechend leicht, so mancher wird überrascht sein.

- 2 Esslöffel getrocknete Algen (Wakame, aus Bio- oder Asialaden)
- 300 g japanische Somen-Nudeln oder Nudeln mit grünem Tee (Asialaden) oder feine Fadennudeln
- Salz
- 1 Esslöffel Erdnussöl
- 4 Lachssteaks mit Haut (je 150 g)
- 1 Prise Piment d'Espelette

Für die Soße:

- 1 cm frischer Ingwer
- 5 Esslöffel Mirin (japanischer Reiswein)
- 4 Esslöffel Sojasoße

1 Für die Soße Ingwer fein raspeln. In einem kleinen Topf Mirin, Sojasoße und fein geraspelten Ingwer aufkochen. 100 ml Wasser zugeben und 3 Minuten kochen. Die Soße abseihen und abkühlen lassen.

2 In einem anderen Topf 500 ml Wasser zum Kochen bringen, Algen zugeben und den Topf vom Herd nehmen. Algen 10 Minuten weichen lassen, anschließend abgießen und in Streifen schneiden.

3 Nudeln 2 Minuten in sprudelndem Salzwasser kochen. Abgießen und kalt abschrecken. In eine Schüssel geben und mit kaltem Wasser bedecken.

4 In einer Pfanne Erdnussöl erhitzen, Lachssteaks auf der Hautseite 5 Minuten braten, wenden und bei mittlerer Hitze weitere 3 Minuten braten. Pfanne vom Herd nehmen und Steaks zugedeckt 2 Minuten ruhen lassen, anschließend die Haut abziehen.

5 Nudeln abgießen und zusammen mit Algen und Lachs auf Tellern anrichten. Mit der Soße begießen, mit Paprikapulver bestäuben und servieren.

WUSSTEN SIE SCHON?

Mirin ist ein süßer, sirupartiger Reiswein aus Japan, der vor allem zum Würzen von Speisen verwendet wird. Man findet ihn in Supermärkten.

FÜR 8 PERSONEN

ZUBEREITUNGSZEIT: 15 Min.

GARZEIT: 1 Std.

SCHWIERIGKEITSGRAD: ★

KOSTEN: €€

Lachs in Estragon

Wieso nicht ein Gericht ganz in Orange? Lachs in Estragon und Orangensalat.

- 1 Bund Estragon
- 1 ganzer Lachs (2 kg; vom Fischhändler vorbereitet, Bauch der Länge nach aufgeschnitten und Mittelgräte entfernt)
- Salz und frisch gemahlener Pfeffer
- 4 Esslöffel Olivenöl
- 500 g Crème fraîche (mind. 30 %)
- 2 Zitronen

1 Den Backofen auf 200 Grad vorheizen.

2 Estragon waschen, trocken schütteln, Blätter abzupfen und fein hacken. Für die Soße 4 Esslöffel beiseitelegen.

3 Lachs in eine große ofenfeste Form legen, aufklappen, das Innere mit Salz und Pfeffer bestreuen und Estragon daraufgeben. Olivenöl darübergießen und den Fisch wieder zuklappen. 1 Stunde im Backofen garen.

4 In der Zwischenzeit Crème fraîche und beiseitegelegten Estragon in einen Topf geben. Zitronen auspressen, Zitronensaft zugießen, salzen, pfeffern und bei schwacher Temperatur erhitzen.

5 Stellen Sie den ganzen Lachs auf den Tisch. Ziehen Sie die Haut ab und teilen Sie den Fisch in gleich große Stücke. Estragoncreme in einer Sauciere dazureichen.

> **AUCH LECKER** mit Dill.

> **DAZU** Naturreis oder gedämpfte Kartoffeln reichen.

FÜR 4 PERSONEN
ZUBEREITUNGSZEIT: 30 Min.
GARZEIT: 40 Min.
SCHWIERIGKEITSGRAD: ★
KOSTEN: €€€

- 8 junge Lauchstangen
- 40 g Butter
- 1 Esslöffel brauner Zucker
- 1 Esslöffel Walnussessig
- 1 Teelöffel Balsamico
- Salz und frisch gemahlener Pfeffer
- 2 Esslöffel Olivenöl
- 4 Seezungenfilets
- 4 Zweige glatte Petersilie oder Kerbel

Seezunge mit Karamell-Lauch

Der karamellisierte Lauch verleiht diesem Fischgericht eine einzigartige und verführerische Note.

1 Lauch putzen, dabei zwei Drittel vom oberen grünen Teil abschneiden und anderweitig verwenden. Lauch gründlich waschen. Mit der Hälfte der Butter in einen Topf geben und 3 Minuten andünsten. Mit braunem Zucker bestreuen und unter ständigem Rühren langsam karamellisieren lassen.

2 Beide Essigsorten und 200 ml Wasser zugeben, mit Salz und Pfeffer würzen. Zugedeckt 30 Minuten bei schwacher Hitze garen.

3 Karamell-Lauch aus dem Topf nehmen und Sud aufkochen. Restliche Butter mit dem Schneebesen kräftig einrühren. Lauch wieder in den Topf legen und warm stellen.

4 In einer Pfanne Olivenöl erhitzen und Seezungenfilets von beiden Seiten 1 Minute darin braten. Salzen und pfeffern.

5 Petersilie oder Kerbel waschen und trocken tupfen. Lauch und Soße auf den Tellern servieren, Seezungenfilets darauf anrichten. Mit Petersilie oder Kerbel garnieren.

FÜR 4 PERSONEN

ZUBEREITUNGSZEIT: 30 Min.

GARZEIT: 20 Min.

SCHWIERIGKEITSGRAD: ★

KOSTEN: €€€

- 800 g Spinat
- 400 g Pfifferlinge
- Weinessig
- 3 Esslöffel Olivenöl
- Salz und frisch gemahlener Pfeffer
- 1 Knoblauchzehe
- 50 g leicht gesalzene Butter
- 1 cm frischer Ingwer
- 1 Zitrone
- 2 große Seezungenfilets

Seezunge mit Spinat und Pfifferlingen

Ein schönes Frühlingsrezept.

1 Spinat waschen und Stielenden entfernen. Pfifferlinge putzen und sorgfältig mit Essigwasser abspülen.

2 1 Esslöffel vom Olivenöl in einer großen Pfanne erhitzen und Spinat darin kurz andünsten. Zugedeckt 4 Minuten dünsten, nach 2 Minuten einmal umrühren. Mit Salz und Pfeffer würzen.

3 Knoblauch schälen und zerdrücken. In einer kleinen Pfanne Pfifferlinge und Knoblauch mit 1 Esslöffel vom Olivenöl und 10 g von der Butter 5 Minuten bei hoher Hitze braten.

4 Ingwer schälen und reiben. Zitrone auspressen.

5 Restliches Olivenöl in einer großen Pfanne erhitzen und Seezungenfilets darin 4 Minuten von jeder Seite braten. Geriebenen Ingwer, Zitronensaft und restliche Butter zugeben.

6 Auf den zuvor erwärmten Tellern jeweils Spinat, Pfifferlinge und Seezungenfilets anrichten und mit der Zitronen-Ingwer-Butter beträufeln.

FÜR 4–6 PERSONEN

ZUBEREITUNGSZEIT: 20 Min.

GARZEIT: 15 Min.

SCHWIERIGKEITSGRAD: ★★

KOSTEN: €€

- 2 Schalotten
- 1 kleine Aubergine
- 1 unbehandelte Limette
- 2 Esslöffel Sonnenblumenöl
- 1 Teelöffel Curry oder gelbe Curry-Paste
- 400 ml Kokosmilch
- 1 Teelöffel Fischsoße
- 1 Teelöffel brauner Zucker
- 100 g Zuckererbsen
- 800 g Kaiserbarschfilet (in große Stücke geschnitten)
- ½ Bund Koriander

Thai-Curry mit Kaiserbarsch

Das feste Fleisch und der Geschmack des Kaiserbarschs erinnern an Konsistenz und Aroma des Seeteufels.

1 Schalotten schälen und in feine Scheiben schneiden. Aubergine waschen, Ende bzw. Stängelansatz entfernen, trocken tupfen und in kleine, längliche Stücke schneiden.

2 Limette abreiben, sodass sich 1 Teelöffel geriebene Limettenschale ergibt, die Frucht auspressen.

3 In einem Topf Schalotten und Aubergine bei mittlerer Hitze 5 Minuten in Sonnenblumenöl goldbraun braten. Curry zufügen und unterrühren.

4 Schale und Saft der Limette, Kokosmilch, Fischsoße und braunen Zucker zugeben. Unter ständigem Rühren langsam zum Kochen bringen. Geputzte und gewaschene Zuckererbsen zufügen, 3 Minuten bei schwacher Hitze köcheln, Fisch zugeben und weitere 5 Minuten garen.

5 Koriander waschen, trocken schütteln, Blätter abzupfen und fein hacken. Zum Servieren über den Fisch streuen.

> **DAZU** weißen Reis oder Wildreis servieren.

FÜR 4 PERSONEN

ZUBEREITUNGSZEIT: 30 Min.

GARZEIT: 1 Std. 30 Min.

SCHWIERIGKEITSGRAD: ★★

KOSTEN: €€

- 4 Zwiebeln
- 5 Esslöffel Olivenöl
- 1 Perlhuhn (vom Metzger in Stücke zerteilt)
- 1 gehäufter Teelöffel Paprikapulver
- 1 Teelöffel gemahlener Ingwer
- ½ Teelöffel gemahlener Paprika (edelsüß)
- 8 getrocknete Feigen (halbiert)
- Salz und frisch gemahlener Pfeffer
- 2 Auberginen
- 1 Bund Koriander

Perlhuhn-Tajine mit Feigen und Auberginen

Ein zauberhaftes orientalisches Essen mit vielen köstlichen Zutaten.

1 Den Backofen auf 180 Grad vorheizen.

2 Zwiebeln schälen und klein schneiden. In einem großen Topf oder Bräter 2 Esslöffel vom Olivenöl erhitzen und Perlhuhnstücke darin goldbraun braten. Herausnehmen und Zwiebeln in den Topf geben. Bei reduzierter Temperatur Zwiebeln unter ständigem Rühren darin anschwitzen.

3 Sobald die Zwiebeln glasig sind, Gewürze und Feigen zufügen. Gut mischen und Perlhuhnstücke daraufsetzen. Mit Salz und Pfeffer würzen. Mit 200 ml Wasser bedecken und zugedeckt 1 Stunde im Backofen schmoren.

4 In der Zwischenzeit Auberginen waschen, Enden bzw. Stängelansätze entfernen und Auberginen in Scheiben schneiden. In einer Pfanne restliches Olivenöl erhitzen und Auberginen darin goldbraun anbraten. Salzen und pfeffern. Auf Küchenpapier abtropfen lassen.

5 Sobald das Fleisch gar ist, Auberginen in den Topf geben und weitere 30 Minuten im Ofen garen.

6 Koriander waschen, trocken schütteln, Blätter abzupfen und hacken. Das Essen mit Koriander bestreut servieren.

> **DAZU** Couscous (Hartweizengrieß) servieren.

FÜR 8 PERSONEN

ZUBEREITUNGSZEIT: 15 Min.

GARZEIT: 1 Std.

SCHWIERIGKEITSGRAD: ★

KOSTEN: €€

- 6 Schalotten
- 40 g Butter
- 2 Esslöffel Olivenöl
- 2 Hühnchen (in Stücke zerteilt)
- 6 Äpfel (Renette)
- 500 ml trockener Cidre
- 500 ml Geflügelbrühe
- 2 Esslöffel Calvados
- Salz und frisch gemahlener Pfeffer
- 500 g Crème fraîche (mind. 30 %)

UNSER PROFI-TIPP

Wenn Kinder unter Ihren Gästen sind, scheuen Sie sich nicht vor Cidre und Calvados. Der Alkohol verdampft beim Kochen vollständig.

Normannisches Huhn

Man wird sich lange an Ihr normannisches Hühnchen erinnern, ein echter Klassiker aus der Küche der Normandie.

1 Schalotten schälen und in feine Scheiben schneiden.

2 Butter zusammen mit Olivenöl in einem großen Topf erhitzen, Schalotten darin glasig dünsten. Hühnchenstücke zugeben und von allen Seiten kräftig anbraten.

3 Äpfel waschen und vierteln. Kerne entfernen, aber nicht schälen.

4 Äpfel in den Topf geben und zugedeckt 25 Minuten bei schwacher Hitze garen. Cidre, Geflügelbrühe und Calvados darübergießen und offen weitere 25 Minuten schmoren. Mit Salz und Pfeffer würzen.

5 Hühnchen aus dem Topf nehmen und auf einer Servierplatte anrichten. Mit den Apfelschnitzen umranden.

6 Crème fraîche in den Topf geben, 2 Minuten erwärmen und das Hühnchen mit der Soße begießen.

> **DAZU** passen gedämpfte Kartoffeln.

FÜR 4 PERSONEN

ZUBEREITUNGSZEIT: 20 Min.

GARZEIT: 15 Min.

SCHWIERIGKEITSGRAD: ★

KOSTEN: €€

Kascha-Hähnchen-Salat

- 40 g Pinienkerne
- ½ Teelöffel grobes Salz
- 4 lauwarme Hähnchenbrustfilets (vorgegart)
- 3 Selleriestangen
- 1 weiße Zwiebel
- 200 g helle Weintrauben
- 200 g Kascha (Buchweizen, aus dem Bioladen)

Für die Salatsoße:

- 3 Esslöffel Olivenöl
- 3 Esslöffel Apfelessig
- 1 Teelöffel flüssiger Honig
- Salz und frisch gemahlener Pfeffer

Diese köstliche Mahlzeit ist im Nu auf dem Tisch.

1 Pinienkerne in einer kleinen beschichteten Pfanne ohne Fett rösten.

2 In einer anderen Pfanne grobes Salz erhitzen, Hähnchenbrustfilets zugeben und 5 Minuten von jeder Seite anbraten. Zugedeckt ruhen lassen.

3 Sellerie waschen und in dünne Scheiben schneiden. Zwiebel schälen und in feine Scheiben schneiden. Weintrauben waschen, trocken tupfen und halbieren. Ggf. entkernen.

4 Kascha in kochendem Salzwasser 4 Minuten kochen.

5 Für die Salatsoße alle Zutaten verrühren und Salz und Pfeffer zugeben.

6 Kascha in ein Sieb abgießen, kalt abschrecken und abtropfen lassen. In eine große Schüssel geben, Sellerie, Zwiebel, Pinienkerne und Weintrauben zufügen. Mit der Soße begießen, die Zutaten mit der Soße sorgfältig mischen und auf Tellern verteilen.

7 Die lauwarmen Hähnchenbrustfilets in Scheiben schneiden und auf den Tellern anrichten.

WUSSTEN SIE SCHON?

Kascha ist vor allem in der osteuropäischen Küche zu Hause. Es handelt sich um geschälten, gerösteten Buchweizen: Sie finden Kascha im Bioladen.

FÜR 6 PERSONEN

ZUBEREITUNGSZEIT: 30 Min.

GARZEIT: 1 Std. 10 Min.

SCHWIERIGKEITSGRAD: ★

KOSTEN: €€

- 1 kleine Ente
- 1 Esslöffel Senf
- 500 g rote TK-Johannisbeeren
- 250 g schwarze TK-Johannisbeeren
- 4 Esslöffel Johannisbeergelee
- Salz und frisch gemahlener Pfeffer

Ente mit Johannisbeeren

Ein erlesenes Festtagsessen, das nicht schwer im Magen liegt.

1 Den Backofen auf 180 Grad vorheizen.

2 Ente mit Senf einpinseln, salzen und pfeffern. In eine ofenfeste Form setzen, 200 ml Wasser zugießen und 1 Stunde im Backofen garen, dabei alle 20 Minuten mit Bratensaft begießen.

3 Sobald die Ente gar ist, aus der Form nehmen, in Alufolie einwickeln und im ausgeschalteten Backofen ruhen lassen.

4 Von der Soße das Fett abschöpfen, ein wenig Wasser zugießen, den Bodensatz gut abkratzen, damit vom Bratensaft nichts verloren geht, und das Ganze in einen Topf gießen. Bei hoher Hitze einkochen.

5 Beeren 3 Minuten in der Soße kochen, vom Herd nehmen und warm stellen. Johannisbeergelee in die Soße rühren und je nach gewünschter Konsistenz 2–3 Minuten einkochen.

6 Ente tranchieren und auf Tellern anrichten, mit roten Beeren garnieren und mit Soße überziehen.

⋗ **DAZU** Kartoffelpüree reichen.

GUT ORGANISIERT IST HALB GEKOCHT!

Sie können die kleine Ente bereits am Vorabend braten und tranchieren. Am Tag der Einladung sind dann nur noch die Beeren einzukochen und die Stücke in der Soße zu erwärmen.

FÜR 8 PERSONEN

ZUBEREITUNGSZEIT: 20 Min.

GARZEIT: 2 Std.

SCHWIERIGKEITSGRAD: ★

KOSTEN: €€€

- 1 Kapaun (ca. 3 kg)
- Olivenöl
- 2 Zweige Thymian
- Salz und frisch gemahlener Pfeffer

UNSER PROFI-TIPP

Wenn das gegarte Fleisch vor dem Servieren noch einige Minuten abgedeckt im Warmen ruht, kann das Blut im Fleisch zirkulieren. Auf diese Weise wird es noch schmackhafter.

Gebratener Kapaun

Ihr erster Kapaun? Bei diesem einfachen Rezept bleibt sein einzigartiger Geschmack erhalten.

1 Den Backofen auf 180 Grad vorheizen.

2 Kapaun mit Olivenöl bestreichen und in eine ofenfeste Form setzen. Abgewaschene Thymianzweige zufügen. Salzen und pfeffern. Kapaun 2 Stunden im Backofen backen, dabei regelmäßig mit Bratensaft begießen. Bei Bedarf etwas Wasser in die Form gießen.

3 Am Ende der Garzeit Kapaun mit Alufolie abdecken und vor dem Servieren noch 10 Minuten im ausgeschalteten Backofen ruhen lassen.

⋗ **DAZU** Äpfel aus dem Backofen und Kartoffeln kleiner Sortierung (Drillinge), ebenfalls im Ofen gebacken, servieren.

FÜR 4 PERSONEN

ZUBEREITUNGSZEIT: 30 Min.

GARZEIT: 1 Std.

SCHWIERIGKEITSGRAD: ★★

KOSTEN: €€

- 1 Teelöffel Vier-Gewürze-Mischung (Pfeffer, Muskat, Zimt, Nelken)
- Salz und frisch gemahlener Pfeffer
- 1 Kaninchen (in Stücke zerteilt)
- 2 Esslöffel Olivenöl
- 1 Zwiebel
- 1 Orange
- 1 Zitrone
- 2 Lebkuchen
- 2 Esslöffel flüssiger Honig

Honig-Kaninchen mit Lebkuchen

Gewürze und Honig veredeln in ihrer völligen Harmonie das Kaninchenfleisch.

1 In einem Teller Vier-Gewürze-Mischung, Salz und Pfeffer mischen und Kaninchenstücke darin wenden, bis sie mit der Mischung umhüllt sind.

2 Olivenöl in einem großen Topf oder Bräter erhitzen und Kaninchenstücke 10 Minuten darin anbraten.

3 Zwiebel schälen und in feine Scheiben schneiden, in den Topf geben und 2 Minuten unter Rühren anbraten. 1 Esslöffel Wasser zugeben, abdecken und 30 Minuten bei schwacher Hitze schmoren, Fleischstücke während der Garzeit zweimal wenden und bei Bedarf etwas Wasser zugießen.

4 Orange und Zitrone getrennt auspressen. Lebkuchen zerbröseln.

5 Am Ende der Garzeit Kaninchenstücke aus dem Topf nehmen. Honig einrühren und bei mittlerer Hitze unter Rühren karamellisieren. 3 Esslöffel Orangensaft und 1 Esslöffel Zitronensaft zufügen. Verrühren und 1 Minute einkochen.

6 Kaninchenstücke und Lebkuchenbrösel in den Topf geben. Zugedeckt 15 Minuten bei schwacher Hitze garen.

> **DAZU** Kartoffelpüree oder Couscous (Hartweizengrieß) servieren.

UNSER PROFI-TIPP

Damit das Kaninchen schmoren kann, geben Sie höchstens 1 Esslöffel Wasser auf einmal hinzu: So bewahrt das Fleisch seinen ganzen Geschmack.

FÜR 6 PERSONEN

ZUBEREITUNGSZEIT: 40 Min.

GARZEIT: 40 Min.

SCHWIERIGKEITSGRAD: ★

KOSTEN: €

- 6 große Auberginen
- Olivenöl
- Salz und frisch gemahlener Pfeffer
- 1 Teelöffel Kräuter der Provence
- ½ Bund Basilikum
- 300 g Mozzarella
- 12 dünne Scheiben Parmaschinken
- 250 g Béchamelsoße
- 200 g geriebener Parmesan

MEIN TIPP

Ich schneide die Schinkenscheiben in Streifen, so ist es viel einfacher, die Portionen aufzuschneiden.

Auberginengratin mit Parmaschinken

Inspiriert durch ein italienisches Rezept, wird dieses Gericht viele Fans finden!

1 Den Backofengrill einschalten.

2 Auberginen waschen, Enden und Stängelansätze entfernen und Auberginen der Länge nach in dünne Scheiben schneiden. Auberginenscheiben auf 1 Grillblech nebeneinanderlegen. Mit Olivenöl bepinseln, salzen, pfeffern, Kräuter der Provence darüberstreuen und unter dem Grill 2 Minuten von jeder Seite rösten. Zur Seite stellen.

3 Den Backofen auf 180 Grad vorheizen. Eine große ofenfeste Form mit Öl einfetten.

4 Basilikum waschen und trocken schütteln. Blätter abzupfen und klein schneiden. Mozzarella in gleich große Scheiben schneiden. Schinken in Streifen schneiden.

5 Eine dünne Schicht Béchamelsoße auf dem Boden der Form verteilen, mit Auberginenscheiben bedecken, mit Basilikum bestreuen, Mozzarellascheiben und Schinkenstreifen darauf anordnen. Parmesan und Pfeffer darüberstreuen.

6 Vorgang noch zweimal wiederholen. Mit Auberginenscheiben und Mozzarella enden und mit geriebenem Parmesan bestreuen. Olivenöl darüberträufeln und 30 Minuten im Backofen backen.

7 Anschließend 5 Minuten unter dem Grill gratinieren.

> **DAZU** einen grünen Salat (Rucola, Blattspinat oder Feldsalat) servieren.

FÜR 4 PERSONEN

ZUBEREITUNGSZEIT: 10 Min.

GARZEIT: 15 Min.

SCHWIERIGKEITSGRAD: ★

KOSTEN: €€

- 500 g Lammschulter (entbeint und vom Fett befreit)
- 50 g magerer, geräucherter Speck
- 1 Knoblauchzehe
- 6 Artischockenböden (aus der Dose)
- 3 Esslöffel Olivenöl
- Salz und frisch gemahlener Pfeffer
- 200 ml trockener Weißwein
- 50 g Pinienkerne
- 1 Esslöffel klein geschnittene Minze

Lamm mit Speck

Lammfleisch ist zart und wohlschmeckend. Geben Sie ihm einen Hauch provenzalisches Aroma.

1 Fleisch in Würfel von je 1 cm Länge und Speck in dünne Streifen schneiden. Knoblauch schälen und durch eine Presse drücken. Artischockenböden in sechs Stücke zerteilen.

2 Olivenöl in einem Wok oder einer Pfanne erhitzen und Lammfleischwürfel mit Speck 2 Minuten unter ständigem Rühren darin anbraten. Knoblauch zufügen, salzen und pfeffern. Artischocken hineingeben und verrühren.

3 Weißwein angießen und unter Rühren 10 Minuten verdampfen lassen. Mit gerösteten Pinienkernen und klein geschnittener Minze bestreuen. Vor dem Servieren noch einmal umrühren.

> **DAZU** frische Nudeln oder Polenta reichen.

MEIN TIPP

Wenn Erntezeit ist, biete ich meinen Gästen gern violette Artischocken an. Diese Artischockensorte wird noch leicht unreif geerntet und kann roh gegessen werden.

FÜR 4 PERSONEN

ZUBEREITUNGSZEIT: 20 Min.

GARZEIT: 10 Min.

SCHWIERIGKEITSGRAD: ★

KOSTEN: €€

Lammkoteletts mit Auberginensalat

Ein würziges mediterranes Gericht, das alle begeistern wird.

- 2 Auberginen
- 3 Esslöffel Olivenöl
- 1 Zitrone
- 1 Knoblauchzehe
- 1 Bund Dill
- 2 Messerspitzen gemahlener Kreuzkümmel
- 2 Messerspitzen Paprikapulver
- 8 Lammkoteletts
- 2 Esslöffel Pinienkerne
- Salz und frisch gemahlener Pfeffer

1 Auberginen waschen und trocken tupfen, Enden und Stängelansätze entfernen und Auberginen in Scheiben schneiden.

2 2 Esslöffel vom Öl in einer Pfanne erhitzen, Auberginen darin in 5 Minuten goldbraun braten, dabei regelmäßig wenden. In eine Schüssel legen und kalt stellen.

3 Zitrone auspressen. Knoblauch schälen und durch eine Presse drücken. Dill waschen, trocken schütteln, Spitzen abzupfen und klein schneiden. Für die Garnitur etwas davon beiseitelegen.

4 In einer Schale alle diese Zutaten mit den Gewürzen vermischen. Auberginenscheiben mit der Mischung begießen. Sorgfältig unterrühren.

5 Lammkoteletts in einer Pfanne im restlichen Olivenöl 3 Minuten von jeder Seite anbraten. Salzen und pfeffern.

6 Auberginen auf Tellern verteilen, je 2 Lammkoteletts dazu anrichten und mit Pinienkernen und dem beiseitegelegten Dill bestreuen.

UNSER PROFI-TIPP

Lammfleisch schmeckt am besten rosa gebraten oder allenfalls medium. Durch zu langes Kochen kann es trocken werden und verliert seinen erlesenen Geschmack.

FÜR 8–10 PERSONEN

ZUBEREITUNGSZEIT: 15 Min.

MARINADE: 12 Std.

GARZEIT: 1 Std.

SCHWIERIGKEITSGRAD: ★

KOSTEN: €€

Lammkeule mit Honig und Gewürzen

Diese Lammkeule ist genau richtig, um eine große Zahl von Gästen zu verwöhnen.

- 2,5 kg Lammkeule
- 8 Knoblauchzehen
- ½ Zitrone
- 1 Orange
- 2 Esslöffel Vier-Gewürze-Mischung (Pfeffer, Muskat, Zimt, Nelken)
- 1 Esslöffel gemahlene Kurkuma
- 1 Prise Safran
- 2 Esslöffel Zucker
- 2 Esslöffel flüssiger Honig
- Salz

1 Am Vorabend Fett und Haut der Lammkeule entfernen. Die Außenseite rundherum mehrfach einstechen und in eine ofenfeste Form legen.

2 Knoblauch schälen und durch eine Presse drücken. ½ Zitrone und die Orange auspressen. In einer Schale Knoblauch, Zitronen- und Orangensaft, Gewürze, Zucker, Honig und Salz mischen. Lammkeule mit der Würzmischung bestreichen, mit Frischhaltefolie abdecken und 12 Stunden im Kühlschrank marinieren.

3 Am Tag der Einladung den Backofen auf 240 Grad vorheizen.

4 Lammkeule aus dem Kühlschrank nehmen, 250 ml heißes Wasser in die Form gießen und die Keule 30 Minuten im Backofen braten. Die Lammkeule wenden und weitere 15 Minuten garen.

5 Temperatur auf 180 Grad herunterschalten und weitere 15 Minuten garen.

6 Lammkeule aus dem Ofen nehmen und vor dem Tranchieren 10 Minuten ruhen lassen.

⊳ **DAZU** schmeckt Polenta.

UNSER PROFI-TIPP

Die Zugabe von Wasser in die Bratform trägt dazu bei, dass das Fleisch beim Garen zart bleibt.

GUT ORGANISIERT IST HALB GEKOCHT!

Bereiten Sie während der ersten Garphase der Lammkeule die Polenta zu. Rechnen Sie 50 g Maisgrieß pro Person.

FÜR 8 PERSONEN

ZUBEREITUNGSZEIT: 15 Min.

GARZEIT: 2 Std.

SCHWIERIGKEITSGRAD: ★

KOSTEN: €€

- 1 Möhre
- 1 Lauchstange
- 1 Zwiebel
- 3 Gewürznelken
- 2 kg Lammkeule
- 6 Knoblauchzehen
- 1 Bouquet garni
- 6 Pfefferkörner
- grobes Salz

Pot-au-feu vom Lamm

Dieses Abendessen für 8 Personen können Sie auch am Vortag zubereiten, um Ihre Gäste in aller Ruhe zu empfangen.

1 Möhre und Lauch putzen, waschen und in längliche Stücke schneiden. Zwiebel schälen und mit Gewürznelken spicken.

2 Lammkeule in einen großen Topf oder Bräter legen und mit kaltem Wasser bedecken. Gemüse, ungeschälte Knoblauchzehen, Bouquet garni, Pfefferkörner und grobes Salz zufügen. Zum Kochen bringen und 2 Stunden bei schwacher Hitze köcheln lassen.

3 Lammkeule vor dem Servieren tranchieren.

> **DAZU** grüne Bohnen, breite grüne Bohnen oder Zucchini servieren.

MEIN TIPP

Ich richte die Lammkeule auf einer Servierplatte an, mit grobem Salz bestreut, und anstatt der Cornichons garniere ich mit Kapern (eigentlich den Blütenknospen der Kapern) oder süßsauren Kirschen!

FÜR 6 PERSONEN

ZUBEREITUNGSZEIT: 25 Min.

GARZEIT: 1 Std. 10 Min.

SCHWIERIGKEITSGRAD: ★

KOSTEN: €€

- 1 Zwiebel
- 10 Perlzwiebeln
- 1 Knoblauchzehe
- 1,2 kg Lammschulter (entbeint und in Stücke geschnitten)
- Salz und frisch gemahlener Pfeffer
- 3 Esslöffel Olivenöl
- 2 Esslöffel Mehl
- 2 Esslöffel Tomatenmark
- 200 ml trockener Weißwein
- 1 Bouquet garni
- 1 Bund junge Möhren
- 1 Bund Mairübchen
- 12 kleine Kartoffeln
- 200 g grüne Erbsen (gepalt)
- 6 Kopfsalatherzen
- 6 Zweige Koriander oder glatte Petersilie

Lammragout mit Frühlingsgemüse

Eine vollständige Mahlzeit, sehr einfach anzurichten und ein Hochgenuss für Groß und Klein.

1 Zwiebel schälen und in feine Scheiben schneiden. Perlzwiebeln und Knoblauch schälen, Knoblauch durch eine Presse drücken.

2 Lammfleisch mit Salz und Pfeffer würzen. In einem großen Bräter Olivenöl erhitzen und Lammfleischstücke von allen Seiten darin kräftig anbraten. Zwiebel und Knoblauch zufügen und alles goldbraun braten. Fleisch mit Mehl bestäuben, Tomatenmark zufügen und verrühren. Weißwein angießen und erneut verrühren.

3 Bouquet garni in den Bräter legen und ggf. Wasser zugießen, damit das Fleisch bedeckt ist. Zugedeckt 1 Stunde bei schwacher Hitze schmoren, dabei regelmäßig umrühren. Nach 30 Minuten Perlzwiebeln zugeben und mitschmoren lassen.

4 Sobald das Fleisch fast gar ist, Gemüse putzen und waschen. In zwei Töpfen Wasser erhitzen. In einem Topf Möhren, Mairübchen und Kartoffeln 10 Minuten kochen. Im anderen Topf grüne Erbsen und Salatherzen 5 Minuten kochen.

5 Gemüse abgießen und zum Fleisch geben. Unterrühren und zugedeckt noch 10 Minuten bei schwacher Hitze garen.

6 Vor dem Servieren abschmecken. Koriander oder Petersilie waschen, trocken schütteln, Blätter abzupfen und hacken. Lamm und Gemüse auf Teller anrichten und mit Koriander oder Petersilie bestreuen.

BESONDERE ERNÄHRUNGSFORMEN

Es ist eine Frage der Höflichkeit, die Speisevorschriften seiner Gäste – so man sie kennt – zu respektieren, seien sie aus medizinischen Gründen oder aufgrund religiöser Gebote vorgegeben. Hier einige Grundbegriffe, die man im Kopf behalten sollte:

VEGETARISCHE, VEGANE ERNÄHRUNG

Die vegetarische Ernährung schließt Tierfleisch aus. Veganer konsumieren keine Erzeugnisse tierischen Ursprungs, weder Fleisch noch Eier oder Milch. Um eine ausgewogene Mahlzeit anzubieten, sind Gerichte auf der Grundlage von Hülsenfrüchten und Getreide zu empfehlen: Gewürzreis mit getrockneten Früchten (Rezept Seite 108).

Menschen jüdischen Glaubens essen weder Schweinefleisch noch Kaninchen oder Pferdefleisch, weder Krustentiere noch Schalentiere. Auch Fischsorten ohne Schuppen und/oder Flossen, wie Rochen oder Seeteufel, sind nicht zulässig. Außerdem werden fleischige und milchige Speisen nicht in einer Mahlzeit miteinander vermischt. Es empfiehlt sich daher, koschere Zutaten einzukaufen.

Bei den Katholiken

gilt grundsätzlich, freitags und in der Fastenzeit „schmal zu essen“, also zu fasten, d. h. man verzichtet auf Fleisch, Feingebäck und Süßigkeiten. Entscheiden Sie sich freitags besser für ein Fischgericht.

GLUTENFREIES MENÜ

Das heißt ohne Weizen, Gerste, Hafer und Roggen, also ohne Mehl, Teigwaren, Grieß, Backwaren.

- Melonen-Gazpacho mit Madeirawein (Rezept Seite 92)
- Thai-Curry mit Kaiserbarsch (Rezept Seite 119)
- Äpfel in Sirup mit Zimteis (Rezept Seite 148)

Nahrungsmittelallergien sind schwer vorhersehbar ... Wählen Sie im Zweifelsfall Gerichte mit Geflügel, Reis und Brokkoli, die mit Olivenöl zubereitet werden.

Bei den Muslimen

In keiner Form Schweinefleisch. Es gilt daher, bei der Zubereitung von Mahlzeiten auch keine Speisegelatine zu verwenden. Greifen Sie zu Agar-Agar. Und bieten Sie keinen Alkohol an!

DIABETIKER UNTER IHREN GÄSTEN?

Für sie kein „schneller Zucker", wie Zucker, Honig, Marmelade, doch heißt das noch lange nicht, dass sie beim Dessert außen vor bleiben! Setzen Sie auf frisches oder gekochtes Obst ohne zusätzlichen Zucker oder auf Gebäck, das mit hitzebeständigem Süßstoff hergestellt wird.

FÜR 4 PERSONEN

ZUBEREITUNGSZEIT: 10 Min.

GARZEIT: 20 Min.

SCHWIERIGKEITSGRAD: ★

KOSTEN: €€

Kalbskoteletts mit Schalottensoße

Ein klassisches Rezept mit erlesenem Geschmack, das so manch einem den Mund wässrig macht.

- 4 Kalbskoteletts
- 2 Esslöffel Olivenöl
- Salz und frisch gemahlener Pfeffer
- 3 Schalotten
- 100 ml Weinessig
- 100 ml trockener Weißwein
- 2 Eigelb
- 250 g Sahne
- 1 Handvoll Rucola

1 In einer großen Pfanne Kalbskoteletts 5 Minuten im Olivenöl goldbraun anbraten.

2 Temperatur reduzieren, Koteletts mit Salz und Pfeffer würzen, zugedeckt weitere 10 Minuten braten.

3 Schalotten schälen und in feine Scheiben schneiden. Mit Essig und Weißwein in einen kleinen Topf geben und auf zwei Drittel reduzieren.

4 Eigelbe und Sahne verrühren. Zu den Schalotten geben und die Soße unter ständigem Rühren eindicken.

5 Rucola waschen und trocken schleudern. Kalbskoteletts mit ein paar Rucolablättern auf Tellern anrichten, die Koteletts mit etwas Soße dazu servieren.

> **DAZU** Spaghetti, mit Olivenöl beträufelt und mit Parmesan bestreut, servieren.

MEIN TIPP

Um ein bisschen mehr Finesse auf den Tisch zu bringen, serviere ich die Schalottensoße in Portionsgläschen.

FÜR 8 PERSONEN
ZUBEREITUNGSZEIT: 15 Min.
GARZEIT: 1 Std. 30 Min.
SCHWIERIGKEITSGRAD: ★
KOSTEN: €€€

Kalb in Madeirasoße

Eine Soße aus Süßwein schmeichelt dem Gaumen.

- 2 kg Kalbsbraten aus der Nuss
- Salz und frisch gemahlener Pfeffer
- 40 g Butter
- 2 Esslöffel Olivenöl
- 4 Schalotten
- 2 Dosen Madeirasoße
- 2 Esslöffel Crème fraîche (mind. 30 %)

1 Kalbsbraten mit Salz und Pfeffer würzen. In einem großen Bräter Butter und Olivenöl erhitzen, Fleisch darin von allen Seiten kräftig anbraten.

2 Schalotten schälen und in feine Scheiben schneiden, zum Braten geben und mit anbraten. 4 Esslöffel Wasser angießen, zugedeckt 1 Stunde 30 Minuten garen.

3 Den Braten ab und zu wenden, dabei darauf achten, dass immer etwas Wasser im Topf ist (nicht zu reichlich Wasser zugeben, damit das Fleisch weich bleibt).

4 Madeirasoße und Crème fraîche in einen kleinen Topf gießen. Bei schwacher Temperatur erhitzen, dabei gelegentlich umrühren.

5 Braten tranchieren und auf einer Servierplatte anrichten. Mit Bratensaft begießen, die Madeirasoße in einer Sauciere dazureichen.

> **DAZU** grüne Bohnen, Champignons und Bratkartoffeln servieren.

SELBST GEMACHT SCHMECKT AM BESTEN!

Bereiten Sie die Madeirasoße selbst zu. 1 Zwiebel und 3 Schalotten fein hacken und in 3 Esslöffel Olivenöl anbraten. 30 g Mehl zufügen und einige Minuten kräftig umrühren. 400 ml Madeira und 150 ml Kalbsfond angießen. Verrühren, 3 Zweige Thymian und 1 Lorbeerblatt zugeben. Salzen, pfeffern und 20 Minuten köcheln. Soße vor dem Anrichten abseihen.

FÜR 6 PERSONEN

ZUBEREITUNGSZEIT: 40 Min.

MARINADE: 12 Std.

GARZEIT: 2 Std. 30 Min.

SCHWIERIGKEITSGRAD: ★

KOSTEN: €€

- 500 g Lammschulter (entbeint)
- 500 g Schweinehals
- 500 g Mittelbug (Rind)
- 300 g Zwiebeln
- 3 Esslöffel Olivenöl
- 4 Knoblauchzehen
- 1,5 kg festkochende Kartoffeln
- 3 dünne Speckscheiben, 20 cm lang (vom Metzger)
- 1 Schweineschwanz
- Salz und frisch gemahlener Pfeffer

Für die Marinade:

- 750 ml Weißwein (Riesling oder Pinot blanc)
- 1 Bouquet garni

Baeckeoffe

Eine vollständige Mahlzeit, die Sie im Voraus zubereiten können, um sich dann ausgiebig Ihren Gäste zu widmen.

1 Am Vorabend Marinade zubereiten. Weißwein und Bouquet garni in eine große, flache Schüssel geben. Gegebenenfalls Fett von den Fleischstücken abschneiden, dann das Fleisch in Streifen schneiden. Fleisch 12 Stunden marinieren.

2 Am Tag der Einladung Zwiebeln schälen und in feine Scheiben schneiden. Olivenöl in einer Pfanne erhitzen und Zwiebel darin 5 Minuten dünsten, nicht bräunen.

3 Den Backofen auf 180 Grad vorheizen.

4 Knoblauch schälen und durch eine Presse drücken, 1 Minute vor Ende der Garzeit zu den Zwiebeln geben.

5 Kartoffeln schälen, waschen und in dünne Scheiben schneiden. Eine Terrine oder einen großen, gusseisernen Bräter mit den dünnen Speckscheiben auslegen, dann nacheinander Schweineschwanz, Zwiebeln und Knoblauch, Kartoffeln und das Fleisch schichtweise einfüllen. Jede Schicht mit Salz und Pfeffer bestreuen. Mit einer Kartoffelschicht enden.

6 Mit der Marinade begießen (ohne Bouquet garni). Zugedeckt 2 Stunden 30 Minuten im Backofen schmoren.

FÜR 6 PERSONEN

ZUBEREITUNGSZEIT: 10 Min.

RUHEZEIT: 12 Std.

GARZEIT: 35 Min.

SCHWIERIGKEITSGRAD: ★

KOSTEN: €€

- 1,5 kg Filet-Rinderbraten
- 4 Esslöffel scharfer Senf
- 1 Ei
- 2 Esslöffel Milch
- 1 Rolle Blätterteig (Kühlregal)

Rinderfilet in Blätterteig

Ein Rinderfilet, das Ihren Gästen in Erinnerung bleiben wird. Am Vortag zuzubereiten.

1 Am Vortag Rinderfilet mit Senf bestreichen und in ein großes Stück Alufolie einwickeln. An einem kühlen Ort 12 Stunden ruhen lassen.

2 Am Tag der Einladung den Backofen auf 240 Grad vorheizen.

3 Ei und Milch in einer kleinen Schale verquirlen.

4 1 Backblech befeuchten. Rinderfilet in den Blätterteig einrollen, die Teigenden mit etwas verquirltem Ei zusammenkleben. Braten auf das Backblech legen. 5 Minuten backen.

5 Die Backofentemperatur auf 180 Grad herunterschalten, Blech herausnehmen und den Teig mit verquirltem Ei einpinseln. Rinderfilet im Teig weitere 30 Minuten im Backofen backen.

6 Das Fleisch vor dem Tranchieren 5 Minuten im ausgeschalteten und geöffneten Ofen ruhen lassen.

⊳ **DAZU** Bratkartoffeln in Trüffelsaft (Rezept Seite 101) reichen.

FÜR 6 PERSONEN

ZUBEREITUNGSZEIT: 10 Min.

GARZEIT: 20 Min.

SCHWIERIGKEITSGRAD: ★

KOSTEN: €

- 250 g Mascarpone
- 3 Eier
- 80 g Zucker
- 60 g gemahlene Mandeln
- 3 Birnen
- Puderzucker

MEIN TIPP

Ich spüle die Auflaufförmchen kalt aus und trockne sie nicht ab, so brauche ich sie nicht mit Butter einzufetten.

Mandelcreme mit Birnen

Ein köstliches Dessert, das ganz einfach mit biologischen Erzeugnissen herzustellen ist.

1 Den Backofen auf 180 Grad vorheizen.

2 Auflaufförmchen unter kaltem Wasser spülen, nicht abtrocknen.

3 In einer Schüssel Mascarpone, Eier, Zucker und gemahlene Mandeln verrühren, bis eine homogene Masse entsteht. In den Auflaufförmchen verteilen.

4 Birnen schälen, in kleine Würfel schneiden und in die Auflaufförmchen geben. Mit Puderzucker bestäuben und 20 Minuten backen. Lauwarm servieren.

FÜR 6 PERSONEN

ZUBEREITUNGSZEIT: 10 Min.

GARZEIT: 1 Std.

RUHEZEIT: 12 Std.

SCHWIERIGKEITSGRAD: ★

KOSTEN: €

- 500 ml Vollmilch
- 1 Prise Safranfäden
- 6 Eier
- 4 Esslöffel flüssiger Honig
- frisch gemahlener Pfeffer

Safrancreme

Ein Dessert, das noch besser schmeckt, wenn es schon am Vortag zubereitet wird!

1 Am Vorabend den Backofen auf 150 Grad vorheizen.

2 3 Esslöffel Milch in einem kleinen Topf leicht erwärmen, Safranfäden zufügen und 4 Minuten ziehen lassen. Eier verquirlen.

3 Safranmilch, Honig und restliche Milch in eine große Schüssel gießen. Gut verrühren, die verquirlten Eier zugeben und kräftig mit dem Schneebesen unterrühren.

4 Die Safran-Ei-Milch in Auflaufförmchen verteilen. Förmchen in eine Auflaufform stellen, die zu einem Drittel mit lauwarmem Wasser gefüllt ist, 1 Stunde im Backofen kochen. Vollständig abkühlen lassen und bis zum nächsten Tag kalt stellen.

5 Am Tag der Einladung unmittelbar vor dem Anrichten etwas Pfeffer über jedes Förmchen mahlen.

⊳ **AUCH LECKER** mit geriebener dunkler Schokolade bestreut, vor allem wenn Sie das Dessert Kindern anbieten wollen.

WUSSTEN SIE SCHON?

Für 1 g getrockneten Safran benötigt man 150 bis 200 Krokusblüten. Das erklärt seinen hohen Preis. Je nach Rezept kann er durch Färberdistel oder Kurkuma ersetzt werden.

FÜR 6 PERSONEN
ZUBEREITUNGSZEIT: 15 Min.
GARZEIT: 30 Min.
SCHWIERIGKEITSGRAD: ★
KOSTEN: €

Sirup-Äpfel mit Zimteis

Ein einfaches Rezept, das jedoch große Wirkung hat.

- 1 l trockener Cidre
- 70 g brauner Zucker
- 2 Zimtstangen
- 2 Gewürznelken
- 6 Äpfel
- ½ l Zimteis

1. Cidre in einen Topf gießen. Braunen Zucker, Zimt und Gewürznelken zufügen. Verrühren und zum Kochen bringen.
2. Äpfel schälen, entkernen und in Scheiben schneiden.
3. Apfelscheiben im Cidre 20 Minuten bei schwacher Hitze garen, bis sie glasig sind.
4. Apfelscheiben abgießen und auf Tellern hübsch anordnen. Eine Kugel Zimteis dazu anrichten und servieren.

NULLTARIF!

Den restlichen Cidre vom Garen der Äpfel nicht weggießen. Gut gekühlt ergibt er ein hervorragendes Getränk.

FÜR 6 PERSONEN
ZUBEREITUNGSZEIT: 10 Min.
GARZEIT: 20 Min.
SCHWIERIGKEITSGRAD: ★
KOSTEN: €

- 1 reife Ananas
- 100 g Würfelzucker
- 50 g gesalzene Butter
- 1 Rolle Blätterteig (Kühlregal)

Tarte Tatin mit Ananas

Diese Variante der berühmten Tarte der Schwestern Tatin wird Ihre Gäste hellauf begeistern.

1 Den Backofen auf 180 Grad vorheizen.

2 Ananas schälen und in 5 mm dicke Scheiben schneiden, die holzige Mitte dabei entfernen.

3 Würfelzucker in einen Topf geben, 1 Teelöffel Wasser zufügen und den Zucker unter Rühren schmelzen. Sobald er eine goldbraune Farbe annimmt, den Topf vom Herd nehmen und unter Rühren abkühlen lassen. Gesalzene Butter zufügen und unter ständigem Rühren eine geschmeidige Masse herstellen.

4 In einer Kuchenform Ananasscheiben gleichmäßig anordnen, mit Salz-Butter-Karamell bedecken und das Ganze mit Blätterteig zudecken.

5 Die Tarte 20 Minuten im Backofen backen, etwas abkühlen lassen und aus der Form nehmen.

FÜR 6 PERSONEN

ZUBEREITUNGSZEIT: 20 Min.

GARZEIT: 1 Std. 10 Min.

SCHWIERIGKEITSGRAD: ★

KOSTEN: €

- 1 Rolle Mürbeteig (Kühlregal)
- 500 g Johannisbeeren
- 3 Eiweiß
- 90 g Zucker
- 90 g Puderzucker

Johannisbeerkuchen mit Baiser

Sehr einfach und sehr dekorativ.

1 Den Backofen auf 210 Grad vorheizen.

2 Mürbeteig ausrollen, in einer Kuchenform auf Boden und Rand drücken, mit Backpapier und getrockneten Hülsenfrüchten bedecken (damit er nicht aufgeht) und 10 Minuten blindbacken.

3 In der Zwischenzeit Johannisbeeren mit einer Gabel von den Rispen streifen. Eiweiß zu festem Schnee schlagen, dann beide Zuckersorten einrieseln lassen. Die Hälfte der Baisermasse in eine andere Schüssel geben und die Johannisbeeren vorsichtig unter die andere Hälfte ziehen.

4 Sobald der Kuchenboden gebacken ist, Backform aus dem Ofen nehmen, Ofentür offen lassen und Temperatur auf 100 Grad reduzieren.

5 Die Baiser-Johannisbeer-Masse auf dem Kuchenboden verteilen. Mit der Baisermasse „ohne“ bedecken und diese glatt streichen. 1 Stunde backen.

FÜR 6–8 PERSONEN
ZUBEREITUNGSZEIT: 15 Min.
GARZEIT: 30 Min.
SCHWIERIGKEITSGRAD: ★
KOSTEN: €€

- 200 g Butter
- 5 Eiweiß
- 80 g gemahlene Mandeln
- 60 g Mehl
- 160 g Puderzucker
  + etwas Puderzucker zum Bestäuben
- 250 g Himbeeren

Himbeer-Financier

Ein Kuchen, den große wie kleine Gäste lieben werden.

1 Den Backofen auf 170 Grad vorheizen.

2 Butter in einem Topf bei schwacher Hitze zerlassen und leicht bräunen.

3 Eiweiße leicht schaumig schlagen.

4 Gemahlene Mandeln, Mehl und Puderzucker in einer großen Schüssel mischen, Eiweiß mit dem Schneebesen unterheben. Gebräunte Butter nach und nach zufügen und mit dem Schneebesen unterrühren.

5 Die Masse in eine große, rechteckige Form geben, verlesene Himbeeren darauf verteilen. Den Kuchen 30 Minuten backen: Der Financier soll goldbraun sein.

6 Abkühlen lassen und vor dem Servieren mit Puderzucker bestäuben.

⋗ **AUCH LECKER** mit Sauerkirschen.

FÜR 6 PERSONEN

ZUBEREITUNGSZEIT: 20 Min.

KÜHLZEIT: 1 Std. 15 Min.

SCHWIERIGKEITSGRAD: ★

KOSTEN: €€

- 100 g leicht gesalzene Butter
- 75 g Spekulatius
- 75 g Sandgebäck, z.B. Shortbread oder Heidesand
- 2 Bananen
- 250 g Dulce de leche
- 200 g Mascarpone
- 50 g Zucker
- 500 g Sahne
- 3 Esslöffel bitteres Kakaopulver oder geriebene Bitterschokolade

MEIN TIPP

Vergessen Sie nicht: 30 Minuten, bevor Sie die Sahne steif schlagen, Sahne in den Kühlschrank stellen und eine kleine Schüssel sowie die Rührbesen des Handrührgeräts ins Gefrierfach legen.

Bananen-Karamell-Kuchen

Eine köstliche Nachspeise ohne Backen, die bereits am Vortag zubereitet werden kann.

1 Butter in einem kleinen Topf bei schwacher Hitze zerlassen.

2 Spekulatius und Sandgebäck in einer Schüssel zerbröseln. Mischen und zerlassene Butter zugießen. Die Zutaten gut vermengen. Die Masse in eine Springform geben und zu einem Boden und ca. 1 cm hohen Rand andrücken. Mindestens 15 Minuten kalt stellen.

3 Bananen schälen und in dünne Scheiben schneiden. Scheibchen in der Form dicht nebeneinander anordnen. Mit Dulce de leche bedecken und die Form wieder kalt stellen.

4 In der Zwischenzeit in einer Schale Mascarpone mit der Hälfte des Zuckers verrühren.

5 In einer Schüssel Sahne steif schlagen. Den restlichen Zucker zufügen und weitere 2 Minuten schlagen. Mascarpone vorsichtig unterheben.

6 Mascarpone-Creme auf der Dulce de leche verstreichen und den Kuchen erneut für 1 Stunde in den Kühlschrank stellen.

7 Kurz vor dem Servieren Kuchen aus der Form nehmen und mit Kakaopulver oder geriebener Bitterschokolade bestreuen.

FÜR 6 PERSONEN

ZUBEREITUNGSZEIT: 20 Min.

GARZEIT: 25–30 Min.

SCHWIERIGKEITSGRAD: ★★

KOSTEN: €€

- 120 g Butter
- 2 unbehandelte Orangen
- 220 g Zucker
- 2 Eier
- 120 g Mehl
- 1 Teelöffel Backpulver

Orangenkuchen

Dieser frische Orangenkuchen ist himmlisch gut!

1 Den Backofen auf 180 Grad vorheizen. Eine Kuchenform von 24 cm Durchmesser mit Butter einfetten.

2 Butter zerlassen. Orangen waschen, Schale abreiben und Früchte auspressen. 120 g Zucker und zerlassene Butter verrühren, Eier einzeln unter die Masse rühren, dann abgeriebene Orangenschale, Mehl und Backpulver zugeben. 2 Minuten mit dem Handrührgerät zu einem glatten Teig verarbeiten.

3 Teig in die Form geben und 25–30 Minuten im Backofen backen: Der Kuchen sollte goldbraun gebacken sein.

4 Orangensaft und restlichen Zucker in einen kleinen Topf geben. 5 Minuten unter gelegentlichem Rühren aufkochen.

5 Kuchen am Ende der Garzeit aus der Form nehmen und sofort mit dem Sirup beträufeln. Lauwarm servieren.

> **DAZU** Orangensorbet reichen.

FÜR 6 PERSONEN

ZUBEREITUNGSZEIT: 10 Min.

GARZEIT: 20 Min.

SCHWIERIGKEITSGRAD: ★

KOSTEN: €€

- 300 g Zucker
- 1 Esslöffel Sahne
- 250 g gesalzene Butter
- 4 Eier
- 400 g dunkle Schokolade
- 150 g Mehl
- Puderzucker

Schoko-Karamell-Kuchen

Mit diesem Klassiker bereiten Sie sicher allen Feinschmeckern und „Süßmäulern" eine willkommene Überraschung.

1 Den Backofen auf 180 Grad vorheizen.

2 Zucker mit 100 ml Wasser in einen Topf geben und unter Rühren bei hoher Hitze kochen, bis der Zucker karamellisiert. Topf vom Herd nehmen, Sahne unterrühren. Butter in kleine Stücke schneiden und unter ständigem Rühren zufügen.

3 Eier verquirlen. Schokolade in kleine Stücke brechen und 2 Minuten im Mikrowellenofen schmelzen. Geschmolzene Schokolade mit dem Schneebesen glatt rühren. Salz-Butter-Karamell, verquirlte Eier und Mehl zufügen.

4 Die Masse in eine mit Backpapier ausgelegte Form gießen und 20 Minuten im Backofen backen.

5 Kuchen aus der Form nehmen und vor dem Servieren mit Puderzucker bestäuben.

> **DAZU** eine Kugel Vanilleeis, einige Orangenscheiben oder Himbeeren, je nach Saison, servieren.

FÜR 6 PERSONEN
ZUBEREITUNGSZEIT: 30 Min.
GARZEIT: 30 Min.
SCHWIERIGKEITSGRAD: ★★
KOSTEN: €€

- 180 g leicht gesalzene Butter
- 180 g Zucker
- 3 Eier
- 180 g Mehl
- 1 Orange
- 2 Esslöffel Himbeersirup
- 1 unbehandelte Zitrone
- 250 g Mascarpone
- 80 g Puderzucker
- 250 g Himbeeren

MEIN TIPP

Ich nehme die Butter eine Stunde, bevor ich sie verarbeite, aus dem Kühlschrank, um mir die Arbeit ein wenig zu erleichtern.

Saftiger Mascarpone-Himbeer-Kuchen

Mit nur wenig Aufwand erhält der Abend zum Abschluss noch eine italienische Note.

1 Den Backofen auf 180 Grad vorheizen.

2 Butter weich werden lassen und mit dem Zucker so lange verrühren, bis eine cremige Masse entsteht. Eier trennen. Eigelbe unter die Zucker-Butter-Masse rühren, dann Mehl unterarbeiten. So lange rühren, bis ein glatter Teig entsteht.

3 Eiweiße zu Schnee schlagen und vorsichtig unter den Teig heben. Eine Backform von 20 cm Durchmesser mit Butter einstreichen. Teig in die Backform geben und den Kuchen 30 Minuten im Backofen backen.

4 Den Kuchen etwas abkühlen lassen, aus der Form nehmen. Sobald er vollständig erkaltet ist, in drei Böden schneiden.

5 Orange auspressen und den Saft mit Himbeersirup mischen. Kuchenboden damit tränken.

6 Schale der Zitrone abreiben und Frucht auspressen. Mascarpone mit 60 g vom Puderzucker, abgeriebener Zitronenschale und Zitronensaft verrühren. Einen Kuchenboden mit der Hälfte der Mascarpone-Creme bestreichen, die Hälfte der verlesenen Himbeeren darauf verteilen und den zweiten Boden auflegen und leicht andrücken. Den Vorgang ein weiteres Mal wiederholen, dabei darauf achten, dass der Boden mit Orangen-Himbeer-Sirup getränkt ist, dann die dritte Bodenschicht darauflegen.

7 Kuchen kalt stellen und kurz vor dem Servieren mit dem restlichen Puderzucker bestäuben.

Ohne Zuckerzusatz
100 % Bio
Null Risiko

Das überzeugt auch mit geringen Mitteln

Wenn MacGyver Koch wäre...

Welcher Wein passt zu welchem Essen?

FÜR 4 PERSONEN

ZUBEREITUNGSZEIT: 30 Min.

GARZEIT: 35 Min.

SCHWIERIGKEITSGRAD: ★

KOSTEN: €

Ricotta-Tarte mit Gemüse-Tatar

Ricotta verleiht dieser Tarte eine cremige Note. Eine frische und zartschmelzende Vorspeise für laue Sommerabende.

- 5 Zweige Thymian
- 6 schwarze Oliven (entsteint)
- 500 g Ricotta
- 4 Esslöffel geriebener Parmesan
- 2 Eier
- Salz und frisch gemahlener Pfeffer

Für das Tartar:

- 3 reife Tomaten
- 1 kleine Gurke
- 3 Frühlingszwiebeln
- ½ Zitrone
- 2 Esslöffel Olivenöl
- 1 Esslöffel Balsamico
- 10 Basilikumblätter

1 Den Backofen auf 180 Grad vorheizen.

2 Thymian waschen, trocken tupfen, Blätter abzupfen. Oliven in Stücken schneiden. In einer Schüssel Ricotta mit Thymian, Oliven, Parmesan und Eiern verrühren. Die Mischung in eine Kuchenform von 20 cm Durchmesser geben, 35 Minuten im Backofen backen.

3 Für den Tatar Tomaten und Gurke waschen, trocken tupfen und in kleine Würfel schneiden. Frühlingszwiebeln putzen und mit einem Teil des Grüns in feine Scheiben schneiden. ½ Zitrone auspressen.

4 Gemüse in eine Schüssel geben und Zitronensaft, Olivenöl und Balsamico darübergießen. Mit Salz und Pfeffer würzen und vermengen. Bis zum Servieren kalt stellen.

5 Kuchen abkühlen lassen. In kleinen Stückchen anrichten, Gemüse-Tatar dazugeben und mit Basilikumblättern bestreuen.

GARNIER-IDEE:

Auch grünes Tatar ist möglich! 1 kleine Gurke, 1 grüner Apfel und 1 Avocado in kleine Würfel schneiden und mit Kerbelblättchen garnieren.

FÜR 4 PERSONEN

ZUBEREITUNGSZEIT: 5 Min.

GARZEIT: 25 Min.

SCHWIERIGKEITSGRAD: ★

KOSTEN: €

- 100 g mehligkochende Kartoffeln
- 450 ml Geflügelbrühe
- 200 ml trockener Weißwein
- Salz und frisch gemahlener Pfeffer
- 150 g Ziegenfrischkäse
- 1 Handvoll Rucola
- 250 g Crème fraîche (mind. 30 %)

Suppe mit Ziegenkäse und Rucola

In nur einem einzigen Topf ist diese Suppe schnell gekocht.

1 Kartoffeln schälen, waschen und in Würfel schneiden.

2 Geflügelbrühe, Weißwein und Kartoffelwürfel in einen Topf geben. Salz und Pfeffer zugeben und Kartoffeln 20 Minuten bei schwacher Hitze köcheln.

3 Frischkäse zerdrücken. Rucola waschen und trocken schleudern.

4 Sobald die Kartoffeln gar sind, im Topf zerdrücken, Crème fraîche, Frischkäse und Rucola hineingeben, unterrühren und weitere 5 Minuten kochen.

5 Abschmecken und heiß servieren.

FÜR 4 PERSONEN

ZUBEREITUNGSZEIT: 10 min

SCHWIERIGKEITSGRAD: ★

KOSTEN: €

- 2 gelbe Tomaten
- 2 rote Ochsenherztomaten
- 2 schwarze Tomaten
- 2 grüne Tomaten
- 150 g Ziegenfrischkäse, z. B. Brousse
- 4 Teelöffel Olivenöl
- Salz und frisch gemahlener Pfeffer

MEIN TIPP

Brousse ist eine Käsesorte aus der Provence, die aus Schaf- oder Ziegenmilch hergestellt wird. Ich biete sie auch zum Dessert an, mit etwas Zucker und Crème fraîche oder mit Obststückchen.

Bunter Tomatensalat

Dieser bunte Tomatenteller mit seinen unterschiedlichen Farben ist das I-Tüpfelchen auf dem Sommertisch.

1 Tomaten waschen, trocken tupfen und vierteln. Ggf. Stängelansätze entfernen.

2 Ziegenkäse jeweils in der Mitte der Teller anrichten, Tomaten nach Farben getrennt rundherum anordnen.

3 Mit Olivenöl beträufeln, salzen und pfeffern.

SELBST GEMACHT SCHMECKT AM BESTEN!

Reichen Sie dazu ein hausgemachtes Pesto: 1 reife, geschälte Tomate, 1 Bund Basilikum, 1 Knoblauchzehe und 100 ml Olivenöl. Zutaten im Mixer pürieren und zum Salat servieren.

FÜR 4 PERSONEN

ZUBEREITUNGSZEIT: 15 Min.

SCHWIERIGKEITSGRAD: ★

KOSTEN: €€

- 150 g Sojasprossen
- 2 rosa Grapefruits
- 1 Bund Koriander
- 1 Salatgurke
- 500 g Garnelen (gekocht, geschält, entdarmt)
- 2 Limetten
- 1 Esslöffel Fischsoße
- 1 Esslöffel brauner Zucker

Grapefruitsalat

Frisch, originell und sehr einfach ist dieser Salat, der noch dazu Pepp in Ihr Menü bringt!

1 Sojasprossen waschen und abtropfen lassen.

2 Grapefruits schälen, Kerne entfernen und weiße Haut abziehen, Fruchtfleisch in dünne Scheiben schneiden.

3 Koriander waschen, trocken tupfen und Blätter abzupfen. Gurke waschen, mit einem Sparschäler schälen und in dünne Scheiben schneiden.

4 Alle Zutaten in einer Schüssel mischen und Garnelen zufügen.

5 Limetten auspressen und den Saft mit Fischsoße und braunem Zucker verrühren. Die Soße unmittelbar vor dem Servieren über den Salat träufeln.

> **AUCH LECKER** mit Basilikum oder Minze.

FÜR 6 PERSONEN

ZUBEREITUNGSZEIT: 15 Min.

SCHWIERIGKEITSGRAD: ★

KOSTEN: €

- 2 Salatgurken
- 1 Dose Thunfisch (im eigenen Saft)
- 2 Esslöffel Zitronensaft
- 1 Esslöffel Sojasoße
- 3 Teelöffel gehackte glatte Petersilie

Gurkenröllchen mit Thunfisch

Eine hübsche Vorspeise, die auch ohne besondere Küchenutensilien auskommt.

1 Gurken waschen und trocken tupfen. Schälen, dabei jeweils einen Streifen dazwischen ungeschält lassen. Gurken in längliche, 4 cm breite Stücke schneiden.

2 Mit einem Löffel das Innere der Gurkenstückchen aushöhlen, darauf achten, die Gurkenwand nicht zu beschädigen. Gurkenstückchen auf eine Servierplatte legen.

3 Thunfisch abgießen, klein zupfen und einen Esslöffel Zitronensaft zugeben. Vermischen und Gurkenstückchen damit füllen.

4 Sojasoße mit restlichem Zitronensaft und gehackter Petersilie mischen. Beim Anrichten über die gefüllten Gurken träufeln.

> **DAZU** Rucolasalat und geviertelte Tomaten servieren.

FÜR 4 PERSONEN

ZUBEREITUNGSZEIT: 20 Min.

MARINIERZEIT: 24 Std.

SCHWIERIGKEITSGRAD: ★

KOSTEN: €

- 1 Knoblauchzehe
- 1 Salzzitrone
- 8 Sardinenfilets
- 1 Teelöffel Thymian
- Salz und frisch gemahlener Pfeffer
- Olivenöl
- 100 g Rucola

Sardinen mit Salzzitrone

Bereits am Vorabend lässt sich diese wunderbare Vorspeise als Appetitanreger vorbereiten.

1 Am Vorabend Knoblauch schälen und in dünne Scheibchen schneiden. Salzzitrone vierteln, Fruchtfleisch herauslösen und Schale sehr fein schneiden.

2 Sardinenfilets in einer kleinen Terrine übereinanderschichten, dabei nach jeder Schicht mit Zitronenfruchtfleisch bestreichen sowie Knoblauchscheibchen, Thymian, Salz und Pfeffer zufügen.

3 Mit Olivenöl bedecken und 24 Stunden im Kühlschrank marinieren.

4 Am Tag der Einladung Rucola waschen und trocken schleudern.

5 Sardinenfilets aus der Marinade nehmen und auf Teller anrichten, mit klein geschnittener Zitronenschale und Rucola garnieren.

SELBST GEMACHT SCHMECKT AM BESTEN!

Bereiten Sie eingelegte Zitronen zu, um Ihre Sommergerichte zu verfeinern. 125 g grobes Salz abwiegen. 10 Zitronen waschen und trocken tupfen. 6 Zitronen auf drei Viertel der Höhe schneiden und 2 Esslöffel Salz in die Mitte geben. Eine Schicht Salz am Boden eines sterilisierten Glases verteilen, darin 3 Zitronen aufrecht und eng nebeneinander setzen und 9 Pfefferkörner hineinrieseln lassen. Vorgang mit den 3 anderen Zitronen wiederholen. Saft der 4 restlichen Zitronen zugeben. Das in 500 ml sprudelndem Wasser aufgelöste restliche Salz zugießen. Luftdicht verschließen und 1 Monat kühl aufbewahren, das Glas einmal pro Woche umdrehen.

FÜR 6 PERSONEN
ZUBEREITUNGSZEIT: 10 Min.
SCHWIERIGKEITSGRAD: ★
KOSTEN: €€

Fenchel-Beeren-Salat

Eine Salatschüssel genügt, um diesen farbenprächtigen Sommersalat zuzubereiten.

- 200 g Rucola
- 100 g Himbeeren
- 100 g Brombeeren
- 50 g Johannisbeeren
- 1 Fenchelknolle
- 150 g geräucherte Forelle

Für die Soße:

- 3 Esslöffel Olivenöl
- 1 Esslöffel Himbeeressig
- Salz und frisch gemahlener Pfeffer

1 Rucola waschen und trocken schleudern. Himbeeren und Brombeeren verlesen. Johannisbeeren waschen, trocken tupfen und die Beeren mit einer Gabel von den Rispen streifen. Von der Fenchelknolle die dicken Blattrippen ablösen und Fenchel in sehr feine Scheiben schneiden.

2 Geräucherte Forelle in dünne Streifen schneiden.

3 Für die Soße Olivenöl und Himbeeressig mischen. Salz und Pfeffer unterrühren.

4 Zum Servieren etwas Soße auf jeden Teller träufeln. Rucola darauf anordnen, mit Früchten, fein geschnittenem Fenchel und Forellenstreifen garnieren.

5 Noch einmal mit Soße beträufeln und etwas Pfeffer darübermahlen.

⋗ **AUCH LECKER** mit 250 g aufgetauten TK-Beeren.

FÜR 4 PERSONEN

ZUBEREITUNGSZEIT: 10 Min.

GARZEIT: 20 od. 30 Min.

SCHWIERIGKEITSGRAD: ★

KOSTEN: €

- 300 g Putenbrustfilet oder Hähnchenbrustfilet
- 1 Scheibe gekochter Schinken
- 4 Champignons
- ½ Bund Schnittlauch
- 1 Ei
- 1 Esslöffel Crème fraîche (mind. 30 %)
- Salz und frisch gemahlener Pfeffer
- 1 Handvoll Rucola oder gemischter Blattsalat

MEIN TIPP

Falls die Pastete beim Garen zu schnell Farbe annimmt, decke ich sie mit Alufolie ab.

Geflügel-Kräuter-Pastete

Schnittlauch steuert ein leichtes Knoblaucharoma bei. Dadurch wird der Geschmack dieser Pastete noch kräftiger.

1 Den Backofen auf 180 Grad vorheizen.

2 Fleisch und Schinken in kleine Würfel schneiden. Champignons putzen, ggf. abbürsten und in feine Scheiben schneiden. Schnittlauch waschen, trocken schütteln und in Röllchen schneiden.

3 Vorbereitete Zutaten mit Ei und Crème fraîche im Mixer pürieren, bis die Mischung die Konsistenz einer Füllung hat. Mit Salz und Pfeffer würzen.

4 4 Gratinförmchen oder 1 kleine Terrine mit Butter einstreichen und die Füllung darin verstreichen.

5 Gratinförmchen 20 Minuten im Backofen backen, die Terrine 30 Minuten. Die Oberfläche darf keine Farbe annehmen, sondern sollte hell bleiben.

6 Lauwarm oder kalt mit Rucola oder gemischtem Blattsalat servieren.

FÜR 4 PERSONEN

ZUBEREITUNGSZEIT: 10 Min.

GARZEIT: 45 Min.

SCHWIERIGKEITSGRAD: ★

KOSTEN: €

- 1 kg Chicorée
- 1 Zwiebel
- 2 Esslöffel Olivenöl
- 500 ml Geflügelbrühe
- 250 ml Weißbier
- 250 g Sahne
- 1 Teelöffel Zucker
- Salz und frisch gemahlener Pfeffer
- 4 Scheiben luftgetrockneter Rohschinken

Chicoréesuppe

Für die Zubereitung dieser cremigen Suppe ist keinerlei Küchenerfahrung erforderlich.

1 Chicorée waschen und in Stücke schneiden, den harten und bitteren Innenstrunk entfernen. Zwiebel schälen und in feine Scheiben schneiden. In einem großen Topf Olivenöl erhitzen, Chicorée und Zwiebel zugeben und 5 Minuten andünsten, aber nicht bräunen.

2 Geflügelbrühe, Bier und 100 g von der Sahne zugießen. Aufkochen und zugedeckt bei schwacher Hitze 30 Minuten köcheln.

3 Deckel abnehmen und bei mittlerer Hitze 10 Minuten einkochen.

4 Restliche Sahne und Zucker zufügen. Suppe so lange im Mixer pürieren, bis sie schaumig ist, mit Salz und Pfeffer würzen.

5 In einer beschichteten Pfanne Schinken ohne Fett braten und beim Servieren in den Schälchen oder tiefen Tellern anrichten.

FÜR 4 PERSONEN

ZUBEREITUNGSZEIT: 20 Min.

GARZEIT: 20 Min.

SCHWIERIGKEITSGRAD: ★

KOSTEN: €

- 500 g kleine Kartoffeln (La Ratte, Bamberger Hörnchen)
- 12 Wachteleier
- 250 g Champignons
- Salz und frisch gemahlener Pfeffer
- 3 Esslöffel Balsamico
- 2 Mini-Romanasalate
- 4 dicke Scheiben Schinken
- 1 Knoblauchzehe
- 3 Esslöffel Olivenöl

MEIN TIPP

Wenn ich keine Wachteleier habe, ersetze ich sie durch Hühnereier (1 Hühnerei mittlerer Größe für 3 Wachteleier).

Wachteleiersalat

Mit wenig Mitteln große Wirkung!

1 Kartoffeln waschen und in Salzwasser 20 Minuten kochen.

2 In einem anderen kleinen Topf Eier 4 Minuten in Salzwasser hart kochen.

3 Champignons putzen, ggf. abbürsten und in feine Scheiben schneiden. In eine Schüssel geben, salzen, pfeffern und mit 2 Esslöffel vom Balsamico beträufeln.

4 Salatblätter waschen und trocken schleudern. Schinken in Streifen schneiden.

5 Kartoffeln abgießen, Eier pellen und halbieren. Knoblauch schälen und durch eine Presse drücken.

6 In einer großen Schüssel Olivenöl, restlichen Balsamico und zerdrückten Knoblauch mischen. Salzen und pfeffern. Kartoffeln, fein geschnittene Champignons, Schinkenstreifen und Salatblätter hineingeben. Gut mischen, auf Tellern anrichten und mit Wachteleiern garnieren.

FÜR 4 PERSONEN

ZUBEREITUNGSZEIT: 20 Min.

GARZEIT: 30 Min.

SCHWIERIGKEITSGRAD: ★

KOSTEN: €

- 500 g kurze Makkaroni
- 1 l Béchamelsoße
- 50 g Stilton-Käse
- 50 g Cheddar
- 50 g Raclettekäse
- 1 Messerspitze geriebene Muskatnuss
- 1 Messerspitze gemahlener Piment d'Espelette
- 1 Knoblauchzehe

Mac 'n' Cheese

Direkt aus den USA auf Ihren Tisch!

1 Den Backofen auf 180 Grad vorheizen.

2 Makkaroni in kochendem Salzwasser nach Packungsangabe al dente kochen.

3 In einem zweiten Topf Béchamelsoße bei schwacher Hitze erwärmen.

4 Sämtliche Käse in Würfel schneiden, in die Béchamelsoße geben und darin schmelzen lassen. Muskatnuss und Paprikapulver zufügen und mit dem Schneebesen kräftig verrühren.

5 Knoblauch schälen und eine ofenfeste Form damit ausreiben. Makkaroni abtropfen lassen und mit der Béchamelsoße mischen. Das Ganze in die Form füllen und 5 Minuten im Backofen gratinieren.

SELBST GEMACHT SCHMECKT AM BESTEN!

Nichts ist leichter, als eine Béchamelsoße zuzubereiten. 1 l Milch erhitzen. In einem zweiten Topf 70 g Butter zerlassen, 70 g Mehl zufügen und mit einem Schneebesen 1 Minute bei schwacher Hitze einrühren, dann die heiße Milch zugießen und so lange rühren, bis die Soße eindickt. Topf vom Herd nehmen und mit Muskatnuss, Salz und Pfeffer würzen.

FÜR 4 PERSONEN

ZUBEREITUNGSZEIT: 10 Min.

GARZEIT: 30 Min.

SCHWIERIGKEITSGRAD: ★

KOSTEN: €

- 1 Bund junger orange-stieliger Mangold
- 4 Eier
- 1 Esslöffel Tomatenmark
- 100 g Sahne
- 4 Esslöffel Milch
- Salz und frisch gemahlener Pfeffer

MEIN TIPP

Es gibt auch Mangold mit roten Blattstielen. Ich wähle die Farbe je nach meinem Tagesgericht aus.

Mangold-Flan

Entdecken Sie dieses etwas in Vergessenheit geratene Gemüse neu.

1 1,5 l Wasser im unteren Teil des Dampfgarers erhitzen.

2 Mangold waschen, Enden der Blattrippen abschneiden, restlichen Mangold, Blätter und Blattrippen, in längliche Stücke schneiden und 5 Minuten im Dampf garen.

GARNIER-IDEE:

Geraspelte Möhren als Vorspeise, Orangensalat zum Dessert und Sie haben von Anfang bis Ende ein Menü in orangefarbenen Tönen.

3 Gemüse aus dem Dampfgarer nehmen, in ein Küchentuch legen und trocken tupfen, anschließend in eine Form legen, die in den oberen Garaufsatz des Dampfgarers passt.

4 Eier verquirlen, Tomatenmark, Sahne und Milch unterrühren. Mit Salz und Pfeffer würzen und das Ganze über den Mangold gießen.

5 Zugedeckt 25 Minuten im Dampf garen.

⊳ **DAZU** Lachssteaks servieren, die Sie nach dem Flan 7 Minuten im Dampfgarer dämpfen. Mit Meersalz bestreuen und beim Servieren etwas Pfeffer darübermahlen.

Wenn MacGyver Koch wäre ...

Wenn man kein Geld, keine Küchengeräte und keine Kocherfahrung hat, kann einem bei der Vorstellung, ein Abendessen vorzubereiten, schon angst und bange werden! Doch gute Ideen sind zum Glück kostenfrei ...

Dinge, die ein gutes Abendessen ausmache und die nichts kosten.

- Legen Sie besonderen Wert auf **das Anrichten der Speisen** und servieren Sie auf Serviertellern.
- Setzen Sie auf **saisonales Obst und Gemüse aus der Region** und wählen Sie vorzugsweise preisgünstigere Fleisch- und Fischsorten (für eine Quiche ein Endstück vom Schinken an statt Scheiben ...).
- Verwenden Sie **frische Erzeugnisse** die von sich aus Farbe und Aroma geben, ohne dass Sie etwas dazutun müssen: Gewürzkräuter, Kirschtomaten, Weintrauben oder Johannisbeerrispen ...

Rezepte für den kleinen Geldbeutel: Einfachheit UND Geschmack

- Wachteleiersalat (Rezept Seite 174)
- Schweinebraten mit Sojasoße (Rezept Seite 206)
- Kokosflan (Rezept Seite 228)

Rezepte speziell für den Küchenneuling:

- Chicorée-Suppe (Rezept Seite 173)
- Lammkarree mit Kräuterkruste (Rezept Seite 216)
- Pannacotta mit Himbeeren (Rezept Seite 227)

Gerichte mit Trick 17 – null Küchengeräte:

- Gurkenröllchen mit Thunfisch (Rezept Seite 168)
- Kalbstatar mit eingelegter Zitrone (Rezept Seite 220)
- Erdbeerkuchen ohne Backen (Rezept Seite 232)

Koch sein heißt auch improvisieren können, denn man hat ja nicht immer ein vollständiges Kochgeschirr zur Hand.

- Keine Kochplatte? Wählen Sie herzhafte Salate oder Salate mit Früchten, Fleisch- oder Fischtatar …
- Mit 1 Gabel? Bereiten Sie ein Püree aus Kartoffeln oder anderen Gemüsesorten zu, verquirlen Sie Eier für ein Omelette oder schlagen Sie Sahne …
- Kein Backofen zur Stelle? Das Wasserbad hat sich schon lange bewährt, und aus zerkleinerten Keksen, die man mit zerlassener Butter vermischt, entsteht ein ausgezeichneter Kuchenboden, den man mit frischem Obst belegen kann …

NEU IN DER KÜCHE?

Wählen Sie sehr einfache Zubereitungen aus, die Sie sich zutrauen, und befolgen Sie sorgfältig den genauen Ablauf der Rezepte. Danach wird es leicht sein, den Gerichten Ihre persönliche Note zu geben oder Variationen auszuprobieren.

FÜR 4 PERSONEN

ZUBEREITUNGSZEIT: 20 Min.

GARZEIT: 10 Min.

SCHWIERIGKEITSGRAD: ★

KOSTEN: €€

Tagliatelle mit Langustinen in Tomatensoße

- 24 Langustinen (Kaisergranat)
- Salz und frisch gemahlener Pfeffer
- 1 große reife Ochsenherztomate
- 1 Schalotte
- 2 Zweige Estragon
- 500 g frische Tagliatelle
- Olivenöl

Frische Nudeln sind eine sehr gute Wahl, wenn man sich seiner kulinarischen Künste nicht ganz sicher ist. Ihr besonderer Vorzug – sie gelingen einfach immer.

1 Langustinen in Salzwasser 2 Minuten kochen.

2 Tomate waschen und in kleine Würfel schneiden. Schalotte schälen und in feine Scheiben schneiden. Estragon waschen, trocken schütteln, Blätter abzupfen. In einer großen Pfanne 2 Esslöffel Olivenöl erhitzen und Schalotte darin andünsten. Sobald sie glasig ist, Tomatenwürfel und Estragon zugeben. Zugedeckt 10 Minuten bei schwacher Hitze garen.

3 Für die Nudeln in einem großen Kochtopf Salzwasser erhitzen.

4 Langustinen abgießen, kalt abschrecken und bis auf die Schwanzflosse schälen. Zur Tomaten-Schalotten-Mischung geben und warm stellen.

5 Kurz vor dem Servieren frische Nudeln ins sprudelnde Wasser geben und je nach Sorte 1–3 Minuten kochen. Abtropfen lassen und auf Tellern verteilen.

6 Mit Olivenöl beträufeln, pfeffern und die Langustinen in Tomatensoße darauf anrichten.

FÜR 4 PERSONEN

ZUBEREITUNGSZEIT: 20 Min.

MARINIERZEIT: 15 Min.

GARZEIT: 15 Min.

SCHWIERIGKEITSGRAD: ★

KOSTEN: €€

- 2 unbehandelte Zitronen
- 2 Knoblauchzehen
- 250 g Garnelenschwänze (roh und geschält)
- 2 Teelöffel Paprikapulver
- Salz und frisch gemahlener Pfeffer
- 5 Esslöffel Olivenöl
- 200 g Couscous (im Kochbeutel)
- 4 Zucchini
- 1 Bund Koriander

Sommerlicher Couscous

Sogar ein Kind kann dieses Gericht zubereiten. Lassen Sie sich von ihm helfen, es wird sehr stolz darauf sein, mitmachen zu dürfen.

1 Schale von 1 Zitrone abreiben und Frucht auspressen. Knoblauch schälen und durch eine Presse drücken. Garnelenschwänze mit Zitronenschale und Zitronensaft, zerdrücktem Knoblauch, Paprikapulver, 2 Prisen Salz und 1 Esslöffel vom Olivenöl mischen. 15 Minuten marinieren.

2 In der Zwischenzeit Salzwasser in einem Topf zum Kochen bringen, Couscous ins Wasser legen und zugedeckt bei ausgeschaltetem Herd 3 Minuten quellen lassen. Abgießen und den Inhalt in eine Schüssel geben.

3 Zucchini waschen, trocken tupfen und Enden abschneiden. In 5 mm dicke Scheiben schneiden. 5 Minuten in einer Pfanne mit 2 Esslöffeln vom Olivenöl anbraten. Salzen und pfeffern.

4 Aus der Pfanne nehmen, dafür die Garnelen mit Marinade zugeben. 3 Minuten unter Rühren anbraten.

5 Couscous mit der Gabel auflockern. Zweite Zitrone auspressen und Zitronensaft und restliches Öl gut untermischen.

6 Koriander waschen, trocken schütteln, Blätter abzupfen und hacken. Zum Schluss Zucchini, Garnelen mit Bratensaft und Koriander zufügen.

⊳ **AUCH LECKER** mit Bulgur, Quinoa oder einer Getreidemischung, die je nach Packungsangabe zuzubereiten ist.

FÜR 4 PERSONEN

ZUBEREITUNGSZEIT: 15 Min.

GARZEIT: 15 Min.

SCHWIERIGKEITSGRAD: ★

KOSTEN: €€

Seelachs-Couscous-Päckchen

Wenig Anstrengung – tolles Ergebnis. Wer sagt denn, Fisch kochen sei kompliziert?

- 2 Zwiebeln
- 8 getrocknete Tomaten in Öl
- 250 g Couscous (mit Gewürzen aromatisiert)
- 2 Esslöffel TK-Kräutermischung für Fisch oder Dill, Schnittlauch und glatte Petersilie
- 4 Stücke Seelachs oder Steinköhler (je140 g)
- Olivenöl
- Salz und frisch gemahlene 5-Pfeffer-Mischung

1 Den Backofen auf 200 Grad vorheizen.

2 Zwiebeln schälen und in feine Scheiben schneiden. Eingelegte Tomaten in Streifen schneiden.

3 Couscous in eine Schüssel geben, 300 ml kochendes Salzwasser darübergießen und abdecken. 5 Minuten quellen lassen, danach mithilfe einer Gabel auflockern.

4 Tomatenstreifen, fein geschnittene Zwiebeln und die Hälfte der Kräuter in die Schüssel geben.

5 Couscous auf 4 große Quadrate Pergamentpapier verteilen, jeweils ein Stück Seelachs in der Mitte anrichten, mit Olivenöl beträufeln, salzen, pfeffern und restliche Kräuter darüberstreuen.

6 Jedes Quadrat Pergamentpapier so falten, dass gut verschlossene Päckchen entstehen. Pergamentpäckchen auf das Backblech setzen und 12 Minuten garen.

7 In den Pergamentpäckchen servieren.

> **AUCH LECKER** mit Kaiserbarsch oder Lachs.

> **DAZU** Tomatensalat im Sommer oder gedämpftes Gemüse der Saison servieren.

UNSER PROFI-TIPP

Seelachs und Steinköhler sind zwei verschiedene Fischarten. Seelachs ist feiner und auch teurer. Sie werden ganz, in Stücken, in Scheiben oder als Filets verkauft. Seelachs ist oft tiefgefroren erhältlich.

FÜR 4 PERSONEN

ZUBEREITUNGSZEIT: 10 Min.

MARINIERZEIT: 12 Std.

GARZEIT: 20 Min.

SCHWIERIGKEITSGRAD: ★

KOSTEN: €€

- 1 Bund Basilikum
- 500 g grobes Salz
- 100 g Zucker
- 800 g Lachsfilet
- 1 kg kleine Kartoffeln
- 1 Bund Schnittlauch
- 4 Esslöffel Quark
- Olivenöl
- Salz und frisch gemahlener Pfeffer

UNSER PROFI-TIPP

Der Lachs wird auf skandinavische Art in einer trockenen Marinade eingelegt. Üblicherweise wird dafür Dill verwendet.

Lachs auf Gravlax-Art

Eine tiefe Schale und einfache Zutaten sind es, die im Kühlschrank die Arbeit verrichten.

1 Am Vorabend Basilikum waschen, trocken schütteln, Blätter abzupfen und hacken. Grobes Salz, Zucker und Basilikum mischen.

2 In einer tiefen Schale die Hälfte der Mischung verteilen, Lachs darauflegen und mit dem Rest der Mischung bedecken. Mit Frischhaltefolie abdecken und 12 Stunden im Kühlschrank marinieren.

3 Am Tag der Einladung Kartoffeln schälen, mit kaltem Wasser abspülen und ca. 20 Minuten in sprudelndem Salzwasser kochen.

4 Schnittlauch waschen, trocken schütteln und in Röllchen schneiden. In einer kleinen Schale Quark und Schnittlauch verrühren, einen Schuss Olivenöl zugeben und mit Salz und Pfeffer würzen. Gut verrühren und kalt stellen.

5 Lachs unter fließend kaltem Wasser abspülen, trocken tupfen und in Scheiben schneiden.

6 Lachsscheiben auf Tellern verteilen und mit Kartoffeln und jeweils 1 Esslöffel Schnittlauchquark anrichten.

FÜR 4 PERSONEN
ZUBEREITUNGSZEIT: 15 Min.
MARINIERZEIT: 10 Min.
GARZEIT: 20 Min.
SCHWIERIGKEITSGRAD: ★
KOSTEN: €

Lachs-Spinat-Lasagne

Lasagne mit Fisch? Einzigartig und köstlich. Und dazu ist der Lachs einer der erschwinglichsten Sorten an der Fischtheke.

- 1 Limette
- 200 g Lachsrücken
- 500 g TK-Blattspinat
- 125 g Mozzarella
- Olivenöl
- 1 große Dose geschälte, gehackte Tomaten
- 200 g Sahne
- 1 Packung Lasagne (vorgekocht)
- Salz und frisch gemahlener Pfeffer

1 Limette auspressen. Lachsrücken in Streifen schneiden und 10 Minuten im Limettensaft marinieren.

2 Den Backofen auf 210 Grad vorheizen.

3 Spinat auftauen, Mozzarella in dünne Scheiben schneiden.

4 Einen Schuss Olivenöl, etwas vom Tomatensaft und etwas Sahne in eine ofenfeste Form geben. Lachs abtropfen lassen.

5 Erste Schicht Lasagne in die Form geben, die Hälfte vom Lachs, Spinat, Tomaten und etwas Sahne darauf verteilen, salzen und pfeffern.

6 Eine weitere Schicht Lasagne darauflegen, den Rest der Zutaten darauf verteilen, dabei etwas Tomatensaft und Sahne zurückbehalten.

7 Mit einer letzten Schicht Lasagne enden, mit Mozzarella, dem restlichen Tomatensaft vermischt mit der restlichen Sahne und etwas Olivenöl bedecken, salzen und pfeffern. 20 Minuten im Backofen backen.

> **AUCH LECKER** mit Thunfisch im eigenen Saft und geriebenem Parmesan oder Gruyère, wenn Sie gerade keinen Mozzarella im Haus haben.

FÜR 4 PERSONEN

ZUBEREITUNGSZEIT: 20 Min.

GARZEIT: 20 Min.

SCHWIERIGKEITSGRAD: ★

KOSTEN: €€

- ½ Bund glatte Petersilie
- 3 Esslöffel Olivenöl
- 10 dünne Scheiben Prosciutto (Parmaschinken)
- 2 Lachsfilets ohne Haut (je 400 g)
- frisch gemahlener Pfeffer

Lachsfilets in Prosciutto

Dieses einfache Rezept wird auf große Begeisterung stoßen – und überrascht mit der seltenen Geschmacksvermählung von Lachs und Schinken.

1 Den Backofen auf 200 Grad vorheizen.

2 Petersilie waschen, trocken schütteln, Blätter abzupfen, fein hacken und mit Olivenöl verrühren.

3 Schinken in Form eines Rechtecks so nebeneinander legen, dass die Scheiben sich überlappen. 1 Lachsfilet darauflegen, mit Pfeffer bestreuen und mit Petersilienöl bestreichen, mit dem zweiten Lachsfilet bedecken.

4 In Prosciutto-Scheiben einwickeln. Eine ofenfeste Form mit Pergamentpapier auslegen. Den Lachsbraten daraufsetzen und 20 Minuten garen.

⪢ **DAZU** gedämpfte, mit Olivenöl beträufelte grüne Bohnen reichen.

FÜR 4 PERSONEN

ZUBEREITUNGSZEIT: 25 Min.

GARZEIT: 30 Min.

SCHWIERIGKEITSGRAD: ★

KOSTEN: €

- 800 g Kartoffeln
- 4 Esslöffel Olivenöl
- 4 cm frischer Ingwer
- 250 g Crème fraîche (mind. 30 %)
- 4 Merlanfilets mit Haut (je 150 g)
- Meersalz und frisch gemahlener Pfeffer

Merlan an knusprigen Kartoffelblättchen

Um schöne, hauchdünne Gemüsescheiben herzustellen, lohnt sich in jedem Fall die Investition in eine Mandoline – Sie werden Ihre Kartoffelblättchen wie ein Sternekoch zubereiten!

1 Kartoffeln schälen. Waschen, trocken tupfen und in sehr dünne Scheiben schneiden.

2 In einer großen Pfanne 3 Esslöffel vom Olivenöl bei hoher Temperatur erhitzen. Wenn das Öl sehr heiß ist, Kartoffelscheiben hineingeben und 5 Minuten unter ständigem Rühren braten. Temperatur reduzieren und 15 Minuten weiterbraten, ab und zu wenden. Die Kartoffeln sollten eine goldgelbe Farbe haben.

3 In der Zwischenzeit Ingwer schälen und raspeln. In einem kleinen Topf Crème fraîche mit Ingwer 15 Minuten bei schwacher Hitze köcheln lassen, aber nicht kochen.

4 Zum Schluss restliches Olivenöl in einer großen Pfanne erhitzen und Fischfilets bei mittlerer Hitze 3 Minuten auf der Hautseite braten. Hitze reduzieren und zugedeckt weitere 5 Minuten garen.

5 Ingwercreme durchseihen, mit Salz und Pfeffer würzen.

6 Kartoffelblättchen (ohne Öl vom Anbraten) und Fischfilets mit Ingwercreme auf Tellern verteilen. Mit Meersalz und Pfeffer bestreuen.

FÜR 4 PERSONEN

ZUBEREITUNGSZEIT: 15 Min.

GARZEIT: 15 Min.

SCHWIERIGKEITSGRAD: ★

KOSTEN: €

- 300 g Geflügelleber
- 3 große, rote Zwiebeln
- 500 g Penne
- Salz und frisch gemahlener Pfeffer
- 4 Esslöffel Olivenöl
- 1 Esslöffel Balsamico
- 4 Esslöffel geriebener Parmesan

Penne mit Geflügelleber und roten Zwiebeln

Viel zu selten kommt uns Geflügelleber in den Sinn. Und das, obwohl sie köstlich und nicht teuer ist.

1 Geflügelleber in 6 Stücke teilen und kühl stellen.

2 Zwiebeln schälen, der Länge nach vierteln, die Viertel wiederum der Länge nach in feine Schreiben schneiden.

3 Penne nach Packungsangabe in kochendem Salzwasser garen. Dafür in der Regel 11 Minuten einrechnen.

4 In der Zwischenzeit Zwiebeln mit Olivenöl in einer großen Pfanne bei mittlerer Hitze anbraten, Balsamico zugeben und 2 Minuten weiterbraten.

5 Geflügelleber hineingeben und bei hoher Hitze 3 Minuten unter ständigem Rühren braten. Mit Salz und Pfeffer würzen.

6 Nudeln abtropfen lassen, in die Pfanne zur Geflügelleber geben und 1 Minute sorgfältig mischen, damit sie von der Soße überzogen werden.

7 Auf Tellern anrichten und mit Parmesan bestreut servieren.

FÜR 4 PERSONEN

ZUBEREITUNGSZEIT: 5 Min.

GARZEIT: 15 Min.

SCHWIERIGKEITSGRAD: ★

KOSTEN: €

- 6 Hähnchenschenkel (650 g)
- 200 g Reisnudeln
- 2 Zwiebeln
- 2 Knoblauchzehen
- 250 g Champignons
- ½ Bund Koriander
- 2 Esslöffel Olivenöl
- 1 Teelöffel flüssiger Honig
- 4 Esslöffel Sojasoße
- Salz und frisch gemahlener Pfeffer

MEIN TIPP

Im Sommer verwende ich zusätzlich zu den Champignons Kirschtomaten. Im Winter nehme ich dazu in Olivenöl eingelegte Tomaten.

Hähnchen mit Champignons und Reisnudeln

Sautieren ist die ideale Zubereitung, wenn kein spezielles Küchenequipment zur Verfügung steht. Eine große Pfanne und die richtige Hitze, fertig!

1 Hähnchenschenkel in kleine Stücke zerteilen, dabei Haut und Knochen entfernen. Reisnudeln in kaltem Wasser einweichen.

2 Zwiebeln und Knoblauch schälen und in feine Scheiben schneiden. Champignons putzen, ggf. abbürsten und in feine Scheiben schneiden. Koriander waschen, trocken schütteln, Blätter abzupfen und hacken.

3 In einer großen Pfanne Olivenöl erhitzen, Zwiebeln, Knoblauch und Hähnchen hineingeben und bei hoher Hitze 5 Minuten darin braten, ab und zu umrühren.

4 Champignons zufügen und 2 Minuten mit anbraten, Honig, Sojasoße und Koriander zugeben. Mit Pfeffer würzen und weitere 5 Minuten unter häufigem Rühren braten.

5 Kurz vor dem Servieren mit Salz abschmecken, abgetropfte Reisnudeln zugeben und noch 1 oder 2 Minuten weitergaren, sodass die Nudeln schön heiß sind.

FÜR 4 PERSONEN

ZUBEREITUNGSZEIT: 20 Min.

GARZEIT: 2 Std.

SCHWIERIGKEITSGRAD: ★

KOSTEN: €

Huhn mit Reis

Bewahren Sie die Innereien auf, sie geben der Bouillon zusätzliche Würze.

- 1 Zwiebel
- 1 Gewürznelke
- 1,2 kg Huhn (ausgenommen, mit Innereien)
- 10 Pfefferkörner
- 1 Bouquet garni
- Salz und frisch gemahlener Pfeffer
- 4 Möhren
- 4 junge Lauchstangen
- 4 Mairübchen
- 250 g Reis

Für die Soße:

- 50 g Butter
- 3 Esslöffel Mehl
- 500 ml Hühnerbrühe
- 1 Messerspitze geriebene Muskatnuss
- 3 Eigelb
- 3 Esslöffel Crème fraîche (mind. 30 %)

1 Zwiebel schälen und mit Gewürznelke spicken.

2 Huhn, Zwiebel, Pfefferkörner, Bouquet garni und Salz in einen großen Topf geben. Mit kaltem Wasser bedecken und zum Kochen bringen, zugedeckt bei sehr schwacher Hitze 90 Minuten sanft köcheln.

3 Gemüse putzen und waschen. Nach 1 ½ Stunden Garzeit Gemüse in den Topf geben und weitere 30 Minuten garen.

4 Reis nach Packungsangabe kochen.

5 Wenige Minuten vor Ende der Garzeit die Soße zubereiten. Butter in einem Topf bei schwacher Hitze zerlassen, Mehl zugeben und mit dem Schneebesen kräftig verrühren, sodass sich keine Klümpchen bilden.

6 Unter ständigem Rühren nach und nach Hühnerbrühe zugießen, Muskatnuss, Salz und Pfeffer zufügen. Temperatur weiter reduzieren und Eigelbe und Crème fraîche einrühren. Die Soße darf nicht kochen.

7 Huhn aus der Brühe nehmen und tranchieren. Reis auf Tellern anrichten, je ein Stück Huhn dazulegen und mit Soße beträufelt servieren.

NULLTARIF!

Zaubern Sie am kommenden Tag eine Bouillon mit Gemüse. Sie können außerdem das restliche Hühnerfleisch von den Knochen lösen (ca. 300 g) und es beispielsweise mit 1 Esslöffel Estragonsenf und 2 Esslöffeln Crème fraîche verrühren. Ein paar Nudeln dazu und Sie haben ein wunderbares und wirklich preisgünstiges Gericht.

FÜR 4 PERSONEN

ZUBEREITUNGSZEIT: 10 Min.

GARZEIT: 30 Min.

SCHWIERIGKEITSGRAD: ★

KOSTEN: €

- 1 unbehandelte Zitrone
- 4 Esslöffel Olivenöl
- 4 Hähnchenschenkel
- ½ Teelöffel gemahlener Piment d'Espelette
- Salz und frisch gemahlener Pfeffer

Für den Reis:

- 1 Esslöffel Jasmintee
- 250 g Reis

Zitronenhuhn mit Jasminreis

Reis selbst aromatisieren? Eine raffinierte Idee, die Ihre Gäste verblüffen wird.

1 Zitrone waschen und in Scheiben schneiden.

2 Olivenöl in einem Bräter erhitzen und Zitronenscheiben darin anbraten. Zitronenscheiben herausnehmen und beiseitelegen.

3 Hähnchenschenkel in den Bräter legen und von beiden Seiten kurz anbraten. 100 ml Wasser, Zitronenscheiben und Piment d'Espelette zufügen und mit Salz und Pfeffer würzen. Zugedeckt ca. 25 Minuten bei schwacher Hitze garen.

4 Für den Reis 2 l Salzwasser zum Kochen bringen. Den Tee in ein Tee-Ei geben und dieses mit dem Reis in den Topf geben. Etwa 15 Minuten bei sehr schwacher Hitze nach Packungsangabe garen.

5 Den Reis abgießen und auf Teller verteilen. Hähnchenschenkel dazulegen. Mit Soße beträufelt servieren.

FÜR 4 PERSONEN

ZUBEREITUNGSZEIT: 20 Min.

GARZEIT: 45 Min.

SCHWIERIGKEITSGRAD: ★

KOSTEN: €

- 4 Hähnchenkeulen (Ober- und Unterschenkel)
- 800 g kleine Kartoffeln (La Ratte, Bamberger Hörnchen)
- 1 Bund Frühlingszwiebeln
- 2 Esslöffel flüssiger Honig
- 1 gehäufter Teelöffel Paprikapulver
- 3 Esslöffel Olivenöl
- Salz und frisch gemahlener Pfeffer

Für die Füllung:

- 3 Knoblauchzehen
- 6 Zweige Koriander
- 1 Teelöffel Olivenöl

Hähnchenkeulen in Honig

Ein großer orientalischer Klassiker für grenzenlosen Genuss.

1 Für die Füllung Knoblauch schälen und durch eine Presse drücken. Koriander waschen, trocken schütteln, Blätter abzupfen und fein hacken. In einer Schale Knoblauch, Koriander und Olivenöl vermengen.

2 Den Backofen auf 210 Grad vorheizen.

3 Die Haut jeder Hähnchenkeule etwas anheben und ein Viertel der Füllung darunterschieben. Während des Garens verteilen sich diese kleinen „Hügel" von selbst. Die gefüllten Keulen in eine ofenfeste Form legen.

4 Kartoffeln waschen und in die Form legen. Zwiebeln putzen und dabei 3 cm des grünen Stiels beiseitelegen, Zwiebeln waschen und in die Form legen.

5 Hähnchenkeulen mit Honig beträufeln und mit Paprika bestreuen. Olivenöl über die Kartoffeln und die Zwiebeln geben, mit Salz und Pfeffer würzen. 200 ml Wasser zufügen, die Form in den Backofen stellen und das Ganze 45 Minuten garen.

> **AUCH LECKER** mit Bulgur oder Couscous als Beilage. So wird das Essen noch orientalischer.

FÜR 4 PERSONEN
ZUBEREITUNGSZEIT: 20 Min.
EINWEICHZEIT: 2 Std.
GARZEIT: 45 Min.
SCHWIERIGKEITSGRAD: ★
KOSTEN: €€

- 16 getrocknete Morcheln
- 800 g Putenfleisch ohne Knochen
- 2 Schalotten
- 3 Teelöffel Olivenöl
- 150 ml Weißwein
- 750 ml Geflügelfond
- Salz und frisch gemahlener Pfeffer
- 3 Esslöffel Crème fraîche
- 4 Zweige glatte Petersilie

Putenfrikassee mit Morcheln

Einfach erhältliche Zutaten
+ ein Bräter
= ein edles, aber günstiges Essen.

1 Morcheln 2 Stunden zum Einweichen in eine Schale mit warmem Wasser legen.

2 Fleisch in kleine Stücke schneiden. Schalotten schälen und klein schneiden.

3 In einem Bräter Olivenöl erhitzen und Schalotten darin glasig dünsten, Putenfleisch hinzufügen und 5 Minuten bräunen.

4 Weißwein zugießen, zum Kochen bringen und 5 Minuten kochen lassen. Geflügelfond zufügen, mit Pfeffer würzen und 25 Minuten zugedeckt bei mittlerer Hitze garen.

5 Morcheln abgießen und mit Crème fraîche hinzugeben, kräftig umrühren, abschmecken und weitere 10 Minuten bei schwacher Hitze garen.

6 Petersilie waschen, trocken schütteln, Blätter abzupfen und hacken. Das Essen mit Petersilie garniert in Schalen servieren.

⊳ **AUCH LECKER** mit getrockneten Steinpilzen.

⊳ **DAZU** weißen Reis oder geschmorten Chicorée reichen.

FÜR 4 PERSONEN

ZUBEREITUNGSZEIT: 10 Min.

GARZEIT: 1 Std. oder
1 Std. 10 Min.

SCHWIERIGKEITSGRAD: ★

KOSTEN: €€

Bier-Hühnchen

Das Bier-Hühnchen ist bei Grillfans sehr beliebt. Hier nun die noch raffiniertere Indoor-Version.

- 1 Hähnchen (in Stücke geschnitten)
- 200 g Räucherspeck
- ½ unbehandelte Zitrone
- 4 Knoblauchzehen
- 8 Salbeiblätter
- 2 Esslöffel Wacholderbeeren
- 300 ml helles Bier
- Salz und frisch gemahlener Pfeffer

1 Den Backofen auf 210 Grad vorheizen.

2 Von den Hähnchenstücken die Haut abziehen. Schwarte vom Speck abschneiden und den Speck würfeln. ½ Zitrone gründlich waschen und mit Schale und Fruchtfleisch in kleine Würfel schneiden.

3 Hähnchen in eine ofenfeste Form legen, ungeschälte Knoblauchzehen, Salbeiblätter, Zitronenwürfel, Wacholderbeeren und Speck zufügen. Mit Bier übergießen und 1 Stunde lang im Backofen garen, dabei die Hähnchenstücke mehrmals wenden.

4 Nach 1 Stunde Garzeit überprüfen, ob die Soße dickflüssig und ein wenig karamellisiert ist. Sollte das nicht der Fall sein, weitere 10 Minuten im Ofen garen.

> **DAZU** Polenta oder Kartoffelpüree servieren.

FÜR 6 PERSONEN

ZUBEREITUNGSZEIT: 20 Min.

GARZEIT: 1 Std.

SCHWIERIGKEITSGRAD: ★

KOSTEN: €€

- 1 Zitrone
- 6 kleine lila Artischocken
- 2 Zwiebeln
- 1 Knoblauchzehe
- 4 Esslöffel Olivenöl
- 1,6 kg Kaninchen (in Stücke geschnitten)
- 400 ml Geflügelbrühe
- Salz und frisch gemahlener Pfeffer
- 1 Zweig Thymian
- 1 Zweig Rosmarin
- 800 g kleine Kartoffeln
- 2 Zweige glatte Petersilie

Kaninchen à la barigoule

Holen Sie sich die Provence auf den Teller! Am besten kochen Sie dieses Rezept nur in den Monaten April und Mai, wenn lila Artischocken günstig sind.

1 Zitrone auspressen. Artischocken entstielen, vierteln und den spitzen oberen Teil der Blätter einschneiden. Waschen, auf einen Teller legen und mit Zitronensaft beträufeln.

2 Zwiebeln schälen und hacken, Knoblauch schälen und durch eine Presse drücken.

3 Olivenöl in einem großen Bräter erhitzen und Kaninchenstücke von allen Seiten darin kräftig anbraten.

4 Zwiebeln, Knoblauch und Artischocken mit in den Bräter legen und 2 Minuten unter Rühren anbraten. Mit Geflügelbrühe ablöschen, mit Salz und Pfeffer würzen. Thymian und Rosmarin waschen und zufügen. Zugedeckt 1 Stunde köcheln lassen.

5 In der Zwischenzeit Kartoffeln schälen, waschen und bei mittlerer Hitze mit in den Bräter geben.

6 Petersilie waschen, trocken schütteln, Blätter abzupfen und fein hacken.

7 Am Ende der Garzeit Kaninchen und Gemüse auf einem großen Servierteller anrichten und mit Petersilie bestreut servieren.

FÜR 4 PERSONEN

ZUBEREITUNGSZEIT: 20 Min.

GARZEIT: 30 Min.

SCHWIERIGKEITSGRAD: ★

KOSTEN: €

- 400 g geräucherte Rohwurst
- 500 g Lauchstangen
- 2 Esslöffel Olivenöl
- Salz und frisch gemahlener Pfeffer
- 1 Esslöffel Weißweinessig
- 4 frische Eier

Mettwurst-Rosette

Ein köstliches Rezept, mit dem Sie Ihre Gäste beeindrucken können, ohne sich vorher in der Küche abrackern zu müssen!

1 Geräucherte Rohwurst in heißem Wasser in ca. 30 Minuten garen.

2 In der Zwischenzeit Lauch putzen, waschen, den grünen Teil entfernen und anderweitig verwenden. Weiße Stangen in feine Scheiben schneiden. Olivenöl in einer Pfanne erhitzen, Lauch zufügen, mit Salz und Pfeffer würzen und 20 Minuten schmoren lassen.

3 Wasser in einem anderen Topf erhitzen, Essig zufügen und leicht salzen. Wenn das Wasser kocht, die Eier nacheinander darin pochieren. Darauf achten, dass sie nicht aneinanderkleben und die Eiweiße die Eigelbe gut umhüllen, damit jedes Ei seine Form bewahrt. 4 Minuten ziehen lassen.

4 Wenn die Wurst gar ist, diese abtropfen lassen und in feine Scheiben schneiden.

5 Auf jedem Teller geschmorten Lauch und Wurstscheiben mit jeweils 1 Ei in der Mitte rosettenförmig anordnen.

FÜR 4 PERSONEN
ZUBEREITUNGSZEIT: 15 Min.
GARZEIT: 15 Min.
SCHWIERIGKEITSGRAD: ★
KOSTEN: €

- 1 große Dose Kichererbsen
- 1 Chorizo, je nach Geschmack mild oder scharf
- 4 Zweige glatte Petersilie
- 1 Esslöffel Olivenöl
- 1 Knoblauchzehe
- 400 g Tomatensoße
- Salz und frisch gemahlener Pfeffer

Kichererbsenragout mit Chorizo

Ein einziges Utensil für eine vollständige Mahlzeit, die in nur 30 Minuten fertig ist!

1 Kichererbsen waschen und abtropfen lassen. Chorizo häuten und in Scheiben schneiden.

2 Petersilie waschen, trocken schütteln, Blätter abzupfen und hacken.

3 Olivenöl in einem Topf erhitzen und ungeschälte Knoblauchzehe darin 2 Minuten braten, Chorizo zugeben und weitere 3 Minuten braten.

4 Tomatensoße einrühren und 5 Minuten köcheln lassen. Kichererbsen zufügen, mit Salz und Pfeffer abschmecken und weitere 5 Minuten bei schwacher Hitze garen.

5 Ragout in tiefen Tellern anrichten und mit gehackter Petersilie bestreut servieren.

FÜR 4 PERSONEN

ZUBEREITUNGSZEIT: 10 Min.

GARZEIT: 20 Min.

SCHWIERIGKEITSGRAD: ★

KOSTEN: €

- 1 Zwiebel
- 1 Knoblauchzehe
- 4 Zweige glatte Petersilie
- 12 Kirschtomaten
- 2 Esslöffel Olivenöl
- 100 g Speckwürfel
- 400 g geschälte, gehackte Tomaten (aus der Dose)
- 1 Teelöffel feiner Zucker
- 300 g Reis
- Salz und frisch gemahlener Pfeffer
- 40 g geraspelter Parmesan

MEIN TIPP

Für mein Tomaten-Pilaw nehme ich Basmatireis oder aromatisierten Thai-Reis.

Tomaten-Pilaw

Ein einfaches und leckeres Gericht.

1 Zwiebel schälen und hacken, Knoblauch schälen und durch eine Presse drücken . Petersilie waschen, trocken tupfen, Blätter abzupfen und fein hacken. Kirschtomaten waschen und trocken tupfen, halbieren.

2 Olivenöl in einer großen Pfanne erhitzen und Speckwürfel 1 Minute darin scharf anbraten, Zwiebel und Knoblauch zufügen, 1–2 Minuten unter Rühren mit anbraten. Tomaten und Zucker zufügen. Das Ganze 15 Minuten dünsten, von Zeit zu Zeit umrühren.

3 In der Zwischenzeit Reis in kochendem Salzwasser in 10 Minuten garen.

4 Reis abgießen, zu den Tomaten in die Pfanne geben, gut unterrühren. Petersilie zugeben und mit Pfeffer würzen.

5 Den Pilaw auf Tellern anrichten. Mit Kirschtomaten und Parmesan bestreut servieren.

⊳ **DAZU** rohen Schinken servieren. So haben Sie eine vollständige Mahlzeit.

FÜR 4 PERSONEN

ZUBEREITUNGSZEIT: 10 Min.

GARZEIT: 20 Min.

SCHWIERIGKEITSGRAD: ★

KOSTEN: €

- 500 g Schweinefilet
- 1 Zwiebel
- 250 g Auberginen
- 1 Esslöffel Olivenöl
- 150 g Langkornreis
- 1 Teelöffel flüssiger Honig
- 4 Esslöffel Sojasoße
- 1 Handvoll Spinatsprossen
- Salz und frisch gemahlener Pfeffer

Schweinefilet mediterran

Das mediterrane Gemüse Aubergine geht eine überraschende Verbindung mit der Sojasoße ein. Einmal probiert, für immer verführt!

1 Schweinefleisch in Stücke schneiden, Zwiebel schälen und hacken. Auberginen waschen, Enden und Stängelansätze entfernen und Auberginen in Würfel schneiden.

2 Olivenöl in einem Wok oder einer Pfanne erhitzen und Fleisch und Zwiebel 2 Minuten darin bei hoher Hitze anbraten. Reis und Auberginenwürfel zufügen. 5 Minuten unter Rühren andünsten, mit Honig, Sojasoße und 400 ml Wasser ablöschen. 10 Minuten bei hoher Hitze weiterköcheln lassen.

3 Spinatsprossen waschen und trocken tupfen, zum Fleisch geben und weitere 3 Minuten garen.

4 Mit Salz und Pfeffer abschmecken und servieren.

UNSER PROFI-TIPP

Der Vorteil des Wok gegenüber der klassischen Pfanne besteht darin, dass die bei starker Hitze anzubratenden Zutaten durch schnelles Rühren weniger Fett aufnehmen. Dieses Garverfahren ist ideal für klein geschnittene Nahrungsmittel.

WUSSTEN SIE SCHON?

Sojasoße, das Grundwürzmittel in Südostasien und Japan, wird aus Soja, Weizen, Wasser und Salz gewonnen.

FÜR 4 PERSONEN

ZUBEREITUNGSZEIT: 5 Min.

GARZEIT: 10–15 Min.

SCHWIERIGKEITSGRAD: ★

KOSTEN: €

Spaghetti carbonara

Nichts ist einfacher als diese beliebte Spaghetti-Variante. Ein zeitloser Klassiker!

- 500 g Spaghetti
- Salz
- 200 g Speckwürfel
- 1 Esslöffel Olivenöl
- 200 g Crème fraîche
- 70 g geriebener Parmesan
- 2 Eigelb
- Frisch gemahlener Pfeffer

1 Spaghetti nach Packungsangabe in kochendem Salzwasser garen (ca. 11–13 Minuten).

2 Olivenöl in einer Pfanne erhitzen und Speckwürfel darin anbraten.

3 In einer Schüssel Crème fraîche, Parmesan und Eigelbe vermengen und mit Pfeffer würzen (nicht salzen, denn der Parmesan ist bereits salzig). Kurz vor dem Servieren die Soße über die Speckwürfel gießen und 1–2 Minuten erhitzen.

4 Spaghetti abgießen, in einem Sieb abtropfen lassen und mit der Soße servieren.

NULLTARIF!

Aus dem Eiweiß lassen sich wunderbar Baisers oder Mandelhippen zaubern.

FÜR 4 PERSONEN

ZUBEREITUNGSZEIT: 10 Min.

GARZEIT: 25 Min.

SCHWIERIGKEITSGRAD: ★

KOSTEN: €€

- 2 Schweinemedaillons
- 30 g Butter
- 1 Esslöffel Olivenöl
- 1 Teelöffel feiner Zucker
- 1 Esslöffel Mehl
- Salz und frisch gemahlener Pfeffer
- 200 g Sahne

UNSER PROFI-TIPP

Ein Frikassee wird üblicherweise aus hellem Fleisch zubereitet (Kalb, Geflügel, Kaninchen, Lamm), aber auch aus Fisch, der in einer würzigen Brühe gegart wird.

Filet Mignon als Frikassee

Ein großer Klassiker völlig neu interpretiert.

1 Schweinefilets in Stücke schneiden.

2 Butter und Olivenöl in einer Pfanne erhitzen und die Fleischstücke darin unter Wenden kräftig anbraten.

3 Wenn sie von allen Seiten goldbraun sind, Zucker zugeben und karamellisieren lassen. Mehl, Salz und Pfeffer zufügen und 1 Minute unter Rühren vermengen.

4 Fleisch mit kaltem Wasser bedecken, zum Kochen bringen und 10 Minuten bei mittlerer Hitze köcheln lassen, bis die Flüssigkeit reduziert ist.

5 Sahne zugießen und zugedeckt weitere 10 Minuten köcheln lassen.

> **DAZU** Makkaroni reichen.

FÜR 4 PERSONEN

ZUBEREITUNGSZEIT: 10 Min.

GARZEIT: 35 Min.

SCHWIERIGKEITSGRAD: ★

KOSTEN: €

- 2 Esslöffel Olivenöl
- 2 Schweinemedaillons (je ca. 350 g)
- 1 kg Kartoffeln
- Salz und frisch gemahlener Pfeffer
- 4 Zweige Basilikum
- 1 Glas grüne Tapenade (Rezept Seite 32)

UNSER PROFI-TIPP

Das Fleisch, das in der zugedeckten Pfanne warm gehalten wird, gart auch ohne Hitze weiter.

Schweinemedaillons mit grüner Tapenade

Wenn man nur eine Herdplatte besitzt, ist das Garen in zwei Etappen ideal.

1 Olivenöl in einer Pfanne erhitzen und Schweinemedaillons bei hoher Hitze von allen Seiten kräftig anbraten.

2 Zugedeckt bei mittlerer Hitze weitere 5 Minuten auf jeder Seite garen, vom Herd nehmen und zugedeckt ruhen lassen.

3 Salzwasser in einem Topf erhitzen. Kartoffeln schälen, waschen und halbieren. 20 Minuten im Wasser garen.

4 Basilikum waschen, trocken tupfen, Blätter abzupfen und fein hacken.

5 Schweinemedaillons weitere 5 Minuten garen, mit der Tapenade bestreichen, in Scheiben schneiden und mit Kartoffeln garnieren. Mit frisch gemahlenem Pfeffer bestreuen und mit Basilikum garniert servieren.

FÜR 4 PERSONEN

ZUBEREITUNGSZEIT: 10 Min.

MARINIERZEIT: 12 Std.

GARZEIT: 10 Min.

SCHWIERIGKEITSGRAD: ★

KOSTEN: €

Würzige Schweinekoteletts

Einen Tag vorher zubereiten, damit die Gewürze richtig gut einziehen können.

- 4 Schweinekoteletts
- 400 ml kräftiger Rotwein
- 1 Teelöffel Vier-Gewürze-Mischung (Pfeffer, Ingwer, Muskat, Gewürznelken)
- 8 Schalotten
- 2 Esslöffel Olivenöl
- 2 Teelöffel feiner Zucker
- Salz und frisch gemahlener Pfeffer

1 Schweinekoteletts am Vortag in einer tiefen Form in Rotwein und Vier-Gewürze-Mischung einlegen.

2 Am selben Tag Schalotten schälen und klein schneiden.

3 Am nächsten Tag Schweinekoteletts abtropfen lassen. Olivenöl in einer Pfanne erhitzen und Koteletts darin von beiden Seiten kräftig anbraten. Schalotten zufügen und 1 Minute mitbraten.

4 Marinade zugießen und mit Zucker bestreuen. Bei hoher Hitze 5 Minuten kochen, bis die Flüssigkeit reduziert ist. Mit Salz und Pfeffer würzen und bei schwacher Hitze weitere 4 Minuten garen.

> **DAZU** Hörnchennudeln reichen.

MEIN TIPP

Wenn ich keine Vier-Gewürze-Mischung habe, ersetze ich es mit einer Mischung aus gemahlenem Pfeffer, Muskat, Gewürznelken und Zimtpulver.

FÜR 4 PERSONEN

ZUBEREITUNGSZEIT: 15 Min.

GARZEIT: 20 Min.

SCHWIERIGKEITSGRAD: ★

KOSTEN: €€

- 1 Zwiebel
- 1 Esslöffel Erdnussöl
- 500 g Lammschulter (gehackt)
- 2 Esslöffel rote Currypaste
- 400 g Tomatensoße
- Salz und frisch gemahlener Pfeffer

Für die Soße:

- 1 Bund Koriander
- 150 g Naturjoghurt
- 2 Esslöffel Crème fraîche

Lammcurry mit Joghurt

Dank der Currypaste können Sie wie von Zauberhand gastronomische Wunder vollbringen.

1 Zwiebel schälen und hacken. In einem Bräter Erdnussöl erhitzen und Zwiebel darin anbraten.

2 Lammgehacktes hinzufügen und unter Rühren 3 Minuten kräftig anbraten.

3 Currypaste mit Tomatensoße einrühren, mit Salz und Pfeffer würzen und zugedeckt 15 Minuten köcheln lassen.

4 Für die Soße Koriander waschen, trocken schütteln, Blätter abzupfen und fein hacken. In einer Schale Joghurt mit Crème fraîche vermengen, salzen und gehackten Koriander zufügen.

5 Curry mit jeweils 1 Löffel Soße auf Tellern anrichten.

> **DAZU** weißen Naturreis reichen.

Welcher Wein passt zu welchem Essen?

Das Prinzip „weiß mit Fisch, rot mit Fleisch, Geflügel und Käse" hat sich längst weiterentwickelt. Inzwischen gibt es bei den Gaumenfreuden viel mehr Abwechslung!

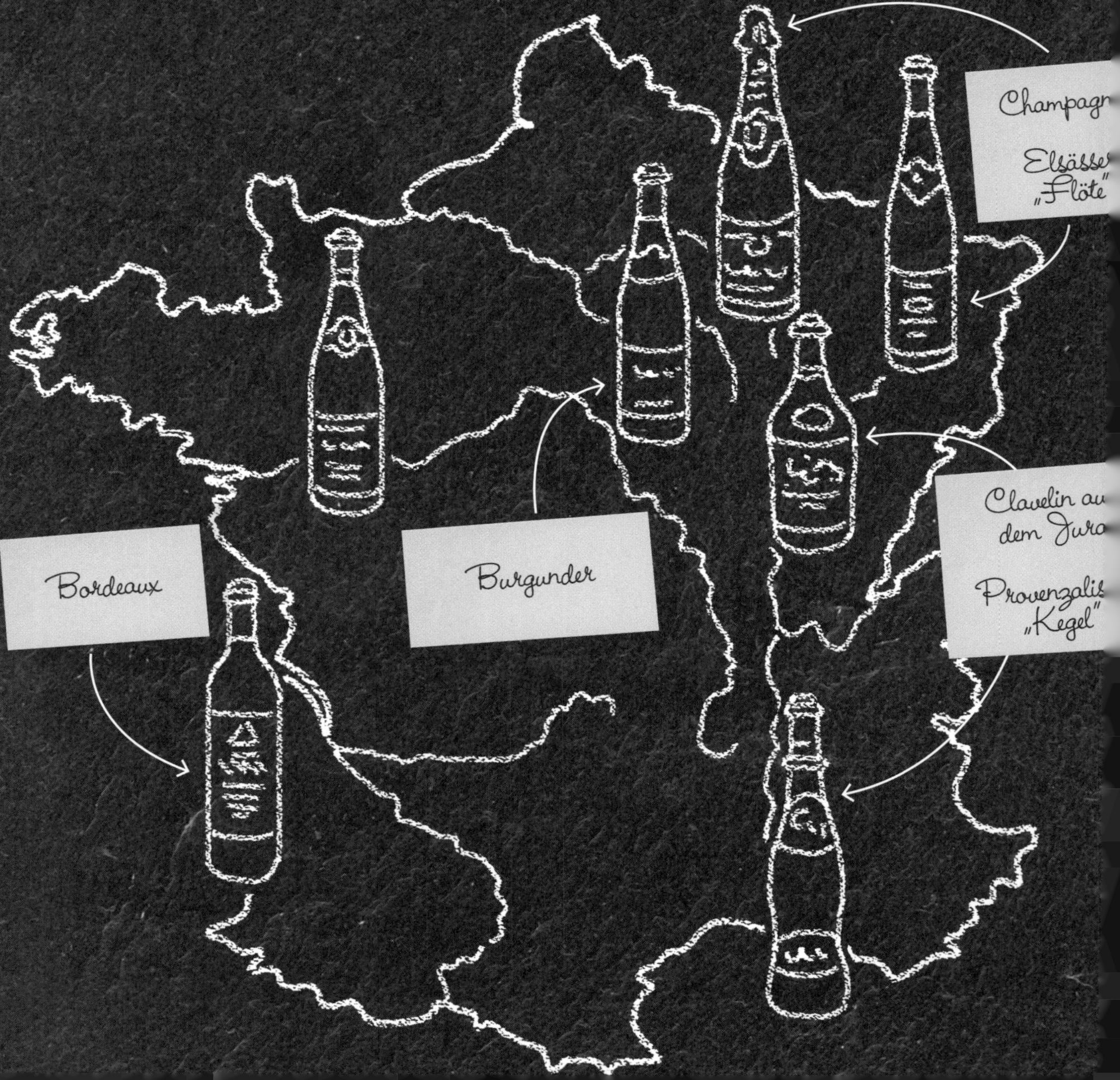

Vorschläge des Sommeliers

- Innereien: kräftiger, vollmundiger Rotwein
- Wurstwaren: leichter Rotwein
- Rohkost: Rosé
- Chinesische, japanische, indische Küche: Rosé, leichter Rotwein
- Desserts: weiße Likörweine, Champagner
- Schokoladendesserts: Portwein
- Gänseleber: aromatischer Weißwein, weißer Likörwein
- Hartkäse: trockener Weißwein, leichter Rotwein
- Ziegenkäse: trockener Weißwein, leichter Rotwein
- Starker Käse: aromatischer Weißwein, starker Rotwein
- Blauschimmelkäse: roter oder weißer Likörwein
- Wild: starker, vollmundiger Rotwein
- Grillfleisch: Rosé
- Süßsaure Gerichte: weißer Likörwein, Rosé
- Fisch und Meeresfrüchte: trockener Weißwein
- Helles Fleisch und Geflügel: trockener Weißwein, leichter Rotwein
- Rotes Fleisch, gebraten oder in Soße: starker Rotwein

Bitten Sie im Zweifelsfall einen Weinhändler um Hilfe. Er wird Ihnen den Wein empfehlen können, der am besten zu Ihren Bedürfnissen und Ihrem Budget passt.

TIPPS:

Damit der Wein sein volles Aroma entfalten kann, sollten Sie ihn in der richtigen Temperatur servieren:

- Weißweine: zwischen 10 und 14 Grad
- weiche Weißweine und Champagner: 7–8 Grad
- leichte Rotweine: 13–15 Grad
- starke Rotweine: 15–16 Grad

Klingt logisch

- Servieren Sie zu einem **regionalen Gericht** einen Wein aus **derselben Region:** Einen Burgunder mit Bœuf Bourguignon, einen Pfälzer Riesling zu Saumagen …
- Wenn Sie ein **Gericht mit Wein** kochen, sollten Sie den **gleichen bei Tisch** servieren, wenn auch nicht zwangsläufig aus demselben Jahrgang.

FÜR 4 PERSONEN

ZUBEREITUNGSZEIT: 5 Min.

GARZEIT: 15–25 Min.

SCHWIERIGKEITSGRAD: ★

KOSTEN: €€

Lammkarree mit Kräuterkruste

Mit seiner Kräuterkruste wirkt dieses Lammkarree sehr raffiniert, dennoch brauchen Sie für die Zubereitung nur 5 Minuten.

- 2 Lammkarrees, jeweils aus den 6 ersten Rippen
- 3 Esslöffel gehackte glatte Petersilie
- 4 Esslöffel Semmelbrösel
- 2 Zweige Thymian
- 1 Esslöffel Meersalz
- 1 Teelöffel fein gemahlener Pfeffer
- 2 Esslöffel Olivenöl
- 6 Knoblauchzehen

1 Den Backofen auf 210 Grad vorheizen. Eine ofenfeste Form für die beiden Lammkarrees leicht mit Öl einstreichen.

2 In einer Schüssel gehackte Petersilie, Semmelbrösel, zerbröselten Thymian, Meersalz, Pfeffer und Olivenöl vermengen. Den runden Teil der Karrees damit bestreichen und in die Form legen. Die nicht geschälten Knoblauchzehen rundherum anordnen.

3 Form in den Backofen stellen und für rosa Fleisch 20 Minuten garen. Für rotes oder gut durchgebratenes Fleisch Garzeit um 4–5 Minuten kürzen bzw. verlängern.

4 Form aus dem Ofen nehmen und mit Alufolie abdecken. Fleisch vor dem Servieren 10 Minuten ruhen lassen.

⊳ **DAZU** frische Pasta, 3 Minuten gegart, oder gedämpftes Gemüse (Möhren und Zuckererbsen) servieren.

MEIN TIPP

Für die elegante Version können Sie zu den Lammkarrees kurz in Olivenöl angebratene Artischockenböden (aus der Dose) servieren.

GUT ORGANISIERT IST HALB GEKOCHT!

Überlegen Sie gut, wann Sie die Karrees in den Ofen stellen müssen. Rechnen Sie mit 35 Minuten inklusive der 10 Minuten Ruhezeit nach dem Garen.

FÜR 4 PERSONEN

ZUBEREITUNGSZEIT: 10 Min.

GARZEIT: 5 oder 10 Min.

SCHWIERIGKEITSGRAD: ★

KOSTEN: €€

Pfeffersteak

Diese Steaks werden mit nur einem Utensil zubereitet!

- 2 Esslöffel zerstoßener Pfeffer
- 4 Scheiben Rinderfilet
- 50 g Butter
- 3 Esslöffel Cognac
- 200 g Crème fraîche
- 1 Teelöffel Meersalz

1 Pfeffer auf einen Teller geben. Steaks darauflegen und mit der Hand andrücken, damit der Pfeffer haften bleibt. Umdrehen und erneut andrücken.

2 Butter in einer Pfanne bei hoher Hitze erwärmen. Sobald sie schäumt, Steaks in die Pfanne legen und von jeder Seite je nach Geschmack 2–4 Minuten (blutig bzw. medium) garen.

3 Auf einem warmen Teller beiseitestellen und mit Alufolie bedecken.

4 Butter wegschütten, Pfanne erneut erhitzen, Cognac hineingeben und mit einem Pfannenheber den Fleischsaft zusammenschaben. Crème fraîche unterrühren und zum Kochen bringen.

5 Die Teller mit Soße überziehen, Steaks darauflegen und mit Meersalz bestreut servieren.

⪢ **DAZU** Pommes frites oder dampfgegarte Kartoffeln servieren.

UNSER PROFI-TIPP

Wenn Sie Kinder unter Ihren Gästen haben, garen Sie deren Steaks separat. Denn selbst wenn der Alkohol vollständig verdampft, werden sie den sehr pfeffrigen Geschmack des Steaks bestimmt nicht mögen.

FÜR 4 PERSONEN

ZUBEREITUNGSZEIT: 20 Min.

GARZEIT: 2 Std.

SCHWIERIGKEITSGRAD: ★

KOSTEN: €

Gulasch

Alles aus einem Topf. Einfacher geht es kaum noch. Für den großen Hunger.

- 800 g Schmorfleisch vom Rind
- 4 rote Zwiebeln
- 3 Knoblauchzehen
- 1 rote Paprika
- 2 Tomaten
- 2 Esslöffel Olivenöl
- 3 Teelöffel Paprikapulver
- Salz und frisch gemahlener Pfeffer
- ½ Teelöffel Kümmelpulver
- ½ Teelöffel Ingwerpulver
- 500 ml Rinderbrühe (aus 2 Brühwürfeln)

1 Fleisch in feine Streifen schneiden.

2 Zwiebeln schälen und klein schneiden. Knoblauch schälen und durch eine Presse drücken. Paprika halbieren, entkernen, Trennwände entfernen. Paprika und Tomaten waschen und würfeln. Tomaten nach Belieben zuvor entkernen.

3 Olivenöl in einem Topf erhitzen. Zwiebeln, Paprika- und Tomatenwürfel bei schwacher Hitze darin 2 Minuten braten, Paprikapulver und Knoblauch einrühren. Fleisch zugeben und bei hoher Hitze 2 Minuten kräftig anbraten. Mit Salz und Pfeffer würzen.

4 Kümmel und Ingwer zufügen und unterrühren. Mit Brühe ablöschen und Gulasch zugedeckt bei schwacher Hitze 2 Stunden köcheln lassen.

⊳ **DAZU** Reis reichen.

FÜR 4 PERSONEN

ZUBEREITUNGSZEIT: 10 Min.

KÜHLZEIT: 30 Min.

SCHWIERIGKEITSGRAD: ★

KOSTEN: €€

- 1 in Salzlake eingelegte Zitrone (Rezept Seite 169)
- ½ Zitrone
- 1 Bund Koriander
- 1 Esslöffel Olivenöl
- 1 Messerspitze Harissa
- Salz und frisch gemahlener Pfeffer
- 400 g Kalbfleisch (Nuss oder Unterschale)
- 1 milde Zwiebel

Kalbstatar mit eingelegter Zitrone

Keine Herdplatte? Kein Strom? Mit diesem Rezept kein Problem!

1 Eingelegte Zitrone gut abtropfen lassen, Fruchtfleisch herausnehmen und winzige Würfel schneiden. ½ Zitrone auspressen. Koriander waschen, trocken schütteln, die Blätter abzupfen und fein hacken.

2 In einer Schüssel eingelegte Zitronenwürfel, Zitronensaft, Koriander, Olivenöl, Harissa, Salz und Pfeffer vermengen.

3 Fleisch sehr fein würfeln und in die Schüssel geben. Mit den übrigen Zutaten gut vermengen.

4 Tatar in einen tiefen Teller geben, ein wenig andrücken und mit Frischhaltefolie abdecken. 30 Minuten in den Kühlschrank stellen.

5 Zwiebel schälen und fein hacken. Kurz vor dem Servieren Tatar auf Tellern anrichten und mit gehackten Zwiebeln bestreuen.

GARNIER-IDEE:

Servieren Sie Ihr Kalbstatar mit dampfgegarten, mit Zitronensaft beträufelten Zucchini-Tagliatelle, geschnitten mit einem Kartoffelschäler oder einer Mandoline.

FÜR 4 PERSONEN

ZUBEREITUNGSZEIT: 10 Min.

SCHWIERIGKEITSGRAD: ★

KOSTEN: €

- 500 g Ananas (frisch oder aus der Dose)
- 2 Limetten
- 4 Esslöffel Kokosmilch

Ananassuppe

Gut gekühlt serviert, schließt diese ganz einfache, cremige Suppe Ihre Mahlzeit mit einer exotischen, leichten Note ab.

1 Ananas schälen, halbieren und in Scheiben schneiden. Das harte Innenstück und schwarze Augen entfernen, Scheiben in kleine Stücke schneiden.

2 Limetten auspressen.

3 Ananasstücke mit Limettensaft und Kokosmilch mixen, anschließend in den Kühlschrank stellen.

4 Gut gekühlt in Schalen servieren.

NOCH MEHR GENUSS …

Vor dem Servieren jeweils einen Mürbeteigkeks mit der Hand zerdrücken und auf die Suppe streuen oder eine Kugel Ananaseis in jede Schale geben.

FÜR 4 PERSONEN

ZUBEREITUNGSZEIT: 15 Min.

SCHWIERIGKEITSGRAD: ★

KOSTEN: €

- 400 g Magerquark
- 1 Packung Vanillezucker
- 8 kleine Baisers
- 500 g Erdbeeren
- 5 Minzblätter
- ½ Zitrone
- 1 Teelöffel Olivenöl

UNSER PROFI-TIPP

Verwenden Sie extra natives Olivenöl mit fruchtigem Geschmack. Wie beim Wein gibt es je nach Herkunft und Olivensorte von einem Öl zum anderen große Unterschiede.

Erdbeer-Minz-Quark

Ein überraschender Einklang zwischen Erdbeere, Minze und Olivenöl! Wie im Süden …

1 Quark mit Vanillezucker und 4 zerbröselten Baisers gut vermengen. Die Mischung in 4 Dessertgläser füllen.

2 Erdbeeren waschen, entstielen und in Stücke schneiden. Ebenfalls in die Gläser schichten.

3 Minze waschen, trocken schütteln, Blätter abzupfen und fein hacken. ½ Zitrone auspressen. In einer Schale Olivenöl, Zitronensaft und gehackte Minze vermengen und auf die Erdbeeren träufeln.

4 Restliche Baisers zerbröseln und zum Abschluss in die Gläser geben.

> **AUCH LECKER** mit Himbeeren und Mürbeteigkeksen.

FÜR 4 PERSONEN

ZUBEREITUNGSZEIT: 15 Min.

GARZEIT: 10 Min.

SCHWIERIGKEITSGRAD: ★

KOSTEN: €

- 500 g Rhabarber
- 120 g feiner Zucker
- 1 Zweig Basilikum
- 250 g Erdbeeren

Rhabarberkompott mit Erdbeersoße

Bunt und fruchtig-frisch: Dieses Kompott sieht immer verführerisch aus, selbst in schlichten Gläsern.

1 Rhabarberstangen schälen, waschen und in Stücke schneiden. 10 Minuten bei schwacher Hitze mit 100 g vom Zucker und dem abgespülten Basilikumzweig garen.

2 Erdbeeren waschen, mit Küchenpapier abtupfen, entstielen und in Stücke schneiden. 4 ganze kleine Erdbeeren für die Garnitur beiseitelegen. Erdbeerstücke mit dem restlichen Zucker schaumig rühren.

3 Abgekühlten Rhabarber auf Gläser verteilen, Erdbeersoße daraufgeben. In den Kühlschrank stellen und kurz vor dem Servieren jeweils 1 ganze Erdbeere auf jedes Glas setzen.

> **DAZU** Baisers oder Hippen servieren.

WUSSTEN SIE SCHON?

Nur die dicken, fleischigen Rhabarberstangen sind essbar. Mit 16 kcal pro 100 g ist Rhabarber kalorienarm, wird aber stets mit Zucker verarbeitet, da er sehr sauer ist.

FÜR 4 PERSONEN

ZUBEREITUNGSZEIT: 5 Min.

GARZEIT: 10 Min.

KÜHLZEIT: 1 Std.

SCHWIERIGKEITSGRAD: ★

KOSTEN: €

Karamelljoghurt

Diese Karamelljoghurts sind genau so, wie wir Desserts mögen: einfach und leicht!

- 2 Esslöffel Crème fraîche
- 25 g leicht gesalzene Butter
- 80 g feiner Zucker
- 600 g griechischer Joghurt (10 % Fett)
- 4 Esslöffel Krokant

1 Crème fraîche bei schwacher Hitze in einem Topf erwärmen. Butter in kleine Stücke schneiden.

2 In einem zweiten Topf 50 g Zucker schmelzen, ohne umzurühren; es bildet sich eine goldbraune Flüssigkeit. Sobald sie die Farbe von Karamell hat, kleine Butterstücke zufügen und gut einrühren.

3 Topf vom Herd nehmen und die Crème fraîche nach und nach in den Karamell rühren. Topf wieder auf den Herd stellen und bei schwacher Hitze köcheln, bis der Karamell dickflüssig wird.

4 Mit dem Rührbesen Joghurt mit restlichem Zucker und Krokant verrühren.

5 Diese Mischung in schmale Gläser gießen. Anschließend Karamell auf die Gläser verteilen. Abkühlen lassen, 1 Stunde kalt stellen.

UNSER PROFI-TIPP

Krokant besteht aus Mandeln oder Haselnüssen, die mit karamellisiertem Zucker überzogen und anschließend zerkleinert werden. Sie finden Krokant in der Backabteilung großer Supermärkte, können ihn aber auch selbst herstellen.

FÜR 4 PERSONEN

ZUBEREITUNGSZEIT: 10 Min.

GARZEIT: 5 Min.

KÜHLZEIT: 3 Std.

SCHWIERIGKEITSGRAD: ★

KOSTEN: €

- 250 ml Milch
- 250 g Sahne
- 1 Esslöffel feiner Zucker
- 1 Teelöffel Agar-Agar
- 500 g Himbeeren
- Puderzucker

Pannacotta mit Himbeeren

Panna Cotta ist einer der beliebtesten Dessertklassiker. Er ist im Nu zubereitet. Warum also noch zögern?

1 Milch, Sahne, Zucker und Agar-Agar in einen Topf geben. Gut verrühren und erhitzen, dabei ständig umrühren.

2 Sobald die Masse heiß ist, Herdplatte ausschalten und die Masse zum Abkühlen weiterrühren. Die Hälfte der verlesenen Himbeeren zufügen. Das Ganze in 4 Dessertgläser füllen. Mit Frischhaltefolie bedecken und mindestens 3 Stunden kalt stellen.

3 Kurz vor dem Servieren restliche Himbeeren darauf verteilen und mit Puderzucker bestreut servieren.

> **AUCH LECKER** mit Erdbeeren, roten Johannisbeeren oder Pfirsichen.

WUSSTEN SIE SCHON?

Agar-Agar ist ein Produkt, das man in Bioläden und Reformhäusern findet. Es ist ein geschmack- und geruchloses Geliermittel auf Algenbasis. Man benutzt es für Konfitüren, Eiscreme, Pudding ...

FÜR 4 PERSONEN

ZUBEREITUNGSZEIT: 5 Min.

GARZEIT: 20 Min.

SCHWIERIGKEITSGRAD: ★

KOSTEN: €

Kokosflan

Klein, aber fein! Da nimmt man doch gern noch einen zweiten …

- 3 Eier
- 80 g feiner Zucker
- 200 ml Kokosmilch
- 60 g getrocknete Kokosraspel

1 Den Backofen auf 180 Grad vorheizen. 4 kleine Auflaufformen fetten.

2 Eier und Zucker steif schlagen, Kokosmilch und Kokosraspel zufügen und unterrühren.

3 Die Masse in die Formen gießen, in den Backofen stellen und 20 Minuten garen.

4 Flans warm oder kalt servieren.

⋗ **AUCH LECKER** mit frischen Kokosraspeln.

NULLTARIF!

Machen Sie dieses Dessert an einem Tag, an dem Sie z. B. auch die Geflügelkräuterpastete zubereiten, um den Ofen nur einmal benutzen zu müssen.

FÜR 4 PERSONEN
ZUBEREITUNGSZEIT: 15 Min.
SCHWIERIGKEITSGRAD: ★
KOSTEN: €

- 50 g Mascarpone
- 1 Esslöffel Crème fraîche
- 1 Packung Vanillezucker
- 200 g Erdbeeren oder Himbeeren
- 8 Löffelbiskuits
- Puderzucker

Frucht-Häppchen

Ein frisch-fruchtiges Dessert, das sich auf die Schnelle zubereiten lässt.

1 Mascarpone, Crème fraîche und Vanillezucker in einer Schüssel verrühren. Erdbeeren waschen und je nach Größe halbieren oder in Scheiben schneiden. Himbeeren verlesen.

2 Die Masse auf Löffelbiskuits streichen und Erdbeeren oder Himbeeren darauflegen.

3 Mit Puderzucker bestreut servieren.

> **AUCH LECKER** im Winter mit Bananen- oder Kiwischeiben.

FÜR 4 PERSONEN

ZUBEREITUNGSZEIT: 10 Min.

GARZEIT: 40 Min.

SCHWIERIGKEITSGRAD: ★

KOSTEN: €

Schnelle Feigentarte

Eine knusprige Tarte ohne Boden. Die musste noch erfunden werden!

- 40 g Butter
- 6 Blätter Filoteig
- 1 Ei
- 100 g gemahlene Mandeln
- 40 g feiner Zucker
- 1 Packung Vanillezucker
- 2 Esslöffel Sahne
- 600 g frische Feigen

1 Den Backofen auf 210 Grad vorheizen.

2 Butter bei schwacher Hitze zerlassen und Filoteigblätter damit bestreichen. Blätter in einer ofenfesten Form übereinanderlegen.

3 Ei, gemahlene Mandeln, Zucker, Vanillezucker und Sahne mit dem Schneebesen glatt verrühren. Mandelcreme auf dem Filoteig verteilen.

4 Feigen waschen, abtrocknen, in Scheiben schneiden und auf die Mandelcreme legen. Die Tarte 40 Minuten im Backofen garen.

5 Warm oder kalt servieren.

> **AUCH LECKER** mit anderem Obst, z. B. Pfirsichen oder Aprikosen.

UNSER PROFI-TIPP

Filoteig ist zwar nicht so bekannt wie Brickteig, aber genauso vielseitig. Er wird aus Mehl, Salz und Wasser hergestellt und vor allem für Desserts verwendet.

FÜR 4–6 PERSONEN

ZUBEREITUNGSZEIT: 20 Min.

SCHWIERIGKEITSGRAD: ★

KOSTEN: €

Erdbeerkuchen aus dem Kühlschrank

- 80 g Butter
- 250 g Butterkekse
- 1 unbehandelte Limette
- 250 g Quark
- 2 Esslöffel flüssiger Honig
- 2 Esslöffel Mascarpone
- 300 g Erdbeeren
- Puderzucker

Ein Kuchen, der nicht in den Backofen muss? Yes, you can!

1 Butter zerlassen. Kekse zerbröseln. Keksbrösel und zerlassene Butter zu einem Teig verkneten.

2 Den Teig in eine flache Tarteform geben und zu einem Boden andrücken. Den Boden in den Kühlschrank stellen.

3 Limettenschale reiben. In einer Schüssel Quark, Honig, Mascarpone und Limettenschale verrühren und in den Kühlschrank stellen.

4 Erdbeeren waschen, trocken tupfen und entstielen. Kurz vor dem Servieren den Krümelboden mit der Quarkzubereitung bestreichen, die ganzen Erdbeeren mit der Spitze nach oben darauf verteilen und mit Puderzucker bestreuen.

⊳ **AUCH LECKER** mit Himbeeren.

UNSER PROFI-TIPP

Geben Sie die Quarkzubereitung erst kurz vor dem Servieren auf den Boden, damit dieser nicht weich wird.

FÜR 4–6 PERSONEN

ZUBEREITUNGSZEIT: 10 Min.

KÜHLZEIT: 4 Std.

SCHWIERIGKEITSGRAD: ★

KOSTEN: €

- 4 Eier
- 120 g feiner Zucker
- 500 g Mascarpone
- 2 Esslöffel weißer Rum
- 200 ml starker Kaffee
- 30 Löffelbiskuits

Für die Soße:

- 200 g dunkle Schokolade
- 250 g Sahne
- 100 ml starker Kaffee

Tiramisu-Rolle

Wenn Sie die Löffelbiskuit-Tiramisu-Rolle bereits einen Tag vor dem Servieren zubereiten, schmeckt sie doppelt so gut.

1 Eier trennen. Eigelbe mit Zucker schaumig schlagen. Mascarpone und Rum unterrühren. Eiweiße steif schlagen und unterheben.

2 Eine Kastenkuchenform mit Frischhaltefolie auslegen und dabei breit überhängen lassen.

3 Kaffee in einen tiefen Teller gießen, Löffelbiskuits nacheinander darin eintauchen und anschließend in die Form legen. Abwechselnd Mascarponecreme und getränkte Löffelbiskuits in die Form schichten und mit einer Keksschicht abschließen.

4 Die Enden der Frischhaltefolie zusammenlegen und die Form mindestens 4 Stunden in den Kühlschrank stellen.

5 Für die Soße in einem kleinen Topf oder in der Mikrowelle die Schokolade in Stücken mit Sahne und Kaffee erhitzen. Sobald die Soße glatt ist, in eine Sauciere gießen.

6 Tiramisu aus der Form nehmen und in Scheiben schneiden. Jeweils zwei Scheiben auf Tellern anrichten und mit warmer Soße begießen.

GUT ORGANISIERT IST HALB GEKOCHT!

Sie können dieses Dessert auch als „Eisbiskuitrolle" servieren. Stellen Sie diese 24 Stunden ins Gefrierfach. 30 Minuten vor dem Servieren herausnehmen. Mit heißer Schokoladensoße servieren.

Den habe ich selbst gemacht ... und ohne Ofen!

Zu Hause einen Empfang organisieren!

Wenn Sie wollen ... Ihr Auftrag!

Das A und O der richtigen Or-ga-ni-sa-tion

FÜR 4 PERSONEN

ZUBEREITUNGSZEIT: 10 Min.

SCHWIERIGKEITSGRAD: ★

KOSTEN: €

- ¼ Rotkohl
- 1 grüner Apfel
- 150 ml Apfelsaft
- 2 Esslöffel Crème fraîche
- ½ Teelöffel Selleriesalz

Rotkohl-Gazpacho

Die schöne Farbe dieser Gazpacho wird Ihre Gäste überraschen.

1 Die äußeren Blätter vom Rotkohl entfernen. Rotkohl vierteln, den Strunk entfernen. Rotkohl klein schneiden, waschen und abtropfen lassen. Apfel schälen und entkernen, in kleine Würfel schneiden.

2 Kohl, Apfel und Apfelsaft so lange im Mixer verrühren, bis eine schaumige Mischung entsteht.

3 Durch ein Sieb passieren und in 4 Gläser füllen. Mit Frischhaltefolie bedecken und kalt stellen.

4 Kurz vor dem Servieren Crème fraîche mit Selleriesalz mischen und jeweils ein Viertel davon in jedes Glas geben.

MEIN TIPP

Selleriesalz (feines Salz, gemischt mit getrocknetem, pulverisiertem Knollensellerie) ist in der Küche sehr nützlich. Es würzt Tomatensaft für Cocktails und Gemüsesäfte, peppt aber auch Fonds und Suppen auf.

GUT FÜR DIE GESUNDHEIT

Alle Kohlarten sind reich an Ballaststoffen, Vitamin C und Eisen. Dass sie manchmal etwas stark nach Kohl schmecken, liegt daran, dass sie Schwefel enthalten, eine Substanz, die auch in Nägeln, Haaren, Haut und Gelenkknorpeln enthalten ist. Kohl ist kalorienarm: Er liefert nur 30 bis 35 kcal pro 100 g.

FÜR 4 PERSONEN

ZUBEREITUNGSZEIT: 30 Min.

SCHWIERIGKEITSGRAD: ★

KOSTEN: €

- 8 Sardellen in Salzlake
- 60 g Semmelbrösel
- 200 ml Milch
- 100 g Salatgurke
- 2 kleine weiße Zwiebeln
- 4 Basilikumblätter
- 2 Minzblätter
- 80 g grüne Oliven (entsteint)
- 2 Esslöffel Mascarpone
- 4 Esslöffel Olivenöl
- frisch gemahlener Pfeffer

Kalte Olivensuppe

Diese Suppe ist perfekt für den Sommer und zudem leicht und gut vorzubereiten!

1 Sardellenfilets von Gräten befreien und während der Vorbereitung der anderen Zutaten zum Entsalzen in eine Schüssel mit kaltem Wasser legen.

2 Semmelbrösel in Milch einweichen.

3 Salatgurke schälen, halbieren, entkernen und in feine Scheiben schneiden. Zwiebeln schälen und hacken. Basilikum und Minze waschen und fein hacken. Oliven abtropfen lassen und in kleine Stücke schneiden. Sardellen aus dem Wasser nehmen, unter fließend kaltem Wasser abspülen und trocken tupfen.

4 Sardellen, eingeweichte Semmelbrösel mit Milch, Salatgurke, Zwiebeln und Oliven im Mixer flüssig pürieren (evtl. ein wenig kalte Milch hinzugeben). Gehackte Kräuter und Mascarpone hinzufügen, erneut mixen. Nach und nach Olivenöl unterrühren. Mit Pfeffer würzen.

5 Olivensuppe in Gläsern servieren.

GARNIER-IDEE:

4 Oliven in Scheiben schneiden und kurz vor dem Servieren auf jedes Glas legen.

FÜR 4 PERSONEN

ZUBEREITUNGSZEIT: 10 Min.

SCHWIERIGKEITSGRAD: ★

KOSTEN: €

- 12 Champignons
- 1 Zitrone
- ½ Bund Schnittlauch
- ½ Bund Estragon
- 50 g Frischkäse
- frisch gemahlener Pfeffer

Gefüllte Champignons

Wählen Sie sehr große und vor allem sehr weiße Champignons. Letzteres ist ein Zeichen dafür, dass sie frisch sind.

1 Champignons putzen, evtl. abbürsten. Stiele entfernen. Zitrone auspressen, Saft in eine Schüssel gießen und Champignons kurz eintauchen, damit sie weiß bleiben.

2 Kräuter waschen, trocken schütteln, Estragonblätter abzupfen. Estragon hacken, Schnittlauch in Röllchen schneiden. Die Hälfte des Frischkäses mit Schnittlauch, die andere mit Estragon verrühren und beide mit Pfeffer würzen.

3 Champignonköpfe damit garnieren.

⊳ **AUCH LECKER** mit Petersilie, Koriander oder Taramas (griechischer Aufstrich).

FÜR 6 PERSONEN

ZUBEREITUNGSZEIT: 15 Min.

SCHWIERIGKEITSGRAD: ★

KOSTEN: €

Gurken-Minz-Sandwiches

- 1 große Salatgurke
- ½ Bund Minze
- 150 g Fischkäse
- Salz und frisch gemahlener Pfeffer
- 1 Packung Sandwichbrot

Diese Sandwiches sind herrlich frisch. Für einen Aperitif-Snack einfach in kleine Portionen schneiden.

1 Gurke und Minzblätter waschen. Enden der Gurke abschneiden und entfernen. Minzblätter von den Zweigen zupfen und fein hacken. Gurke in dünne Scheiben schneiden.

2 Frischkäse in eine Schüssel geben und gut umrühren. Mit Salz und Pfeffer würzen und gehackte Minze unterrühren.

3 Brot entrinden. 2 Brotscheiben mit Minze-Käse-Mischung bestreichen und Gurkenscheiben versetzt darauflegen. Sandwich zuklappen und in Rechtecke schneiden. Vorgang mit den anderen Sandwiches wiederholen.

GUT ZUR LINIE!

Sie achten auf Ihre Figur?
Hier die kalorienärmsten Gemüse, die auf unzählige Arten zubereitet werden können, aber Vorsicht bei der Soße! Alle haben weniger als 20 kcal pro 100 g: Aubergine, Möhre, Sellerie, Salatgurke, Zucchini, Chicorée, Spinat, Fenchel, grüne Bohnen, Kopfsalat, Lauch, Paprika, Radieschen, Tomate.

FÜR 6 PERSONEN

ZUBEREITUNGSZEIT: 10 Min.

SCHWIERIGKEITSGRAD: ★

KOSTEN: €

- 90 g gesalzene Butter
- 1 Esslöffel Kapern
- 10 getrocknete, in Olivenöl eingelegte Tomaten
- 20 schwarze Oliven (entsteint)
- 10 Scheiben Toastbrot

UNSER PROFI-TIPP

Wenn Sie gern Oliven mit ausgeprägtem Geschmack und Geruch mögen, nehmen Sie dicke, schwarze Oliven aus Griechenland.

Brot mit Butteraufstrichen

Ein raffinierter, preisgünstiger Snack mit mediterraner Note.

1 Butter in 3 Stücke von jeweils 30 g schneiden und weich werden lassen.

2 Kapern mit Küchenpapier trocken tupfen. Eingelegte Tomaten, Oliven und Kapern getrennt voneinander fein hacken. Jede gehackte Zutat mit jeweils 30 g Butter verkneten.

3 Brot entrinden und jede Scheibe dritteln. Mit den drei Buttersorten bestreichen.

FÜR 6 PERSONEN

ZUBEREITUNGSZEIT: 5 Min.

GARZEIT: 10 Min.

SCHWIERIGKEITSGRAD: ★

KOSTEN: €

- 2 Bund möglichst runde Radieschen
- 2 Esslöffel Zucker

Rosa Radieschen

Mal ganz anders Radieschen essen!

1 1 Liter Wasser im unteren Teil eines Dampfgarers erhitzen.

2 Wurzeln und Blätter von den Radieschen abschneiden, dabei ein wenig Stiel übriglassen. Radieschen waschen und abtropfen lassen.

3 Radieschen in den oberen Korb des Dampfgarers legen, mit Zucker bestreuen und 10 Minuten garen.

4 Abkühlen lassen und kurz vor dem Servieren mit Zucker bestäuben.

NULLTARIF!

Aus den Radieschenblättern können Sie eine Suppe zubereiten. Blätter waschen, mit 1 großen, geschälten und gewürfelten Kartoffel (oder 2 mittleren) in einen Topf geben. Topf halb mit Wasser füllen, salzen und Kartoffeln 15 Minuten kochen. Pürieren, in Suppenteller füllen und je 1 Teelöffel Crème fraîche hineingeben und pfeffern. Fertig ist die (günstige und köstliche) Suppe!

FÜR 4–6 PERSONEN

ZUBEREITUNGSZEIT: 10 Min.

TIEFKÜHLZEIT: 10 Min.

GARZEIT: 15 Min.

SCHWIERIGKEITSGRAD: ★

KOSTEN: €

- 3 Knoblauchzehen
- 1 Bund Basilikum
- 4 Esslöffel Olivenöl
- 1 Rolle Blätterteig (Kühlregal)
- Meersalz

Basilikum-Schweineohren

Dieses Rezept ist ganz einfach zuzubereiten. Ihre Gäste werden der Versuchung nicht widerstehen können und sicher ein zweites Mal zugreifen.

1 Knoblauch schälen, Basilikum waschen und Blätter abzupfen. Knoblauch und Basilikum mit Olivenöl im Mixer verarbeiten, bis ein dickes Püree entsteht.

2 Blätterteig auf der mit Mehl bestreuten Arbeitsplatte ausrollen und ein Rechteck von 40 x 30 cm ausschneiden.

3 Basilikumpüree auf der gesamten Fläche verstreichen, beide Längsseiten zur Mitte hin rollen, sodass eine Art Doppelrolle entsteht. In Frischhaltefolie wickeln und 10 Minuten ins Gefrierfach legen.

4 Den Backofen auf 210 Grad vorheizen.

5 Rolle aus dem Tiefkühlfach nehmen, Folie entfernen und in ca. 20 Scheiben von 1 cm Dicke schneiden. 1 Backblech mit Olivenöl bestreichen und die Scheiben darauflegen. Mit Meersalz bestreuen und 15 Minuten im Backofen backen. Warm oder kalt servieren.

GUT ORGANISIERT IST HALB GEKOCHT!

Backen Sie gleichzeitig im Ofen eine zweite in Scheiben geschnittene Rolle. Und warum keine süßen Schweineohren fürs nächste Mal? Dabei einfach den Teig mit Zucker oder Vanillezucker bestreuen.

FÜR 10 PERSONEN

ZUBEREITUNGSZEIT: 15 Min.

GARZEIT: 10–15 Min.

SCHWIERIGKEITSGRAD: ★

KOSTEN: €

- 400 g Blaue Kartoffeln
- 10–12 Zweige Kerbel oder glatte Petersilie
- 100 ml Milch
- 10 g Butter
- 1 Prise geriebener Muskat
- Salz und frisch gemahlener Pfeffer
- 40 g Roquefort (gewürfelt)

Blaue Kartoffeln mit Roquefort

Einfach perfekt für Ihren Empfang! In schönen Gläsern angerichtet, wird keiner Ihrer Gäste widerstehen können.

1 Kartoffeln schälen, waschen und würfeln. 10–15 Minuten in kochendem Salzwasser garen. Kerbel bzw. Petersilie waschen, trocken tupfen.

2 Milch in einem Topf erhitzen. Kartoffeln abgießen, abtropfen lassen, wieder in den Topf geben und mit einem Stabmixer pürieren. Warme Milch, Butter und Muskat unterrühren und mit Salz und Pfeffer würzen.

3 Etwas Püree in die Gläser geben, einige Roquefortwürfel daraufgeben und wieder Pürree darauf verstreichen. Mit 1 Kerbel- oder Petersilienzweig garnieren.

FÜR 6 PERSONEN

ZUBEREITUNGSZEIT: 15 Min.

GARZEIT: 30 Min.

SCHWIERIGKEITSGRAD: ★

KOSTEN: €

Frischkäse-Tarte

In Stücke geschnitten, ideal zum Brunch oder als ein einfaches Abendessen nach einer Suppe.

- 1 Rolle Mürbeteig (Kühlregal)
- 300 g Frischkäse
- 150 g Sahne
- 4 Eier
- ½ Bund Schnittlauch
- Salz und frisch gemahlener Pfeffer

1 Den Backofen auf 210 Grad vorheizen.

2 Mürbeteig ausrollen und in eine flache Tarteform legen. In einer Schüssel Frischkäse gut umrühren. Nach und nach Sahne und Eier unterrühren, bis eine glatte Masse entsteht. Leicht mit Salz und Pfeffer würzen.

3 Schnittlauch waschen, trocken schütteln und in Röllchen schneiden. Unter die Frischkäse-Masse rühren. Die Masse auf dem Mürbeteigboden verstreichen und die Tarte 30 Minuten im Backofen backen.

MEIN TIPP

Diese Tarte ist in Stücke geschnitten ideal für ein Picknick.

SELBST GEMACHT SCHMECKT AM BESTEN!

Lust auf einen hausgemachten Mürbeteig? 250 g Mehl, 1 Ei, 3 Esslöffel Erdnussöl und 2 Prisen Salz mit 5 Esslöffel warmem Wasser auf der Arbeitsplatte oder in einer Schüssel mischen. Verkneten, bis weicher, fester Teig entsteht.

FÜR 6–8 PERSONEN

ZUBEREITUNGSZEIT: 20 Min.

GARZEIT: 25 Min.

SCHWIERIGKEITSGRAD: ★

KOSTEN: €

Quiche mit Tomaten und Comté-Käse

Die Kirschtomaten zergehen auf der Zunge und bilden ein tolles Gespann mit der Garnitur.

- 1 Rolle Mürbeteig (Kühlregal)
- 1 Esslöffel scharfer Senf
- 120 g geraspelter Comté
- 200 g Kirschtomaten
- 4 Eier
- 250 g Sahne
- Salz und frisch gemahlener Pfeffer

1 Den Backofen auf 210 Grad vorheizen.

2 Mürbeteig ausrollen und in eine flache Quicheform legen. Teig mit Senf bestreichen, mit der Hälfte des Comté bestreuen. Kirschtomaten waschen und mit Küchenpapier trocken tupfen. Auf dem Käse verteilen.

3 Eier mit Sahne verrühren, restlichen Comté unterrühren und mit Salz und Pfeffer würzen. Das Ganze in die Form geben und die Quiche 25 Minuten im Backofen garen. Abkühlen lassen.

FÜR 6–8 PERSONEN

ZUBEREITUNGSZEIT: 15 Min.

GARZEIT: 40 Min.

SCHWIERIGKEITSGRAD: ★

KOSTEN: €

- 250 g würziger, fester Schafsmilchkäse
- 3 reife Birnen
- 4 Eier
- 1 Schafsmilchjoghurt
- 1 Esslöffel Olivenöl
- 150 g Sahne
- 1 Packung Backpulver
- 200 g Mehl
- Salz und frisch gemahlener Pfeffer

MEIN TIPP

Ich siebe Mehl und Backpulver, um Klümpchen zu vermeiden.

Birnenkuchen mit würzigem Schafskäse

Der leicht säuerliche Geschmack der Schafsmilch wird durch die Süße der Birnen gemildert. Ein harmonisches Duo!

1 Den Backofen auf 180 Grad vorheizen.

2 Rinde vom Käse abschneiden und den Käse in feine Streifen schneiden. Birnen schälen, entkernen und in kleine Stücke schneiden. Eine ungeschälte Birnenhälfte beiseitelegen.

3 In einer Schüssel Eier mit Joghurt, Olivenöl und Sahne schaumig schlagen. Backpulver mit Mehl mischen und unterarbeiten. Mit etwas Salz und Pfeffer würzen. Gut verrühren, Käsestreifen und Birnenstücke unterheben.

4 1 Kastenkuchenform fetten. Die halbe ungeschälte Birne der Länge nach in feine Streifen schneiden und damit die Form auslegen.

5 Teig in die Form geben und 40 Minuten im Backofen backen. Etwas abkühlen lassen, dann den Kuchen zum Servieren stürzen.

> **DAZU** passt ein Rucola-Salat.

FÜR 6–8 PERSONEN
ZUBEREITUNGSZEIT: 30 Min.
GARZEIT: 50 Min.
SCHWIERIGKEITSGRAD: ★
KOSTEN: €€

- 150 g Champignons
- 2 Esslöffel Olivenöl
- 200 g Reblochon-Käse
- 200 ml Milch
- 4 Eier
- 200 g Butter
- 1 Packung Backpulver
- 100 g geraspelter Gruyère
- Salz und frisch gemahlener Pfeffer

Champignon-Reblochon-Kuchen

Zum Aperitif servieren Sie den Kuchen in Würfel geschnitten.

1 Den Backofen auf 180 Grad vorheizen.

2 Champignons putzen, ggf. abbürsten, Stiele entfernen. Champignons klein schneiden. Olivenöl in einer Pfanne erhitzen und Champignons bei hoher Hitze darin 5 Minuten braten.

3 Reblochon in kleine Würfel schneiden. Gebratene Champignons zugeben und mit dem Käse mischen. Milch erwärmen.

4 In einer zweiten Schüssel Eier mit einem Schneebesen schaumig schlagen, Mehl und Backpulver, warme Milch und Gruyère sowie etwas Salz und Pfeffer zufügen. Die Zutaten zu einem glatten Teig verarbeiten, anschließend Käse-Champignon-Masse unterarbeiten.

5 1 Kastenkuchenform fetten und den Teig hineingeben. 45 Minuten im Backofen backen. 5 Minuten ruhen und abkühlen lassen, dann den Kuchen stürzen.

Wenn Sie wollen ... Ihr Auftrag!

Um Gottes Willen! In einem Moment der Schwäche oder Unbesonnenheit haben Sie sich bereit erklärt, mehr Personen pro m² zu empfangen, als Ihr Wohnzimmer jemals aufnehmen kann! Und die wollen auch noch alle verköstigt werden!

APERITIF-BÜFFET

Kanapees im Stehen!

- Rotkohl-Gazpacho (Rezept Seite 238)
- Pastete mit zweierlei Fisch (Rezept Seite 258)
- Frucht-Sushi (Rezept Seite 292)

BRUNCH UND GARTENPARTY

Gelingende Rezepte für einen lockeren Empfang:

- Big Bagel (Rezept Seite 264)
- Rührei mit Räucherlachs und Petersiliensalat (Rezept Seite 267)
- Arme Ritter mit Zimt (Rezept Seite 285)

Mondänes Sprichwort: „Je zahlreicher die Gäste, desto einfacher die Rezepte!"

Ein gelungener Kindergeburtstag hängt von 3 wichtigen Punkten ab:

1. Eine Dekoration, von der Kinder träumen
2. Kinderleichte Rezepte und ganz viele Leckereien
3. Ein unvergesslicher Geburtstagskuchen und bunte Kerzen

KINDERGEBURTSTAG

Gastronomische Spezialrezepte für Dreikäsehochs:

- Teigtüten mit Obst und Schlagsahne (Rezept Seite 296)
- Weicher Apfelkuchen (Rezept Seite 303)
- Heiße Schokolade (Rezept Seite 310)

Ein Büffet hat immer etwas mit Mathematik zu tun

8 verschiedene warme und kalte Elemente, aufgeteilt in 5 herzhafte und 3 süße (Kanapees, Blätterteigsnacks, Spieße, Cremes, Petits Fours …)

2 Elemente pro Rezept und pro Person

½ Flasche Wasser (mit oder ohne Kohlensäure) pro Person

½ Flasche Wein (stiller oder Schaumwein) pro Person

2 oder 3 Flaschen Bier (0,33 l) pro Person

1 Flasche starker Alkohol für 10–12 Personen

Einen Brunch, wie er am Sonntagsvormittag zwischen Frühstück und Mittagessen serviert wird, kann man auch als „Slunch" zwischen Nachmittagskaffee und Abendessen veranstalten.

FÜR 4 PERSONEN

ZUBEREITUNGSZEIT: 20 Min.

GARZEIT: 8 Min.

RUHEZEIT: 1 Std.

SCHWIERIGKEITSGRAD: ★

KOSTEN: €€

- 20 Wachteleier
- 2 Esslöffel grobes Salz
- 8 Teelöffel schwarzer chinesischer Tee
- 6 Esslöffel Sojasoße
- 4 Sternanis
- 4 Knoblauchzehen
- 40 Basilikumblätter
- 2 Zitronen
- 2 reife Avocados
- Salz und frisch gemahlener Pfeffer

Wachteleier mit Avocado-Pesto

Sehr schick, diese kleinen, marmorierten Wachteleier! Das Geheimnis? Ein kurzer Tauchgang in einem Aufguss aus Tee und Sojasoße.

1 Wachteleier in einen Topf mit kaltem Wasser legen, zum Kochen bringen und 6 Minuten kochen. Mit einem Schaumlöffel herausnehmen und in eine Schüssel mit kaltem Wasser legen.

2 Ins Wachtelei-Kochwasser grobes Salz, Tee, Sojasoße und Sternanis geben. Die Schale der Eier vorsichtig leicht anschlagen, sie soll nicht beschädigt werden. Eier in den leicht köchelnden Sud geben. Topf vom Herd nehmen und die Eier darin 1 Stunde ziehen lassen.

3 Eier herausnehmen, unter fließend kaltem Wasser abspülen und vorsichtig pellen. Die Eier sind marmoriert. Kalt stellen.

4 Knoblauch schälen und klein schneiden. Basilikum abspülen und trocken tupfen. 20 schöne Blätter für die Garnitur beiseitelegen. Zitronen auspressen, Avocados schälen und das Fruchtfleisch in Würfel schneiden.

5 Avocadowürfel, Zitronensaft, Basilikum und Knoblauch zu einer glatten Masse pürieren. Salz und Pfeffer zufügen und bis zum Servieren kalt stellen.

GARNIER-IDEE:

Legen Sie kurz vor dem Servieren 20 Löffel nebeneinander, füllen Sie sie mit ein wenig Avocado-Pesto, legen Sie 1 Ei in die Mitte und 1 ganzes Basilikumblatt auf jedes Ei.

FÜR 8 PERSONEN
ZUBEREITUNGSZEIT: 15 Min.
GARZEIT: 40 Min.
KÜHLZEIT: 6 Std.
SCHWIERIGKEITSGRAD: ★
KOSTEN: €€

- 600 g Kabeljau
- 600 g Lachs
- 1 Bund Schnittlauch
- 4 Eier
- 500 g Crème fraîche
- Salz und frisch gemahlener Pfeffer
- 2 Prisen Chilipulver

Terrine aus zweierlei Fisch

Eine leckere Terrine in bunten Schichten.

1 Den Backofen auf 200 Grad vorheizen.

2 Fischsorten separat würfeln, vorher sorgfältig die Gräten entfernen. Schnittlauch waschen, trocken schütteln und in Röllchen schneiden.

3 Eier mit Crème fraîche, Salz, Pfeffer, Chilipulver und Schnittlauch verrühren, bis eine schaumige Masse entsteht. Kabeljau mit der einen Hälfte der Creme vermengen, den Lachs mit der anderen. Beide Cremes abwechselnd in eine antihaftbeschichtete Kastenkuchenform geben.

4 40 Minuten im Ofen garen. Vor dem Stürzen abkühlen lassen. Mindestens 6 Stunden in den Kühlschrank stellen.

5 Terrine in Scheiben schneiden und auf Teller legen. Kühl servieren.

> **DAZU** Tomatensoße mit frischen Kräutern servieren.

FÜR 6 PERSONEN

ZUBEREITUNGSZEIT: 30 Min.

GARZEIT: 1 Std.

KÜHLZEIT: 12 Std.

SCHWIERIGKEITSGRAD: ★★

KOSTEN: €€

- 150 g Basmatireis
- 1 Sternanis
- 4 Zucchini
- 700 g Lachsfilet ohne Haut
- 4 Eier
- 100 g Sahne
- Salz und frisch gemahlener Pfeffer
- geriebener Muskat

Lachsterrine mit Sternanis

Einen Tag vorher zubereiten, damit sich die Gewürze voll entfalten können.

1 Am Vortag Reis 10 Minuten in Salzwasser (auf 1 Tasse Reis 2 Tassen Wasser bzw. nach Packungsangabe) mit beigefügtem Sternanis kochen. Anschließend den Reis zugedeckt ausquellen lassen und Sternanis entfernen.

2 Den Backofen auf 200 Grad vorheizen.

3 Zucchini waschen, Enden abschneiden. Zucchini der Länge nach in feine Streifen schneiden (z. B. mit einer Aufschnittmaschine). Zucchinistreifen 2 Minuten in kochendem Salzwasser blanchieren, abgießen und abtropfen lassen.

4 Lachsfilets in feine Scheiben schneiden. In einer Schüssel Eier und Sahne verrühren und mit Salz und Pfeffer würzen.

5 1 Kastenkuchenform mit Backpapier auslegen. Etwas von der Eier-Sahne-Masse einfüllen, gefolgt von einigen Lachsscheiben, Eier-Sahne, Zucchinistreifen und Reis. Mit Muskat bestäuben. Vorgang wiederholen, bis die Zutaten aufgebraucht sind. Mit Zucchinistreifen enden.

6 Terrine 20 Minuten garen. Temperatur auf 180 Grad reduzieren und weitere 25 Minuten garen.

7 Terrine abkühlen lassen, 12 Stunden kalt stellen.

> **DAZU** eine Salatmischung und Mayonnaise reichen.

MEIN TIPP

Kein Sternanis mehr im Schrank? Dann gebe ich einfach einen Löffel Anis-Aperitif ins Reis-Kochwasser.

FÜR 6 PERSONEN

ZUBEREITUNGSZEIT: 15 Min.

GARZEIT: 50 Min.

SCHWIERIGKEITSGRAD: ★

KOSTEN: €

Zucchini-Lachs-Pastete

Ein Rezept, das auf gelungene Weise Sommergemüse mit Lachs kombiniert.

- 4 Zucchini
- 4 Scheiben Räucherlachs
- 4 Eier
- 250 g Sahne
- 2 Esslöffel Mehl
- ½ Teelöffel Currypulver
- Salz und frisch gemahlener Pfeffer
- 2 Esslöffel gehacktes Basilikum
- 2 Esslöffel Schnittlauchröllchen

1 Den Backofen auf 210 Grad vorheizen.

2 Zucchini waschen, Enden entfernen und Zucchini der Länge nach in feine Streifen schneiden (z. B. mit einer Aufschnittmaschine). 5 Minuten dampfgaren, auf einem sauberen Küchentuch abtropfen lassen. Lachsscheiben halbieren.

3 Eier verquirlen, Sahne, Mehl, Curry, Salz und Pfeffer zufügen. Die Zutaten zu einem cremigen Teig verrühren.

4 1 Kastenkuchenform fetten. Etwas Teig hineingeben, gefolgt von einigen Zucchinistreifen, Lachsscheiben, Basilikum, Schnittlauch und Pfeffer. Den Vorgang wiederholen, bis alle Zutaten aufgebraucht sind. Mit einer Teigschicht abschließen und 45 Minuten im Ofen garen. Warm oder kalt servieren.

⩥ **DAZU** eine Salatmischung reichen.

MEIN TIPP

Die Pastete lässt sich besser schneiden, wenn sie sehr kalt ist.

FÜR 6–8 PERSONEN

ZUBEREITUNGSZEIT: 15 Min.

SCHWIERIGKEITSGRAD: ★

KOSTEN: €

- 400 g Thunfisch aus der Dose (im eigenen Saft)
- 25 g Frischkäse
- 10 Schnittlauchhalme
- Olivenöl
- frisch gemahlener Pfeffer

MEIN TIPP

Mit frischen Brötchen beim Picknick anbieten.

Thunfisch-Rilettes

Ein Appetitanreger für Ihre Gäste. Einfach auf Brot streichen und servieren.

1 Thunfisch in einem Sieb abtropfen lassen, in eine Schüssel geben und mit den Händen oder einer Gabel zerpflücken. Den Frischkäse mit einer Gabel unterrühren.

2 Schnittlauch waschen, trocken tupfen und in feine Röllchen schneiden.

3 Schnittlauch mit einem Spritzer Olivenöl in die Schüssel geben. Mit Pfeffer würzen und die Zutaten gut vermengen.

> **AUCH LECKER** mit abgepacktem Lachs, Basilikum oder Petersilie. Und für edlere Rillettes können Sie auch Krabbenfleisch verwenden.

> **DAZU** getoastetes Brot zum Aperitif reichen.

FÜR 4 PERSONEN

ZUBEREITUNGSZEIT: 15 Min.

GARZEIT: 25–30 Min.

SCHWIERIGKEITSGRAD: ★

KOSTEN: €

- 6 Kartoffeln
- 4 Esslöffel Olivenöl
- 200 g Räucherlachs
- 10 Eier
- Salz und frisch gemahlener Pfeffer

Lachs-Tortilla

Eine Tortilla für eine Tapas-Party? Wer möchte?

1 Kartoffeln schälen, waschen und würfeln. 3 Esslöffel vom Olivenöl in einer großen Pfanne erhitzen und die Kartoffeln darin bei mittlerer Hitze braten, bis sie weich sind (ca. 15–20 Minuten). Kartoffeln nicht knusprig braun braten.

2 Lachs in Streifen schneiden. Eier in einer großen Schüssel verquirlen und die Masse mit Salz und Pfeffer würzen. Lachs und die noch heißen Kartoffeln mit der Eiermasse verrühren.

3 Eine beschichtete Pfanne erhitzen. Sobald sie heiß ist, restliches Olivenöl und Kartoffel-Eier-Masse in die Pfanne geben und bei schwacher Hitze 5 Minuten stocken lassen.

4 Sobald die Tortilla sich beim Schwenken der Pfanne vom Boden löst, auf einen Teller gleiten lassen, umdrehen und von der anderen Seite 5 Minuten garen.

5 Die gut abgekühlte Tortilla in kleine Stücke schneiden.

FÜR 4 PERSONEN

ZUBEREITUNGSZEIT: 15 Min.

SCHWIERIGKEITSGRAD: ★

KOSTEN: €€

Big Bagel

Der Star der New Yorker Delikatessen lädt sich zum Brunch ein!

- 1 rote Zwiebel
- Salz und frisch gemahlener Pfeffer
- 1 Esslöffel Kapern
- 4 Bagel
- 125 g Frischkäse
- 400 g Räucherlachs

1 Zwiebel schälen und in sehr feine Scheiben schneiden. Mit 1 Teelöffel Salz 5 Minuten in eine Schüssel mit kaltem Wasser legen, anschließend abtropfen lassen (sie sind dann besser verdaulich).

2 Kapern abtropfen lassen und mit Küchenpapier gut trocken tupfen.

3 Bagel halbieren und in einem Toaster oder unter dem Backofengrill rösten.

4 Mit Frischkäse bestreichen, mit 1 Scheibe Lachs und Zwiebelringen bedecken, mit Kapern bestreuen. Leicht pfeffern.

NOCH MEHR GENUSS ...

Man kann den Frischkäse mit 1 Teelöffel Pesto, Tapenade oder gehackten Kräutern (Schnittlauch, Estragon, Dill) verrühren.

FÜR 4–6 PERSONEN

ZUBEREITUNGSZEIT: 15 Min.

GARZEIT: 30 Min.

SCHWIERIGKEITSGRAD: ★

KOSTEN: €

- 1 Rolle Blätterteig (Kühlregal)
- 1 Esslöffel Senf
- 50 g geriebener Parmesan
- 3 Eier
- 200 g Crème fraîche
- 1 Bund Schnittlauch
- 400 g Thunfisch aus der Dose (im eigenen Saft)
- Salz und frisch gemahlener Pfeffer

Thunfisch-Tarte

In Stücke geschnitten, lecker für ein Büffet oder als Einzelgericht mit Chicoréesalat.

1 Den Backofen auf 180 Grad vorheizen.

2 Blätterteig ausrollen und in eine flache Tarteform legen. Mit Senf bestreichen und mit der Hälfte des Parmesans bestreuen.

3 Eier 2 Minuten in einer Schüssel schaumig schlagen, Crème fraîche zufügen und 1 Minute einrühren.

4 Schnittlauch waschen, trocken schütteln und in Röllchen schneiden. Thunfisch in einem Sieb abtropfen lassen, mit den Händen oder einer Gabel zerpflücken und zur Eiermasse geben. Schnittlauch unterrühren und mit Salz und Pfeffer würzen. Gut verrühren und auf den Blätterteig in der Form geben.

5 Mit restlichem Parmesan bestreuen und 30 Minuten im Backofen backen.

FÜR 4 PERSONEN

ZUBEREITUNGSZEIT: 10 Min.

GARZEIT: 5 Min.

SCHWIERIGKEITSGRAD: ★

KOSTEN: €€

Rührei mit Räucherlachs und Petersiliensalat

Die Zitronennote des Salats verleiht diesen Rühreiern einen Frischekick. Ideal für einen Sommerbrunch.

- 100 g Räucherlachs
- 8 Eier
- 1 Esslöffel Crème fraîche
- 1 Esslöffel Olivenöl
- Salz und frisch gemahlener Pfeffer

Für den Petersiliensalat:

- 2 Bund glatte Petersilie
- 2 Zitronen
- 4 Esslöffel Olivenöl

1 Für den Petersiliensalat Petersilie waschen, trocken schütteln, Blätter abzupfen. 1 Zitrone schälen, Fruchtfleisch auslösen und fein würfeln. Andere Zitrone auspressen. In einer Schüssel 1 Esslöffel Zitronensaft mit Olivenöl verrühren. Petersilie hacken und unterrühren. Zitronenwürfel unterheben.

2 Lachs sehr fein würfeln. Eier in einer Schüssel mit Crème fraîche schaumig schlagen. Salz und Pfeffer unterrühren.

3 Olivenöl in einer kleinen Pfanne erhitzen, Eiermasse hineingeben und bei schwacher Hitze darin garen, bis die gewünschte Konsistenz erreicht ist. Dabei ständig rühren.

4 Pfanne vom Herd nehmen, Lachswürfel zufügen. Rühreier mit Lachs sofort auf Teller verteilen und mit Petersiliensalat servieren.

UNSER PROFI-TIPP

Schalten Sie den Herd aus, bevor die Rühreier die richtige Konsistenz haben, denn sie garen in der Pfanne weiter. Außerdem sollten Sie das Rührei erst zubereiten, wenn alle Gäste bereit sind, sich zu Tisch zu setzen, denn die Rühreier müssen sofort serviert werden.

FÜR 4 PERSONEN
ZUBEREITUNGSZEIT: 15 Min.
SCHWIERIGKEITSGRAD: ★
KOSTEN: €

Garnelen-Sandwiches mit Kresse

Ein Klassiker unter den Sandwiches, der mit Kresse den Brunch ein wenig grüner macht.

- ½ Schale Kresse
- ½ Zitrone
- 250 g gegarte Garnelen
- 8 Scheiben Vollkorntoastbrot
- 4 Esslöffel Mayonnaise
- frisch gemahlener Pfeffer

1 Kresse waschen und die Blätter abschneiden. ½ Zitrone auspressen und den Saft in eine Schale gießen.

2 Garnelen schälen und in den Zitronensaft legen.

3 4 Toastscheiben mit Mayonnaise bestreichen. Darauf die zitronengetränkten Garnelen verteilen und mit Pfeffer bestreuen. Mit Kresse und den restlichen Brotscheiben bedecken.

4 Damit sie einfacher zu essen sind, jedes Sandwich vierteln und in Frischhaltefolie einwickeln, bis zum Verzehr kalt stellen.

⊳ **AUCH LECKER** mit Krabbenfleisch, frisch oder aus dem Kühlregal.

NOCH MEHR GENUSS …

Bereiten Sie kurz vor dem Servieren im Mixer einen vitaminreichen Saft aus grünem Gemüse vor. Mischen Sie je nach Geschmack Kresse, Sellerie, grüne Äpfel, Salatgurke und Petersilie.

FÜR 4 PERSONEN

ZUBEREITUNGSZEIT: 20 Min.

GARZEIT: 10 Min.

SCHWIERIGKEITSGRAD: ★

KOSTEN: €

- 2 Hähnchenbrustfilets
- 2 große Tomaten
- 2 hart gekochte Eier
- 12 Scheiben Toastbrot
- 4 Scheiben Frühstücksspeck (Bacon)
- 4 Esslöffel Mayonnaise
- 8 grüne Salatblätter (Batavia, Kopfsalat)
- 8 rote Salatblätter (roter Chicorée, Lollo rosso)
- 4 Scheiben Comté
- 4 Scheiben Kochschinken

Club-Sandwiches

Noch ein Klassiker direkt aus den USA!

1 Hähnchenbrustfilets in einer beschichteten Pfanne ohne Fettzugabe von jeder Seite 5 Minuten braten.

2 Tomaten waschen, Stängelansätze entfernen und Tomaten in Scheiben schneiden. Eier pellen und ebenfalls in Scheiben schneiden. Brotscheiben toasten.

3 Sobald das Fleisch gar ist, aus der Pfanne nehmen und in feine Streifen schneiden. Speck in der Pfanne knusprig braten.

4 Jeweils eine Brotscheibe mit etwas Mayonnaise bestreichen, jeweils mit 3 Eierscheiben, 3 Tomatenscheiben, 1 Salatblatt und 1 Scheibe Comté belegen. Jeweils eine zweite Brotscheibe darauflegen und wieder mit Mayonnaise bestreichen. Mit jeweils 1 Scheibe Schinken, 1 Scheibe Bacon, ein paar Hähnchenbruststreifen, 1 grünem und roten Salatblatt belegen. Jeweils die 3. Scheibe Brot darauflegen und fest andrücken. Auf diese Weise 4 Sandwiches zubereiten.

5 Halbieren und beide Hälften auf einen Teller legen.

FÜR 4 PERSONEN

ZUBEREITUNGSZEIT: 15 Min.

SCHWIERIGKEITSGRAD: ★

KOSTEN: €

Schinken-Wraps

Wraps sind Sandwiches, die mit Weizenfladen nach Tortilla-Art zubereitet werden. Sie werden in der Regel schräg durchgeschnitten serviert.

- ½ Salatgurke
- 2 Möhren
- 8 Kopfsalatblätter
- 4 Weizenfladen
- 120 g Frischkäse
- 4 Scheiben Kochschinken
- Chilipulver
- Salz

1 Salatgurke waschen, Enden abschneiden, Gurke schälen und in feine Scheiben schneiden. Möhren putzen, waschen, schälen und raspeln. Kopfsalatblätter waschen und trocken tupfen.

2 Weizenfladen nach Packungsangabe kurz erwärmen. Fladen mit Frischkäse bestreichen und jeweils mit 1 Scheibe Schinken, 2 Kopfsalatblättern, Gurkenscheiben und geraspelten Möhren belegen. Mit Salz und mit Chilipulver bestreuen.

3 Jeden Fladen aufrollen, schräg in zwei oder vier Teile schneiden und mit kleinen Holzspießen zusammengesteckt servieren.

MEIN TIPP

Wenn ich sie vorher vorbereite, wickle ich jeden Wrap in Frischhaltefolie ein, damit sie weich bleiben. Erst im letzten Moment schneide ich sie durch.

FÜR 6–8 PERSONEN
ZUBEREITUNGSZEIT: 20 Min.
GARZEIT: 10 Min.
SCHWIERIGKEITSGRAD: ★
KOSTEN: €€

- 4 Hähnchenbrustfilets
- 1 Prise Vier-Gewürze-Mischung (Pfeffer, Ingwer, Muskat, Gewürznelken)
- 3 Scheiben Ananas, frisch oder aus der Dose
- 2 Esslöffel Sesamkörner
- 1 Esslöffel Erdnussöl
- 1 Teelöffel feiner Zucker

Mini-Spieße mit Hähnchen und Ananas

Für ein Büffet, einen Brunch oder ein exotisches Menü.

1 Hähnchenbrustfilets in 2 cm große Würfel schneiden und mit Vier-Gewürze-Mischung bestreuen.

2 Ananasscheiben in jeweils sechs Teile schneiden. Fleischwürfel mit Viergewürz und Ananasstücken abwechselnd auf Holzspieße stecken. Mit Sesamkörnern bestreuen.

3 Erdnussöl in einer Pfanne erhitzen und Spieße darin 10 Minuten bei mittlerer Hitze braten, dabei mehrmals wenden. Nach der Hälfte der Garzeit mit Zucker bestäuben.

4 Spieße warm oder kalt servieren.

⪢ **AUCH LECKER** mit zerstoßenen Haselnüssen oder Mandeln statt Sesamkörnern.

FÜR 6 PERSONEN

ZUBEREITUNGSZEIT: 15 Min.

GARZEIT: 25 Min.

SCHWIERIGKEITSGRAD: ★

KOSTEN: €

- 40 g Mehl
- 2 Eier
- 200 g Crème fraîche
- 400 ml Milch
- 150 g geriebener Gruyère
- 100 g Speckwürfel
- 2 Prisen geriebener Muskat
- Salz und frisch gemahlener Pfeffer
- 1 Rolle Mürbeteig (Kühlregal)

Käse-Tarteletts

Diese Tarteletts sind köstlich als Snack oder zum Brunch. Sie lassen sich gut vorbereiten und können eingefroren werden.

1 Den Backofen auf 200 Grad vorheizen.

2 In einer Schüssel Mehl und Eier verrühren, Crème fraîche und Milch nach und nach unterrühren. So lange rühren, bis das Ganze eine glatte Konsistenz hat.

3 Käse, Speck und Muskat zufügen. Mit Salz (nur wenig, da der Speck bereits salzig ist) und Pfeffer würzen.

4 Mürbeteig ausrollen und in 6 kleine Scheiben schneiden. In 6 kleine Auflaufformen legen, mit der vorbereiteten Masse füllen und die Tarteletts im Backofen 25 Minuten backen, bis sie goldgelb sind.

> **AUCH LECKER** mit Blätterteig (aus dem Kühlregal).

FÜR 6 PERSONEN

ZUBEREITUNGSZEIT: 10 Min.

KÜHLZEIT: 12 Std.

SCHWIERIGKEITSGRAD: ★

KOSTEN: €

- 150 g Frischkäse
- 2 Esslöffel Schnittlauchröllchen
- 1 Teelöffel Olivenöl
- frisch gemahlener Pfeffer
- 3 Scheiben Kochschinken

MEIN TIPP

Sie sollten immer gesalzenen Frischkäse im Kühlschrank haben. Er ist sehr praktisch!

Schinken-Häppchen

Am Tag vorher zubereiten und im Kühlschrank aufbewahren.

1 Am Vortag Frischkäse, Schnittlauch und Olivenöl in einer Schüssel verrühren und mit Pfeffer würzen.

2 Schinkenscheiben nebeneinander ausbreiten. Jeweils ein Drittel von der Füllung daraufgeben und die Schinkenscheiben fest aufrollen. In Frischhaltefolie wickeln und kalt stellen.

3 Vor dem Servieren Folie entfernen und Rollen in 2 cm breite Stücke schneiden. Einen kleinen Holzspieß in jedes Häppchen stecken.

FÜR 4 PERSONEN

ZUBEREITUNGSZEIT: 10 Min.

SCHWIERIGKEITSGRAD: ★

KOSTEN: €€

Lebkuchen-Überraschungen

- 50 g Frischkäse
- 4 Prisen gemahlener Piment d'Espelette
- 4 Stücke Lebkuchen
- 1 Mango
- 4 Scheiben Rohschinken

Diese kleinen Häppchen liefern Geschmack pur. Einfach himmlisch!

1 Frischkäse und Piment d'Espelette verrühren, Lebkuchen damit bestreichen und vierteln.

2 Mango schälen, halbieren und entsteinen. Das Fruchtfleisch in Streifen schneiden. Fett vom Schinken entfernen und jede Scheibe in vier Teile schneiden.

3 Auf jedes Frischkäsehäppchen einen Mangostreifen und eine Scheibe Schinken legen.

⊳ **AUCH LECKER** mit feinen Scheiben geräucherter Entenbrust.

WUSSTEN SIE SCHON?

Piment d'Espelette ist keine starke Chilisorte. Auf der Scoville-Skala von 1–10, die die Stärke von Chili misst, liegt es nur bei 4. Es wird als „warm" bezeichnet. Bei 0 befindet sich die Paprika („neutral"), bei 9 Tabasco („vulkanisch"), und bei 10 die Habanero-Chili („explosiv"!).

FÜR 4 PERSONEN

ZUBEREITUNGSZEIT: 15 Min.

GARZEIT: 5 Min.

SCHWIERIGKEITSGRAD: ★

KOSTEN: €€

- 6 Eier
- Salz und frisch gemahlener Pfeffer
- Olivenöl
- 200 g Mozzarella
- 4 Weizentortillas
- 1 Glas Basilikum-Pesto
- 8 Scheiben Südtiroler Speck

UNSER PROFI-TIPP

Südtiroler Speck ist ein leicht geräucherter Rohschinken. Er wird in sehr feinen Scheiben in italienischen Feinkostläden verkauft.

Schinken-Mozzarella-Frittata

Ein Omelett, das aus ganz einfachen Produkten besteht, aber immer gut ankommt.

1 Eier aufschlagen, salzen, pfeffern und schaumig schlagen.

2 Öl in einer Pfanne erhitzen und nach und nach aus der Eiermasse 4 kleine Omeletts braten. Omeletts auf einen Teller legen und abkühlen lassen. Mozzarella in feine Scheiben schneiden.

3 Jeweils eine Tortilla auf die Arbeitsfläche legen, mit je einem Teelöffel Pesto bestreichen, mit 1 Omelett und 2 Scheiben Speck belegen. Mit Mozzarellascheiben abschließen.

4 Tortillafladen eng aufrollen und fertige Rollen in Frischhaltefolie einwickeln. Frittata-Rollen in den Kühlschrank legen.

5 Kurz vor dem Servieren die Frischhaltefolie entfernen und jede Rolle in Stücke schneiden.

SELBST GEMACHT SCHMECKT AM BESTEN!

Nichts ist einfacher als die Zubereitung eines Pestos: In einem Mörser 4 Esslöffel gehacktes Basilikum und 5 geschälte Knoblauchzehen zerstoßen. 4 Esslöffel Olivenöl unterrühren und kalt stellen.

FÜR 6 PERSONEN
ZUBEREITUNGSZEIT: 20 Min.
GARZEIT: 8 Min.
SCHWIERIGKEITSGRAD: ★
KOSTEN: €

- 100 g altbackenes Brot
- 25 g Rosinen
- 1 Knoblauchzehe
- 1 Bund glatte Petersilie
- 300 g Rindergehacktes
- 1 Eigelb
- 6 Esslöffel geriebener Parmesan
- 25 g Pinienkerne
- 2 Prisen Vier-Gewürze-Mischung (Pfeffer, Ingwer, Muskat, Gewürznelken)
- 4 Esslöffel Erdnussöl
- frisch gemahlener Pfeffer

Fleischbällchen

Diese würzigen Bällchen dürfen auf keinem Büffet fehlen.

1 Brot und Rosinen getrennt in Wasser einweichen. Knoblauch schälen und und durch eine Presse drücken. Petersilie waschen, trocken schütteln, Blätter abzupfen und fein hacken. Etwa 20 Blätter für die Garnitur beiseitelegen. Brot abgießen und gut ausdrücken. Rosinen abtropfen lassen.

2 In einer großen Schüssel Hackfleisch, Brot, Rosinen, Eigelb, Parmesan, Pinienkerne, gehackte Petersilie und Vier-Gewürze-Mischung vermengen.

3 Mit feuchten Händen aus der Masse walnussgroße Bällchen formen.

4 Erdnussöl in einer Pfanne erhitzen und Fleischbällchen portionsweise bei hoher Hitze in 4 Minuten von allen Seiten darin braten.

5 Fleischbällchen zum Abtropfen auf Küchenpapier legen. Kurz vor dem Servieren 1 Petersilienblatt auf jedes Bällchen legen und einen kleinen Holzspieß hineinstecken.

FÜR 4–8 PERSONEN

ZUBEREITUNGSZEIT: 10 Min.

RUHEZEIT: 3 Std.

GARZEIT: 30 Min.

SCHWIERIGKEITSGRAD: ★

KOSTEN: €

- 500 g Mehl
- 30 g frische Hefe
- 15 g Meersalz
- 125 g Trockenfrüchte (Mandeln, Walnüsse, Aprikosen, Feigen, Bananen, Rosinen, Datteln; in Würfel geschnitten)

Früchtebrot

Dieses Brot eignet sich für alles! Zum Frühstück, zum Kaffee, auf einem Büffet ...

1 In einer Schüssel Mehl, zerbröselte Hefe, Meersalz und gewürfelte Früchte mit 300 ml Wasser vermengen, bis eine glatte Masse entsteht.

2 Schüssel mit Frischhaltefolie abdecken und die Masse 1,5 Stunden bei Zimmertemperatur gehen lassen.

3 Teig auf der mit Mehl bestäubten Arbeitsplatte zu einer Kugel kneten, in eine mit Backpapier ausgelegte Kastenkuchenform legen. Zudecken und weitere 1,5 Stunden gehen lassen.

4 Den Backofen auf 240 Grad vorheizen.

5 Eine kleine Auflaufform mit Wasser füllen und neben die Kuchenform auf das Backblech stellen: So wird das Brot goldbraun und knusprig. 30 Minuten im Backofen backen. Herausnehmen und auf einem Kuchenrost abkühlen lassen.

NOCH MEHR GENUSS ...

Schneiden Sie das Brot zum Brunchen in Scheiben und servieren Sie Butter und Konfitüre, Kaffee oder Tee und frisch gepressten Orangensaft dazu.

FÜR 6 PERSONEN

ZUBEREITUNGSZEIT: 15 Min.

RUHEZEIT: 1 Std.

GARZEIT: 5 Min.

SCHWIERIGKEITSGRAD: ★

KOSTEN: €

- 2 Eier
- 3 Esslöffel feiner Zucker
- 1 Packung Vanillezucker
- 650 ml Milch
- 500 g Mehl
- 1 Teelöffel Backpulver
- 60 g Butter

Waffeln

Bereiten Sie die Waffeln gemeinsam mit Kindern zu, sie werden sich freuen!

1 In einer Schüssel Eier mit Zucker und Vanillezucker schaumig schlagen. Milch und das mit Backpulver vermischte Mehl zugeben und aus den Zutaten einen glatten Teig anrühren.

2 Butter zerlassen und mit 2 Esslöffeln Wasser unter den Teig arbeiten. 1 Stunde ruhen lassen.

3 Waffeleisen vorheizen, dann eine Schöpfkelle Teig in die Mitte des Geräts geben. Garen, bis die Waffel goldgelb ist. Wiederholen, bis der Teig aufgebraucht ist.

4 Waffeln nach und nach servieren.

⋗ **DAZU** Puderzucker, Konfitüre oder Nuss-Nugat-Creme reichen.

NULLTARIF!

Investieren Sie ohne zu zögern in ein Waffeleisen! Damit können Sie auch heiße Toasts oder Paninis zubereiten. Bestreichen Sie z. B. eine Scheibe Toast mit Butter, legen Sie ein paar Schokoladenstücke und eine weitere Scheibe Toast darauf, und Sie haben im Handumdrehen ein leckeres Dessert für Kinder!

FÜR 4 PERSONEN

ZUBEREITUNGSZEIT: 10 Min.

GARZEIT: 10 Min.

SCHWIERIGKEITSGRAD: ★

KOSTEN: €

- 2 Eier
- 60 g feiner Zucker + etwas Zucker zum Bestäuben
- 1 Prise Zimtpulver
- 200 ml Milch
- 15 g Butter
- 4 Scheiben älteres, trockenes Brot

MEIN TIPP

Trockenes Brot nie wegwerfen! Sie können daraus Semmelbrösel, Croûtons oder Bruschetta machen, es für Füllungen nutzen oder einen köstlichen Diplomatenpudding daraus zubereiten!

Arme Ritter mit Zimt

Ein Klassiker der Alltagsküche, der auch bei Gästen seinen Eindruck hinterlässt. Sie brauchen nur etwas trockenes Brot.

1 Eier mit Zucker und Zimt in einer Schüssel schaumig aufschlagen, dann die Mischung in einen tiefen Teller gießen.

2 Milch erwärmen und in einen anderen tiefen Teller gießen. Butter in einer großen Pfanne erhitzen.

3 Brotscheiben von beiden Seiten erst in die Milch, dann in die Eiermasse tauchen. In Butter goldbraun braten und vor dem Servieren mit Zucker bestreuen.

> **AUCH LECKER** mit trockener Brioche. Nutzen Sie in diesem Fall gesalzene Butter, das ist noch leckerer!

> **DAZU** Apfelmus oder Quark zum spontanen Brunch reichen.

FÜR 6 PERSONEN

ZUBEREITUNGSZEIT: 20 Min.

GARZEIT: 50 Min.

SCHWIERIGKEITSGRAD: ★★

KOSTEN: €

- 150 g Rundkornreis (Milchreis)
- 1 l Milch
- 1 Vanilleschote
- 30 g Butter
- 160 g feiner Zucker
- 2 Eigelb

MEIN TIPP

Für Desserts mit Reis als Basis wähle ich immer rundkörnigen Reis, der die Flüssigkeit gut aufnimmt.

Milchreis

Dieses Dessert löst eine ganze Welle an längst vergessenen Kindheitserinnerungen aus …

1 Reis 5 Minuten in reichlich kochendem Wasser garen.

2 Milch mit aufgeschnittener Vanilleschote und Butter in einem anderen Topf zum Kochen bringen. 60 g vom Zucker hinzufügen. Reis abtropfen lassen und ebenfalls in den Topf mit Milch geben. Zugedeckt bei schwacher Hitze 25 Minuten lang garen, dabei von Zeit zu Zeit umrühren.

3 Den Backofen auf 180 Grad vorheizen. 6 kleine Auflaufformen fetten.

4 Ca. 5 Minuten, bevor der Reis gar ist, restlichen Zucker mit 1 Esslöffel Wasser in einem kleinen Topf erhitzen: Der Zucker wird dicke Blasen bilden. Topf ein- bis zweimal drehen und Karamell auf die Auflaufformen verteilen.

5 Vanilleschote entfernen, Eigelb unter den Reis rühren. Die Reismasse sofort in die Förmchen geben.

6 2 cm Wasser in einen tiefen, ofenfesten Teller geben und die Formen daraufstellen. 20 Minuten im Wasserbad backen.

7 Auflaufformen abkühlen lassen, dann auf Teller stürzen.

NULLTARIF!

Profitieren Sie vom heißen Ofen und machen Sie aus dem Eiweiß Baisers (Rezept Seite 70).

FÜR 10 PERSONEN

ZUBEREITUNGSZEIT: 10 Min.

GARZEIT: 5 Min.

SCHWIERIGKEITSGRAD: ★

KOSTEN: €

Zitronenthymian-Erdbeeren

Balsamico in einer Soße für Erdbeeren? Aber ja, das ist erstaunlich lecker!

- 1 kg Erdbeeren
- 1 Bund Zitronenthymian
- 60 g feiner Zucker
- 1 Esslöffel Balsamico
- frisch gemahlener weißer Pfeffer

1 Erdbeeren waschen, trocken tupfen und entstielen. Zitronenthymian waschen, trocken schütteln. 300 g Erdbeeren mit Zucker, 250 ml Wasser, Zitronenthymian (10 kleine Zweigstücke für die Garnitur beiseitelegen) in einen kleinen Topf geben, gut mit Pfeffer bestreuen und zum Kochen bringen.

2 Bei mittlerer Hitze 5 Minuten köcheln lassen, Balsamico zufügen. Herdplatte ausstellen und das Ganze ruhen lassen.

3 Restliche Erdbeeren der Länge nach halbieren und in 10 kleine Serviergläser füllen. Ausgetretenen Erdbeersaft darübergießen.

4 Jeweils 1 kleinen Stängel Zitronenthymian auf jedes Glas legen.

> **AUCH LECKER** mit Zitronenverbene oder mit Basilikum.

MEIN TIPP

Um immer Zitronenthymian zur Hand zu haben, habe ich welchen in meinem Garten neben der Minze gepflanzt. Beim Kochen kann man ihn durch normalen Thymian und zusätzlich etwas Zitronenschale ersetzen.

WUSSTEN SIE SCHON?

Balsamico stammt aus Norditalien. Er wird ausschließlich aus Most von gekochtem Wein hergestellt. Traditioneller Essig von Qualität muss mindestens 12 Jahre lang reifen.

FÜR 6–8 PERSONEN

ZUBEREITUNGSZEIT: 10 Min.

GARZEIT: 20 Min.

SCHWIERIGKEITSGRAD: ★

KOSTEN: €

Häppchen mit roten Früchten

Hierfür braucht man kleine Förmchen aus Backpapier zum Garen.

- 60 g Butter
- 2 Eier
- 125 g feiner Zucker
- 1 Tropfen Vanilleextrakt
- 100 g Mascarpone
- 150 g Mehl
- ½ Packung Backpulver
- 120 g rote Früchte (Tiefkühlmischung)

1. Den Backofen auf 180 Grad vorheizen.
2. Butter zerlassen. In einer großen Schüssel Eier mit Zucker und Vanilleextrakt schaumig schlagen.
3. Mascarpone 2 Minuten unterrühren. Mehl, Backpulver und zerlassene Butter unterarbeiten. Rote Früchte zufügen, sobald der Teig glatt ist.
4. Backpapierförmchen auf ein Backblech stellen und zu zwei Dritteln mit dem Fruchtteig füllen. 20 Minuten lang im Backofen backen.

Das A und O der richtigen Or-ga-ni-sa-tion

Mit einer guten Zeiteinteilung, bei der jede einzelne Stunde durchgeplant ist, haben Sie sogar noch Zeit, zum Frisör zu gehen!

15 TAGE VORHER

Wählen Sie die Rezepte nach Geschmack und Essgewohnheiten Ihrer Gäste aus, aber behalten Sie auch Ihre Kapazitäten (Arbeitsplatte, Lagerungsmöglichkeiten, Schwierigkeitsgrad) im Auge: Seien Sie RE-A-LIS-TISCH!

10 Tage vorher

- **Checken** Sie die verfügbare Ausstattung, und was Sie ausleihen müssen (Platten, Gläser, Besteck etc.).
- Denken Sie an einen **Kleiderständer** und **Bügel** für eine improvisierte Garderobe.
- Machen Sie eine **Einkaufsliste** für die einzelnen Läden und geben Sie, falls nötig, bei den Händlern Bestellungen auf.

8 Tage vorher

- Beginnen Sie mit den Einkäufen von Lebensmitteln und Getränken (Wein, Bier, Aperitifs, Mineralwasser, Obstsäfte).
- Sehen Sie nach, ob Tischdecken und Servietten sauber sind.

2 Tage vorher

- Kaufen Sie die frischen Produkte ein.
- Legen Sie die Getränke in den Kühlschrank.
- Füllen Sie die Eiswürfelbehälter.

1 TAG VORHER

- Sehen Sie nach, ob das Geschirr, die Gläser und alles andere, was Sie benötigen, sauber sind.
- Beginnen Sie mit den Vorbereitungen. Bereiten Sie zu, was sich im Kühlschrank oder im Tiefkühlfach aufbewahren lässt (Böden für Tartes, Marinaden, hausgemachtes Pesto, Salate).

Am selben Tag!

- **Bereiten Sie das Wohnzimmer vor:** Schieben Sie die Sofas an die Wand, entfernen Sie Couchtische und Dekos, stellen Sie kleine Beistelltische auf sowie Stühle und Sessel, vor allem, wenn Sie ältere Menschen empfangen.
- **Bauen Sie das Büffet in Küchennähe auf** und decken Sie es (Gläser, Besteck, Teller, Tischwäsche und Dekoration).
- **Stellen Sie sich an den Herd** und beginnen Sie mit den Zubereitungen mit langer Garzeit, bzw. mit denen, die eine Ruhe- oder Marinierzeit benötigen.

0 Stunden vorher

- Holen Sie die Bestellungen ab.
- Kaufen Sie Brot und die letzten fehlenden Zutaten ein.

2 Stunden vorher

- Bereiten Sie die Käseplatte vor und decken Sie sie mit einem Geschirrtuch ab.
- Öffnen Sie die Weinflaschen und dekantieren Sie sie, falls nötig (Bordeaux z. B.).

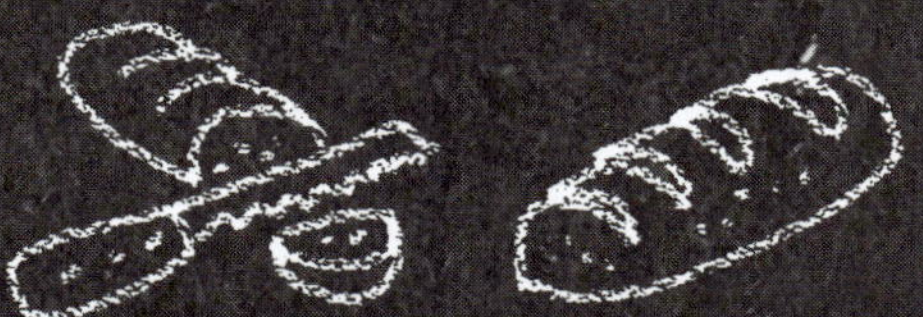

Kurz vorher

- Legen Sie Eiswürfel in eine Kühltasche.
- Schneiden Sie das Brot auf und legen Sie es in einen Brotkorb.
- Lüften Sie das Wohnzimmer.

FÜR 10 PERSONEN

ZUBEREITUNGSZEIT: 20 Min.

GARZEIT: 25–30 Min.

SCHWIERIGKEITSGRAD: ★★

KOSTEN: €

- 400 ml Kokosmilch
- 200 ml Milch
- 180 g Langkornreis
- 80 g weiße Schokolade + 3 einzelne Würfel
- 1 Eigelb
- 40 g feiner Zucker
- 5 große Erdbeeren
- 2 Bananen
- 2 Kiwis
- 2 Orangen
- 2 frische Feigen
- einige rosa Pralinen

Frucht-Sushi

Sushi einmal in süßer Version!

1 Kokosmilch und Milch in einem Topf zum Kochen bringen. Reis hinzufügen und bei schwacher Hitze 20–25 Minuten garen.

2 Sobald der Reis gar ist, 80 g in kleine Stücke geschnittene Schokolade, Eigelb und Zucker zufügen und 2 Minuten unterrühren. Abkühlen lassen.

3 Aus der abgekühlten Mischung mit den Händen etwa 50 Sushis formen und auf Tabletts legen.

4 Früchte vorbereiten. Erdbeeren und Bananen in Scheiben, Kiwis, Orangen und Feigen in dünne Viertel schneiden. Pralinen zerstoßen.

5 Schokoladenwürfel in der Mikrowelle schmelzen und die Sushis bestreichen. Sofort die Obststücke daran „festkleben". Sushis mit Frischhaltefolie bedecken, falls sie im Voraus zubereitet werden.

6 Kurz vor dem Servieren mit den zerstoßenen Pralinen bestreuen.

> **DAZU** eine fertige Rote-Früchte-Soße servieren.

GARNIER-IDEE:

Wenn Sie Ihren Sushis eine etwas originelle Form verleihen wollen (Stern, Herz, Fisch), kaufen Sie kleine Förmchen. Mit gegartem Reis füllen, festdrücken, aus der Form nehmen.

FÜR 6–8 PERSONEN

ZUBEREITUNGSZEIT: 20 Min.

GARZEIT: 15 Min.

SCHWIERIGKEITSGRAD: ★

KOSTEN: €

- 150 g Walnusskerne
- 10 Datteln
- 90 g Butter
- 120 g Mehl
- ⅓ Packung Backpulver
- 1 Prise Salz
- 3 Eier
- 200 ml Ahornsirup

Dattelhäppchen

Mal etwas anderes als gefüllte Datteln!

1 Den Backofen auf 180 Grad vorheizen.

2 Nusskerne fein mahlen. Datteln entsteinen und fein würfeln. Butter zerlassen.

3 Mehl, Nüsse, Backpulver und Salz in einer Schüssel mischen. Eier zufügen, mit dem Schneebesen unterarbeiten, zerlassene Butter und Ahornsirup so lange unterrühren, bis ein glatter Teig entsteht. Dattelwürfel unterheben.

4 In 20 kleine Backformen geben und 15 Minuten im Backofen backen.

> **AUCH LECKER** mit getrockneten Feigen oder Aprikosen.

FÜR 8 PERSONEN

ZUBEREITUNGSZEIT: 15 Min.

GARZEIT: 25 Min.

SCHWIERIGKEITSGRAD: ★

KOSTEN: €

- 16 Toastbrotscheiben (vom Bäcker)
- 6 Eier
- 150 g Rohrzucker
- 600 ml Milch
- 2 Tropfen Vanilleextrakt
- 160 g Butter
- 400 g Himbeeren

Himbeerpudding

Pudding kommt immer gut an – bei den Kleinen ... und den Großen.

1 Den Backofen auf 200 Grad vorheizen.

2 Die Rinden vom Brot abschneiden und die Scheiben in Dreiecke schneiden. In einer Salatschüssel Eier mit 100 g vom Zucker in 3 Minuten schaumig schlagen. Milch mit Vanilleextrakt aromatisieren und zu den Eiern geben. Gut umrühren.

3 1 Auflaufform fetten. Brotdreiecke hineinlegen, Butter zerlassen und Brot damit begießen.

4 Eiermasse auf das Brot gießen und mit verlesenen Himbeeren bestreuen. Mit dem restlichen Zucker bestreuen und 25 Minuten im Backofen garen: Der Pudding muss am Ende der Garzeit aufgegangen sein und eine schöne goldgelbe Farbe haben. Warm oder kalt servieren.

FÜR 8 PERSONEN

ZUBEREITUNGSZEIT: 30 Min.

GARZEIT: 10 Min.

SCHWIERIGKEITSGRAD: ★★★

KOSTEN: €

Teigtüten mit Obst und Sahne

Statt mit Eis werden diese Tüten aus Teig mit Sahne und Früchten gefüllt.

- 300 g Früchte (Erdbeeren, Himbeeren, Pfirsiche, Bananen)
- 1 Sprühdose Schlagsahne
- 8 Minzblätter

Für die Teigtüten:

- 70 g weiche Butter
- 100 g Puderzucker
- 3 Eiweiß
- 100 g Mehl

1 Den Backofen auf 210 Grad vorheizen.

2 Für die Teigtüten Butter und Puderzucker mit dem Handrührgerät zu einem cremigen Teig verrühren. Eiweiß und Mehl nach und nach zugeben und gut unterarbeiten.

3 1 Backblech leicht ölen und mit der Hälfte des Teigs 4 Scheiben von 12 cm Durchmesser formen. 5 Minuten im Backofen backen.

4 Aus Kartonpapier eine Tüte formen und mit Alufolie bedecken.

5 Sobald die Teigscheiben gar sind, eine um die Kartontüte wickeln. 2 Minuten festhalten, bis sie hart wird. Vorgang mit den 3 anderen Scheiben wiederholen. Mit der anderen Teighälfte fortfahren, um 4 weitere Teigtüten zu bilden.

6 Obst klein schneiden. Kurz vor dem Servieren jede Teigtüte mit ein wenig Schlagsahne und bis oben mit Fruchtstücken füllen. Mit je 1 Minzblatt dekorieren.

GARNIER-IDEE:

Stellen Sie die Teigtüten in kleine durchsichtige Glasvasen.

FÜR 8 PERSONEN

ZUBEREITUNGSZEIT: 20 Min.

GARZEIT: 30 Min.

SCHWIERIGKEITSGRAD: ★★

KOSTEN: €

- 1 Rolle Mürbeteig (Kühlregal)
- 60 g feiner Zucker
- 2 Dosen gezuckerte Kondensmilch
- ½ Teelöffel Meersalz
- 150 g Sahne
- 200 g Blockschokolade + etwas Schokolade zum Garnieren
- 30 g Butter

Schoko-Tarte mit Karamell

Diese Tarte wird die Geschmackspapillen aller Ihrer Gäste erfreuen. Denn jeder weiß: Salz kitzelt Schokolade!

1 Den Backofen auf 200 Grad vorheizen.

2 Mürbeteig ausrollen und in eine flache Tarteform legen. Backpapier und getrocknete Hülsenfrüchte darauflegen und den Boden 30 Minuten im Backofen blindbacken.

3 Nach 15 Minuten Backzeit Zucker mit 1 Esslöffel Wasser in einem kleinen Topf erhitzen, dabei umrühren. Wenn sich Blasen bilden, Kondensmilch und Meersalz einrühren.

4 Das Ganze 15 Minuten bei schwacher Hitze köcheln lassen: Die Masse sollte nicht braun werden, sondern eine goldgelbe Farbe haben. Tarte aus dem Ofen nehmen, Hülsenfrüchte und Backpapier entfernen und den Karamell auf den Mürbeteig gießen.

5 In einem zweiten Topf Sahne, in Stücke gehackte Schokolade und Butter unter Rühren schmelzen, bis eine glatte Creme entsteht. Auf den Karamell gießen und abkühlen lassen.

6 Kurz vor dem Servieren Blockschokolade mit einem Sparschäler raspeln und die Tarte damit bestreuen.

FÜR 6 PERSONEN

ZUBEREITUNGSZEIT: 20 Min.

RUHEZEIT: 1 Std.

GARZEIT: 35 Min.

SCHWIERIGKEITSGRAD: ★

KOSTEN: €

- 600 ml Milch
- 150 g feiner Zucker
- 2 Eier
- 1 Packung Vanillezucker
- 60 g Speisestärke
- 150 g Sahne
- 1 Rolle Blätterteig (Kühlregal)

Pariser Flan

Dieser Flan kann bereits am Tag zuvor zubereitet werden.

1 Milch mit der Hälfte des Zuckers in einem Topf zum Kochen bringen.

2 In einer Schüssel Eier mit restlichem Zucker, Vanillezucker und Speisestärke schaumig schlagen. Sahne unterrühren, bis eine glatte Masse entsteht. Die warme Milch nach und nach kräftig unterrühren. Das Ganze in den Topf gießen und unter Rühren aufkochen lassen.

3 Blätterteig ausrollen und eine Tarteform (24 cm Durchmesser) damit auslegen. Die warme Creme darübergießen. Vollständig (mindestens 1 Stunde) abkühlen lassen.

4 Den Backofen auf 200 Grad vorheizen.

5 Den Flan 20 Minuten im Backofen backen, die Backofentemperatur auf 220 Grad erhöhen und weitere 10 Minuten backen. Abkühlen lassen.

FÜR 6–8 PERSONEN
ZUBEREITUNGSZEIT: 10 Min.
GARZEIT: 20 Min.
SCHWIERIGKEITSGRAD: ★
KOSTEN: €

- 200 g Butter
- 1 Limette
- 4 Eier
- 150 g Zucker
- 1 Packung Vanillezucker
- 200 g Mehl
- 1 Packung Backpulver
- 1 reife Birne
- 350 g frische oder TK-Himbeeren
- Puderzucker

Muffins mit Himbeeren

Ein traditionelles englisches Rezept. Ein Muss. Nachschlag, bitte!

1 Den Backofen auf 180 Grad vorheizen.

2 Butter bei schwacher Hitze zerlassen, Limette auspressen. Eier trennen. Eigelbe mit Zucker und Vanillezucker schaumig schlagen. Zerlassene Butter und Limettensaft unterrühren.

3 Mehl mit Backpulver mischen und unter die Ei-Butter-Zucker-Masse arbeiten. So lange rühren, bis ein glatter Teig entsteht.

4 Birne schälen, vierteln, entkernen und fein würfeln. Mit den verlesenen oder aufgetauten Himbeeren zum Teig geben und vorsichtig unterheben. Eiweiß steif schlagen und vorsichtig unterheben.

5 12–15 Mulden von 2 Muffinformen zwei Drittel hoch mit dem Teig füllen und die Muffins 10 Minuten im Backofen backen.

6 Vor dem Servieren mit Puderzucker bestreuen.

⊳ **AUCH LECKER** mit Heidelbeeren, Cranberries oder kandierten Früchten.

FÜR 4 PERSONEN
ZUBEREITUNGSZEIT: 30 Min.
GARZEIT: 20 Min.
SCHWIERIGKEITSGRAD: ★
KOSTEN: €

- 10 Gewürzspekulatius
- 100 g weiche Butter
- 100 g brauner Rohrzucker
- 80 g Mehl
- 4 Bananen
- 1 Zitrone

MEIN TIPP

Entdecken Sie den Spekulatius wieder, diesen rheinisch-belgisch-niederländischen Keks mit Karamell und Gewürznelke! Ich benutze ihn auch als Boden für meine Käsekuchen.

Spekulatius-Crumble mit Banane

Vom klassischen Apfel-Crumble sind wir meilenweit entfernt. Ist aber genauso lecker!

1 Den Backofen auf 210 Grad vorheizen.

2 Spekulatius grob zerbröseln und in eine Schüssel geben. Weiche Butter, Zucker und Mehl zufügen.

3 Das Ganze mit den Fingern verkneten, bis ein krümeliger Teig entsteht. Falls er zu trocken ist, ein wenig mehr Butter zufügen, bzw. Mehl, falls er zu weich ist.

4 Bananen schälen und in Scheiben schneiden. In eine ofenfeste Form legen. Zitrone auspressen und Bananen mit dem Saft begießen.

5 Bananen mit dem Teig bedecken und den Crumble 20 Minuten im Backofen backen. Die Kruste muss goldbraun sein.

> **AUCH LECKER** mit Birnen, Mirabellen oder Äpfeln.

FÜR 6 PERSONEN

ZUBEREITUNGSZEIT: 15 Min.

GARZEIT: 50 Min.

SCHWIERIGKEITSGRAD: ★

KOSTEN: €

- 150 g Mehl
- 2 Eier
- 100 g feiner Zucker
- 150 g Naturjoghurt
- 6 Esslöffel Erdnussöl
- 1 Packung Backpulver
- 1 Packung Vanillezucker
- ½ Teelöffel gemahlener Zimt
- 3 Äpfel

Weicher Apfelkuchen

Dieser Kuchen trägt seinen Namen zu Recht. Seine Zubereitung ist ein Kinderspiel.

1 Den Backofen auf 180 Grad vorheizen. Eine Springform (20 cm Durchmesser) fetten.

2 Alle Zutaten bis auf die Äpfel zu einem glatten, homogenen Teig verarbeiten (Mixer, Küchenmaschine).

3 Äpfel schälen und entkernen. In feine Streifen schneiden und zum Teig geben. Teig in die gefettete Form füllen und 50 Minuten im Backofen backen, bis er eine goldgelbe Farbe hat.

4 Kuchen 5 Minuten ruhen lassen. Aus der Form nehmen.

⊳ **AUCH LECKER** mit Birnenstreifen.

WUSSTEN SIE SCHON?

Äpfel werden in Tafeläpfel, Kochäpfel und Mostäpfel unterteilt. Einige Varianten können mehrere Verwendungen haben. Für diesen Kuchen sollten Sie Goldparmäne oder Jonagold verwenden.

FÜR 6–8 PERSONEN

ZUBEREITUNGSZEIT: 10 Min.

GARZEIT: 45 Min.

SCHWIERIGKEITSGRAD: ★

KOSTEN: €

- 100 g Rosinen
- 2 Esslöffel Limettensaft
- 125 g sehr weiche Butter
- 3 Eier
- 50 g feiner Zucker
- 325 g Mehl
- 1 Packung Backpulver
- 2 reife Bananen
- 250 g Himbeeren

Frischer Früchtekuchen

Gut zum Brunch oder für ein Picknick.

1 Rosinen im Limettensaft einweichen. Falls nötig, Butter in der Mikrowelle oder in einem kleinen Topf bei schwacher Hitze weich werden lassen.

2 Eier und Zucker schaumig schlagen, Butter unterrühren. Mehl und Backpulver mischen, die Hälfte auf die Eier-Zucker-Mischung geben und gut unterrühren.

3 Bananen schälen, würfeln und ebenso wie die Rosinen zum Teig hinzufügen. Restliches Mehl zugeben und unterarbeiten.

4 Zwei Drittel der Himbeeren vorsichtig unterheben.

5 Eine Kastenform fetten, Teig hineingeben und die restlichen Himbeeren darauf verteilen. 45 Minuten im Backofen backen.

> **AUCH LECKER** mit Äpfeln oder Birnen.

FÜR 4–6 PERSONEN
ZUBEREITUNGSZEIT: 10 Min.
GARZEIT: 30 Min.
SCHWIERIGKEITSGRAD: ★
KOSTEN: €

Erdbeer-Joghurt-Kuchen

Bei uns ist es eine Tradition: Kinder backen den Joghurtkuchen selbst. Hier eine sommerliche Version mit Erdbeeren.

Der Joghurtbecher ist der Messbecher für die Zutaten

- 1 Naturjoghurt (150 g)
- 1 Becher Olivenöl
- 2 Becher feiner Zucker
- 3 Becher Mehl
- 1 Packung Backpulver
- 3 Eier
- 300 g Erdbeeren

1 Den Backofen auf 180 Grad vorheizen.

2 In einer großen Schüssel alle Zutaten außer den Erdbeeren mit dem Handrührgerät verrühren, bis ein homogener Teig entsteht.

3 Erdbeeren waschen, mit Küchenpapier trocken tupfen, entstielen und in Stücke schneiden.

4 Erdbeeren vorsichtig unterheben. Teig in eine Springform (24 cm Durchmesser) füllen und 30 Minuten im Backofen backen.

⊳ **AUCH LECKER** mit Äpfeln, Birnen oder Himbeeren.

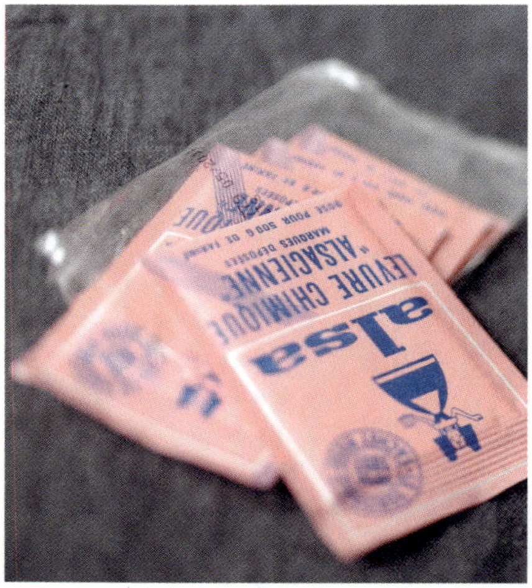

FÜR 6 PERSONEN

ZUBEREITUNGSZEIT: 15 Min.

GARZEIT: 20 Min.

SCHWIERIGKEITSGRAD: ★

KOSTEN: €

- 75 g Pekannüsse
- 170 g brauner Rübenzucker
- 75 g Butter
- 1 Ei
- 90 g Mehl
- 1 Teelöffel Backpulver
- 1 Prise Salz
- 1 Teelöffel Vanilleextrakt

Karamellkuchen mit Pekannüssen

Wer Pekannüsse mag, mag dieses Dessert aus den USA!

1 Den Backofen auf 160 Grad vorheizen.

2 Pekannüsse mit einem Messer grob hacken. Rübenzucker mit Butter bei schwacher Hitze in einem kleinen Top zerlassen. In eine Schüssel geben, Ei zufügen und gut verrühren.

3 Mehl, Backpulver und Salz unterarbeiten, zum Schluss Vanilleextrakt und gehackte Nüsse zufügen und unterrühren.

4 Eine Kuchenform (am besten quadratisch) fetten und den Teig hineingeben. 20 Minuten im Backofen backen. Abkühlen lassen und Kuchen in quadratische Stücke schneiden.

FÜR 6 PERSONEN

ZUBEREITUNGSZEIT: 30 Min.

GARZEIT: 35 Min.

SCHWIERIGKEITSGRAD: ★

KOSTEN: €€

Schoko-Nuss-Kuchen

Ein Kuchen mit Glasur ist immer verlockend. Trauen Sie sich …

- 125 g dunkle Schokolade
- 125 g leicht gesalzene Butter
- 4 Eier
- 50 g feiner Zucker
- 125 g gemahlene Haselnüsse

Für die Glasur:

- 100 g dunkle Schokolade
- 20 g leicht gesalzene Butter
- 100 g Sahne
- 50 g zerstoßene Haselnüsse

1 Den Backofen auf 180 Grad vorheizen.

2 Schokolade in Stücke brechen und bei sehr schwacher Hitze mit Butter in einem Topf schmelzen, dabei ständig umrühren.

3 Eier trennen. Eigelbe mit Zucker schaumig schlagen, vorsichtig die Schokoladen-Butter-Mischung unterheben. Gemahlene Haselnüsse zufügen und verrühren.

4 Eiweiß steif schlagen, zunächst nur ein Viertel davon unterheben, dann den Rest vorsichtig unterziehen.

5 Eine hohe Kuchenform (20 oder 24 cm Durchmesser) fetten und Teig hineingeben. 30 Minuten im Backofen backen.

6 Nach 20 Minuten mit einem Messer prüfen, ob der Kuchen gar ist: Das Messer muss leicht feucht sein, darf aber keine Teigreste aufweisen. Fertigen Kuchen aus der Form nehmen.

7 Für die Glasur Schokolade in Stücke brechen und Butter würfeln. Sahne in einem Topf zum Kochen bringen, Topf vom Herd nehmen, Schokolade und Butter schnell unterrühren.

8 Den Kuchen damit überziehen und abkühlen lassen. Mit zerstoßenen Haselnüssen garnieren.

FÜR 6 PERSONEN
ZUBEREITUNGSZEIT: 5–10 Min.
GARZEIT: 5 Min.
SCHWIERIGKEITSGRAD: ★
KOSTEN: €

Heiße Schoko-Drinks

Variationen rund um die Trinkschokolade

Der Klassiker

- 250 g dunkle Schokolade
- 1,2 l Milch

1 Schokolade in Stücke brechen. In einen Topf legen, Milch darübergießen und zum Kochen bringen, dabei kräftig mit dem Schneebesen umrühren.

2 Schokolade in Tassen füllen.

Schokolade nach traditioneller Art

- 400 g dunkle Schokolade
- 120 g Zucker (je nach gewünschter Süße)
- 6 gut gehäufte Esslöffel Kakaopulver

1 Schokolade in Stücke brechen und bei schwacher Hitze in einem Topf schmelzen. Zucker und 1,5 l Wasser in einem anderen Topf zum Kochen bringen, Kakao hinzufügen, mit dem Schneebesen verrühren.

2 Auf die geschmolzene Schokolade gießen, dabei weiterrühren. Sobald sich Blasen bilden, Herdplatte ausstellen und so lange rühren, bis eine schäumende Mischung entsteht. Servieren.

Schokocreme mit Gewürzen

- 220 g dunkle Schokolade
- 75 g Milchschokolade
- 2 Esslöffel Kakaopulver
- 1 Esslöffel Speisestärke
- 750 ml Milch
- 1 Teelöffel Gewürzmischung (Zimt, Vanille, Ingwer)
- 400 g Sahne

1 Beide Schokoladen in Stücke brechen und in eine Schüssel legen.

2 In einem Topf Kakaopulver und Stärke mit 2 Esslöffel kalter Milch anrühren. Gewürze, restliche Milch und Sahne hinzufügen. Zum Kochen bringen, dabei ständig umrühren.

3 Beim ersten Aufkochen Schokolade hinzugeben und mit dem Schneebesen verrühren, bis eine glatte, schäumende Mischung entsteht. 1 Stunde ruhen lassen und bei schwacher Hitze aufwärmen. In Tassen servieren.

Miss-ion erfüllt

Viel Zeit für die Gäste haben

Geflüster im kleinen Kreis?

So decken Sie den Tisch für Ihre Gäste

FÜR 2 PERSONEN

ZUBEREITUNGSZEIT: 15 Min.

GARZEIT: 30 Min.

SCHWIERIGKEITSGRAD: ★

KOSTEN: €

- 100 g Sahne
- ½ Blumenkohl
- 50 g Blauschimmelkäse
- 150 ml Milch
- ½ Teelöffel Kümmelkerne
- Salz und frisch gemahlener Pfeffer
- 2 Esslöffel sehr kleine Croûtons
- 1 Esslöffel Pinienkerne

Blumenkohl-Cappuccino

Beginnen wir mit einer Überraschung: Ein Blumenkohl-Cappuccino, der in einer Kaffeetasse serviert wird!

1 Sahne in den Kühlschrank stellen, ebenso wie eine Schale und die Rührbesen des Handrührgeräts (30 Minuten vor der Benutzung).

2 Blumenkohl in Röschen teilen, waschen und in einen Topf mit kochendem Salzwasser legen. 20 Minuten garen.

3 Abgießen und abtropfen lassen, mit Käse und Milch im Mixer pürieren. Zurück in den Topf geben, Kümmel hinzufügen, mit Salz und Pfeffer würzen.

4 Schale aus dem Kühlschrank nehmen, Sahne hineingießen, salzen, pfeffern und mit dem Handrührgerät steif schlagen.

5 Suppe kurz vor dem Servieren aufwärmen, auf Tassen verteilen, Sahne klecksartig daraufsetzen und mit kleinen Croûtons und Pinienkernen bestreut servieren.

GARNIER-IDEE:

Sie können die Croûtons und die Pinienkerne auch in kleinen Formen aus Backpapier servieren, die normalerweise für süße Häppchen oder Schokoladentrüffel verwendet werden.

FÜR 4 PERSONEN

ZUBEREITUNGSZEIT: 15 Min.

SCHWIERIGKEITSGRAD: ★

KOSTEN: €

Gefüllte Tomaten und Salatgurke

Eine Vorspeise, die sich im Nu zubereiten lässt.

Für die gefüllten Tomaten:

- 8 Kirschtomaten
- 25 g Frischkäse
- 2 Esslöffel grüne Tapenade (Rezept Seite 32 zum Selbermachen)

Für die gefüllte Salatgurke:

- 1 Salatgurke
- 25 g Frischkäse
- 1 Esslöffel Rosinen
- 15 Minzblätter

1 Für die gefüllten Tomaten Tomaten waschen und trocken tupfen. Nicht entstielen. Von jeder Tomate einen „Hut" abschneiden und Tomaten aushöhlen.

2 Frischkäse mit Tapenade verrühren und damit die Tomaten füllen. „Hüte" wieder aufsetzen.

3 Für die gefüllte Salatgurke Gurke schälen und in 8 Stücke schneiden. Den mittleren Teil jedes Stücks aushöhlen.

4 Frischkäse mit Rosinen mischen. Minze waschen und trocken tupfen. 8 kleine Blätter zurückbehalten und den Rest fein hacken. Gehackte Minze hinzufügen, mischen und die Gurkenstücke mit dieser Mischung füllen. Jedes Stück mit 1 Minzblatt dekorieren.

GARNIER-IDEE:

Legen Sie auf jeden Teller 2 Tomaten und 2 Gurkenstücke, ein paar Rucola-Blätter und beträufeln Sie kurz vor dem Servieren alles mit einem Schuss Olivenöl.

FÜR 2 PERSONEN

ZUBEREITUNGSZEIT: 10 Min.

SCHWIERIGKEITSGRAD: ★

KOSTEN: €

- 2 rosa Grapefruits
- 1 Glas schwarze Tapenade
- 2 schwarze Oliven
- einige Rucola-Blätter oder junge Sprossen
- Olivenöl
- Balsamico

Millefeuille mit rosa Grapefruit

Scheuen Sie sich nicht, ganz unterschiedliche Aromen miteinander zu kombinieren!

1 Mit einem scharfen Messer die Enden der Grapefruits abschneiden, von oben nach unten vierteln. Die dicken Scheiben schälen und weiße Haut mit abziehen. In recht dünne Scheiben schneiden, um pro Millefeuille mindestens 4 zu haben.

2 Tapenade auf alle Scheiben bis auf die jeweils letzte jeder Millefeuille verteilen. Auf die letzte Scheibe eine Olive setzen. Scheiben übereinanderlegen, um 2 Millefeuilles zu bilden. Mit Frischhaltefolie abdecken und kalt stellen.

3 Rucola bzw. junge Sprossen waschen und trocknen. Millefeuilles auf einem Salatbett mit einem Schuss Olivenöl und ein paar Tropfen Balsamico servieren.

SELBST GEMACHT SCHMECKT AM BESTEN!

Bereiten Sie eine größere Menge Tapenade zu, sie lässt sich gut im Kühlschrank in einem Glas aufbewahren. 250 g schwarze, entsteinte Oliven mit 6 Sardellenfilets, 3 Teelöffeln Kapern und ½ geschälten Knoblauchzehe in eine Mixerschüssel geben. Mixen und am Schluss einen Schuss Olivenöl für die richtige Konsistenz zugeben.

FÜR 6 PERSONEN

ZUBEREITUNGSZEIT: 10 Min.

GARZEIT: 18 Min.

SCHWIERIGKEITSGRAD: ★

KOSTEN: €

- 20 g Speisestärke
- 500 g Sahne
- 4 Eier
- 150 g geriebener Parmesan

Für die Tomatensoße:

- ½ Knoblauchzehe
- 250 g Kirschtomaten
- 1 Esslöffel Olivenöl
- 1 Zweig Thymian
- 1 Lorbeerblatt
- 1 Prise Rohrzucker
- 6 Salbeiblätter
- Salz und frisch gemahlener Pfeffer

Kleine Parmesan-Flans

Eine Vorspeise, die wie ein Dessert daherkommt!

1 Den Backofen auf 170 Grad vorheizen.

2 Eine ofenfeste, zu einem Drittel mit Wasser gefüllte Form in den kalten Ofen stellen. Darin wird der Flan in 6 kleinen Auflaufformen im Wasserbad gegart.

3 Stärke mit 200 ml kaltem Wasser anrühren. Sahne erwärmen und Stärke einrühren. Vom Herd nehmen.

4 In einer Schüssel Eier und Parmesan mit der Gabel verquirlen, zur Mischung hinzugeben, gut verrühren und in kleine Formen gießen. Formen ins Wasser stellen und 15 Minuten backen.

5 In der Zwischenzeit für die Tomatensoße Knoblauch schälen und durch eine Presse drücken. Kirschtomaten waschen und trocken tupfen. In einer Pfanne Olivenöl erhitzen, Tomaten, Knoblauch, Thymian, Lorbeer und Zucker zufügen und 3 Minuten bei mittlerer Hitze garen. Mit Salz und Pfeffer würzen.

6 6 gegarte Tomaten beiseitelegen und den Rest zu einer Soße mixen. Auf jede kleine Auflaufform ein wenig Soße, 1 Tomate und ein Salbeiblatt legen.

FÜR 4 PERSONEN

ZUBEREITUNGSZEIT: 20 Min.

GARZEIT: 10 Min.

SCHWIERIGKEITSGRAD: ★

KOSTEN: €

- 1 Ei
- 1 Knoblauchzehe
- 1 kg reife Ochsenherztomaten
- Salz und frisch gemahlener Pfeffer
- 6 Esslöffel Olivenöl
- ½ Bund Koriander
- 12 gegarte Garnelen

Kalte Tomatensuppe mit Garnelen

Eine Vorspeise für den Sommer – und zwar nur für den Sommer! Die Tomaten müssen reif und aromatisch sein.

1 Ei 10 Minuten in Wasser kochen. Abkühlen lassen und pellen.

2 Knoblauch schälen und durch eine Presse drücken. Tomaten waschen, kurz in kochend heißes Wasser legen, kalt abschrecken und die Haut abziehen. In Stücke schneiden und mit Knoblauch mixen. Salzen und pfeffern.

3 Durch ein Sieb gießen, um die Kerne zu entfernen, Olivenöl zufügen. Schüssel mit Frischhaltefolie bedecken und kalt stellen.

4 Koriander waschen, trocken schütteln, Blätter abzupfen und fein hacken, ein paar Blätter zurückbehalten. Ei mit der Gabel zerdrücken. Garnelen schälen und kalt stellen.

5 Kurz vor dem Servieren zerdrücktes Ei und gehackten Koriander zur kalten Tomatensuppe geben und auf tiefe Teller verteilen. Garnelen und Korianderblätter zufügen.

FÜR 4 PERSONEN

ZUBEREITUNGSZEIT: 20 Min.

GARZEIT: 35 Min.

SCHWIERIGKEITSGRAD: ★

KOSTEN: €€

Topinambursuppe mit Jakobsmuscheln

Unglaublich, aber wahr: Der Topinambur mit seinem leichten Artischockengeschmack passt perfekt zu Jakobsmuscheln!

- 400 g Topinambur
- 3 Schalotten
- 3 Esslöffel Olivenöl
- 600 ml Geflügelbrühe
- 250 g Crème fraîche
- Salz und frisch gemahlener Pfeffer
- 8 Jakobsmuscheln

1 Topinambur waschen, schälen und in kleine Stücke schneiden. Schalotten schälen und klein schneiden.

2 Topinambur und Schalotten 3 Minuten in 2 Esslöffeln Olivenöl anbraten. Geflügelbrühe zufügen, zugedeckt bei schwacher Hitze 30 Minuten lang garen. Crème fraîche zufügen, salzen, pfeffern und mixen.

3 Jakobsmuschelnüsschen kurz vor dem Servieren waagerecht halbieren und in einer Pfanne mit dem restlichen Olivenöl 1 Minute von jeder Seite anbraten.

4 Topinambur-Cremesuppe in Tellern anrichten, jeweils 4 Jakobsmuschelscheiben zufügen, mit Pfeffer bestreuen und servieren.

UNSER PROFI-TIPP

Wenn die Jakobsmuschelnüsschen tiefgekühlt sind, lasse ich sie in Milch auftauen, bevor sie abtropfen. So bleiben sie herrlich weich.

GUR ORGANISIERT IST HALB GEKOCHT!

Diese Cremesuppe können Sie am Vortag zubereiten. Am nächsten Tag müssen vor dem Servieren dann nur noch die Jakobsmuschelnüsschen 2 Minuten lang angebraten werden.

FÜR 4 PERSONEN

ZUBEREITUNGSZEIT: 35 Min.

MARINIEREN: 1 Std.

GARZEIT: 3 Min.

SCHWIERIGKEITSGRAD: ★

KOSTEN: €€

Ananas-Carpaccio mit Langustinen

Ein Ananas-Carpaccio bringt sofort Sonne auf den Teller!

- 1 Ananas
- 20 rohe Langustinen
- 3 Zweige Estragon
- 2 Esslöffel Olivenöl

Für die Marinade:

- 1 Limette
- 4 Esslöffel Olivenöl
- 10 g geriebener frischer Ingwer
- Salz und frisch gemahlener Pfeffer

1 Für die Marinade Limette auspressen und den Saft mit den restlichen Zutaten verrühren. Leicht salzen.

2 Ananas schälen, halbieren, hartes Innenstück und schwarze Augen entfernen und Ananas in sehr feine Scheiben schneiden. Auf einen flachen Teller legen und mit der Marinade begießen. 1 Stunde lang im Kühlschrank marinieren.

3 Köpfe der Langustinen entfernen und schälen. Estragon waschen und abtrocknen, Blätter abzupfen und fein hacken.

4 Teller mit Ananas-Carpaccio auslegen. Langustinen in einer Pfanne 3 Minuten in Olivenöl braten, dabei ständig umrühren. Salzen und pfeffern.

5 Langustinen auf das Carpaccio legen und mit gehacktem Estragon bestreuen.

FÜR 4 PERSONEN
ZUBEREITUNGSZEIT: 20 Min.
GARZEIT: 15 Min.
SCHWIERIGKEITSGRAD: ★
KOSTEN: €

- 500 g festkochende Kartoffeln
- 3 Scheiben Räucherlachs
- Salz und frisch gemahlener Pfeffer

Für die Sahne:

- 200 g Sahne
- 1 gut gehäufter Esslöffel Taramas

UNSER PROFI-TIPP

Stellen Sie Sahne, Schüssel und die Rührbesen für das Rührgerät vorher in den Kühlschrank, damit die Sahne leichter steif wird.

Kartoffel-Maki

Sie warten im Kühlschrank, bis sie serviert werden!

1 Kartoffeln schälen, in 3 cm hohe Stücke schneiden und aus der Oberseite jeweils eine Einbuchtung herausschneiden. 15 Minuten dampfgaren und abkühlen lassen.

2 Lachs in 3 cm breite Streifen schneiden und mit Pfeffer bestreuen. Um die Kartoffelstücke wickeln. In den Kühlschrank stellen.

3 Für die Sahne die gut gekühlte Sahne steif schlagen, Taramas unterheben, salzen, falls nötig, und pfeffern.

4 Kurz vor dem Servieren Taramas-Sahne mit dem Spritzbeutel (oder einfacher: mit dem Teelöffel) in die Einbuchtung der Kartoffeln setzen.

GUT ZUR LINIE!

Ersetzen Sie die Schlagsahne durch Schnittlauchquark (falls Sie auf die Kalorien achten!).

FÜR 2 PERSONEN

ZUBEREITUNGSZEIT: 30 Min.

GARZEIT: 15 min

SCHWIERIGKEITSGRAD: ★★

KOSTEN: €€

- 75 g Basmatireis
- Salz und frisch gemahlener Pfeffer
- 4 Lauchstangen
- 6 Schnittlauchhalme
- 50 g Räucherlachs
- 50 g Schellfisch
- 6 kleine, geschälte, gegarte Garnelen
- 10 g Forellenrogen

Für die Soße:

- 4 Esslöffel Mayonnaise
- 2 Esslöffel Grapefruitsaft

Überraschungsröllchen

Mit perfektem Timing wird alles rechtzeitig fertig und dann heißt es: Überraschung!

1 In einem kleinen Topf 300 ml Wasser zum Kochen bringen. Reis und Salz zugeben und bei schwacher Hitze 10–12 Minuten köcheln lassen.

2 6 schöne (wenn möglich grüne) Lauchblätter 10 Minuten in einem anderen Topf mit kochendem Wasser blanchieren.

3 Mit einem Schaumlöffel herausnehmen, kalt abschrecken, auf ein sauberes Geschirrtuch legen. Schnittlauchhalme 10 Sekunden blanchieren und auf einem Geschirrtuch abtropfen lassen.

4 Lachs und Schellfisch in 6 Stäbchen von je 4 cm Länge schneiden. Reis abtropfen lassen. 1 Esslöffel gekochten Reis auf ein Lauchblatt setzen, 1 Stäbchen von jedem Fisch in die Mitte legen, pfeffern und das Blatt einrollen.

5 Wenn die 6 Röllchen fertig sind, jeweils 1 Schnittlauchhalm darumbinden und jeweils 1 Garnele darunterschieben. Forellenrogen darauf verteilen. Teller mit Frischhaltefolie bedecken und kalt stellen.

6 Für die Soße Zutaten mischen, salzen und pfeffern, kalt stellen. Röllchen und Soße erst kurz vor dem Servieren herausnehmen.

FÜR 4 PERSONEN

ZUBEREITUNGSZEIT: 20 Min.

SCHWIERIGKEITSGRAD: ★

KOSTEN: €

- 1 Honigmelone
- 1 Salatgurke
- 2 Zweige Basilikum
- 125 g Mozzarella-Kugeln
- 8 Esslöffel Olivenöl
- 1 Esslöffel Apfelessig
- Salz und frisch gemahlener Pfeffer
- 2 Scheiben Parmaschinken (nicht zu fein)

Melonen-Gurken-Salat

Ideal für ein Sommeressen mit Freundinnen. Kann gut vorbereitet werden und wartet ruhig im Kühlschrank.

1 Honigmelone halbieren und alle Kerne entfernen. Salatgurke schälen. Mit einem Kugelausstecher Melonen- und Gurkenkugeln aus dem Fruchtfleisch stechen. In eine große Schüssel geben.

2 Basilikum waschen, trocken schütteln. 4 Blätter zurückbehalten und den Rest fein hacken.

3 Mozzarella abtropfen lassen und mit Olivenöl, Essig und gehacktem Basilikum in die Schüssel geben. Salzen und pfeffern und vorsichtig mischen. Mit Frischhaltefolie bedecken und in den Kühlschrank stellen.

4 Kurz vor dem Servieren marinierte Zutaten in Schälchen verteilen. Mit einer Küchenschere in jedes Schälchen Schinkenstreifen hineinschneiden, 1 Basilikumblatt zufügen und servieren.

FÜR 4 PERSONEN

ZUBEREITUNGSZEIT: 20 Min.

GARZEIT: 35–40 Min.

SCHWIERIGKEITSGRAD: ★

KOSTEN: €

- Salz
- 500 g Kartoffeln
- 80 g Butter
- 3 Eier
- 200 ml Milch
- 1 Packung Backpulver
- 1 Prise Meersalz

Kartoffel-Madeleines

Bereiten Sie diese Überraschungsbeilage vorher vor und wärmen Sie sie kurz vor dem Servieren wieder auf.

1 Salzwasser in einem Topf zum Kochen bringen. Kartoffeln schälen, waschen und fein würfeln (dadurch sind sie schneller gar). 5–8 Minuten im kochenden Wasser garen. Mit einer Messerspitze überprüfen, ob die Kartoffeln gar sind. Butter zerlassen.

2 Kartoffeln abtropfen lassen und mit der Gabel zerdrücken.

3 Den Backofen auf 180 Grad vorheizen.

4 Kartoffeln in eine Schüssel geben, nach und nach Eier, Milch, Backpulver, Meersalz und zerlassene Butter hinzufügen und die Zutaten gut vermengen. Eine Madeleine-Form fetten und die Vertiefungen jeweils zwei Drittel hoch füllen. In den Backofen stellen und 15 Minuten backen.

5 Sofort danach aus der Form nehmen für eine zweite Ofenfüllung.

6 Falls die Madeleines zuvor vorbereitet wurden, erneut in die Backform setzen und bei 120 Grad aufwärmen.

FÜR 2 PERSONEN

ZUBEREITUNGSZEIT: 15 Min.

GARZEIT: 10 min

SCHWIERIGKEITSGRAD: ★

KOSTEN: €

- 500 g frische Erbsen
- 1 Esslöffel Olivenöl
- Salz
- 6 Rispen rote Johannisbeeren

Erbsen mit Johannisbeeren

Jeder weiß, dass Erbsen gut zu Minze passen. Versuchen Sie mal die neueste Trend-Verbindung mit roten Johannisbeeren …

1 Erbsen palen.

2 Erbsen mit Olivenöl und 100 ml Wasser in einem kleinen Topf bei schwacher Hitze 10 Minuten garen. Salzen, zudecken.

3 Johannisbeeren waschen, mit einer Gabel von den Rispen streifen und kurz vor dem Servieren über die Erbsen streuen.

> **DAZU** ein Kalbskotelett reichen, das 5 Minuten von jeder Seite in Olivenöl gebraten wurde.

Geflüster im kleinen Kreis?

Nicht einfach, mehrere Dinge zeitgleich zu erledigen! Vor allem, wenn man aus seinem Abendessen ein besonders schönes Ereignis machen möchte ... Da Sie nicht an zwei Orten zugleich sein können (es sei denn, Sie haben eine offene Küche), hier ein paar Tipps, damit dieser gemeinsame Moment auch wirklich ein gemeinsamer wird:

Gesellig sein und gut schlemmen: Die Grundlage für einen gelungenen Abend!

In kleiner Runde soll es natürlich locker zugehen, aber bitte folgende Aufmerksamkeiten nicht vernachlässigen:

Bereiten Sie Ihr Abendessen vor, damit Sie den ganzen Abend verfügbar sind: Ein Aperitif direkt beim Eintreffen der Gäste, eine kalte Vorspeise, die direkt vom Kühlschrank auf den Tisch kommt, und ein Hauptgericht, das fertig ist zum Aufwärmen.

Unter Frauen sind Abendessen die Gelegenheit, leichte, köstliche Gerichte zu probieren, ohne einen Kochwettbewerb zu veranstalten. Jede kann ein Gericht mitbringen, und alle genießen, während man den Aperitif trinkt.

ROMANTISCHES DINNER ZU ZWEIT

Kleine Gerichte, die ihn/sie aus der Fassung bringen werden:

* Millefeuille mit rosa Grapefruit (Rezept Seite 317)
* Gebratene Wachteln mit Datteln (Rezept Seite 350)
* Schoko-Bananen-Törtchen (Rezept Seite 384)

Mädelsabend

Leichte Gerichte, die gemeinsam genossen werden:

- Ananas-Carpaccio mit Langustinen (Rezept Seite 322)
- Rotbrassenfilet mit Matcha-Tee (Rezept Seite 344)
- Fruchtgelee (Rezept Seite 376)

Überzeugender Auftritt ohne Zwischenfälle

- Achten Sie ganz besonders auf die einfachen Details, die Großes bewirken können (Kerzen, eine hübsche Tischdecke, eine gute Flasche Wein ...).
- Zeigen Sie Ihr Interesse am ... Gaumen Ihres Gastes. Respektieren Sie seinen Geschmack; er/sie wird darüber umso mehr entzückt sein ...
- Seien Sie originell, indem Sie sein/ihr Interesse und seine/ihre Geschmackspapillen anregen (Erbsen mit roten Johannisbeeren, Gambas mit Ingwer, Weiß-Pfirsich-Salat mit Weißwein ...).

KLEINES ABENDESSEN UNTER FREUNDEN

Gesellige Rezepte zum Teilen:

* Kleine Parmesan-Flans (Rezept Seite 318)
* Hühnchen-Colombo mit Backpflaumen (Rezept Seite 358)
* Tapioka-Perlen mit Minzmilch (Rezept Seite 380)

FÜR 4 PERSONEN

ZUBEREITUNGSZEIT: 10 Min.

GARZEIT: 2 Std.

SCHWIERIGKEITSGRAD: ★

KOSTEN: €

- 4 große rote Paprika
- Salz
- 4 Minzblätter
- 1 Bund Dill
- 150 g Feta
- 100 ml Olivenöl
- ½ Teelöffel Paprikapulver
- 200 g Reis

Griechische Paprika

Langsames, sanftes Garen – das ist das Geheimnis dieses Rezepts, das so lecker nach Urlaub duftet.

1 Den Backofen auf 180 Grad vorheizen.

2 Paprika waschen, jeweils einen Deckel abschneiden und beiseitelegen. Paprika mit einem Teelöffel entkernen, waschen und innen leicht salzen.

3 Minze und Dill waschen, trocken tupfen, Dillspitzen abziehen. Mit Feta, Olivenöl und Paprikapulver im Mixer pürieren.

4 Püree mit Reis mischen und Paprika damit füllen. In eine nicht zu große Auflaufform setzen, damit die Paprikaschoten die gesamte Form einnehmen.

5 Mit dem restlichen Olivenöl und 4 Esslöffeln Wasser beträufeln. Mit Alufolie abdecken, in den Ofen stellen und 1,5 Stunden garen. Alle 30 Minuten den Garzustand überprüfen und eventuell Wasser zufügen.

6 Am Ende der Garzeit Alufolie entfernen, jeweils die Deckel wieder aufsetzen und weitere 30 Minuten garen.

7 Heiß, lauwarm oder kalt servieren.

⊳ **DAZU** mit Zitronensaft und Olivenöl angemachten Rucola-Salat reichen.

FÜR 2 PERSONEN

ZUBEREITUNGSZEIT: 30 Min.

GARZEIT: 45 Min.

SCHWIERIGKEITSGRAD: ★

KOSTEN: €€

- 6 große Gambas
- 1 Esslöffel Olivenöl
- 1 kleine Zwiebel
- ½ Bund Kräuter (Thymian, Petersilie und Lorbeerblätter)
- 30 g frischer Ingwer
- 1 kleine Rübe
- 10 g Butter
- 80 g Glasnudeln
- Salz und frisch gemahlener weißer Pfeffer

GARNIER-IDEE:

Begießen Sie die Glasnudelnester mithilfe eines Teelöffels mit Rübensud, damit sie am Rand weiß bleiben. Gießen Sie den Ingwersud in eine kleine Schale, die auf den Teller gestellt wird.

Gambas mit Ingwer

Dieses Gericht lässt sich gut vorbereiten. Man braucht nur ein paar Minuten zum Aufwärmen und Arrangieren der Zutaten.

1 In einer Pfanne Gambas unter Rühren 1 Minute in Olivenöl anbraten. Herausnehmen und abkühlen lassen. Pfanne mit Bratöl beiseitestellen.

2 Zwiebel schälen und klein schneiden. Mit dem Kräuterbund und dem in feine Scheiben geschnittenen Ingwer in einen Topf mit 250 ml Salzwasser geben.

3 Sobald die Gambas abgekühlt sind, Köpfe und Schalen entfernen, in den Topf geben. Abgedeckt 20 Minuten bei schwacher Hitze köcheln lassen. Abseihen, Ingwersud zurück in den Topf geben und beiseitestellen.

4 Rübe schälen und in 6 feine Scheiben schneiden. In die Pfanne der Gambas legen, Butter hinzufügen und 1 Minute von jeder Seite braten. 2 Esslöffel Ingwersud hinzugeben, zum Kochen bringen und zugedeckt 5 Minuten köcheln lassen. .

5 Glasnudeln nach Packungsangabe zubereiten. Abtropfen lassen und beiseitestellen.

6 Kurz vor dem Servieren Gambas bei starker Hitze wieder in den Ingwersud legen und Rübenscheiben 1 Minute in der Pfanne erhitzen. Außerdem die Glasnudeln 30 Sekunden in der Mikrowelle aufwärmen.

7 Jeweils 3 Gambas und 3 Rübenscheiben auf Tellern anrichten, darauf ein kleines Nest Glasnudeln setzen. Mit dem Rübensud beträufeln. Pfeffern und Ingwersoße separat servieren.

FÜR 4 PERSONEN

ZUBEREITUNGSZEIT: 20 Min.

GARZEIT: 20 Min.

SCHWIERIGKEITSGRAD: ★

KOSTEN: €€

- 4 Schalotten
- 1 Zweig Zitronengras
- 2 Limetten
- 4 Zweige Koriander
- 4 Zweige Basilikum
- 8 große, küchenfertige Garnelen
- 4 Esslöffel Sonnenblumenöl
- 200 g Reisnudeln
- 4 Esslöffel Fischsoße
- 1 Esslöffel Apfelessig
- frisch gemahlener Pfeffer
- 4 Eier
- 4 Esslöffel geröstete Erdnüsse

Gebratene Nudeln mit Garnelen

Ein echtes asiatisches Gericht – wie im Restaurant!

1 Schalotten schälen und hacken. Zitronengras waschen, trocken tupfen und in kleine Stücke schneiden. Limetten vierteln. Koriander und Basilikum waschen, trocken schütteln, Blätter abzupfen und fein hacken.

2 Garnelen in einer großen Pfanne 3 Minuten in 1 Esslöffel vom Sonnenblumenöl anbraten. Herausnehmen und Pfanne auswischen.

3 Restliches Sonnenblumenöl erhitzen und Schalotten darin 1 Minute braten. Nudeln, Zitronengras und 200 ml Wasser zufügen. Verrühren und bei mittlerer Hitze weitergaren, bis die Nudeln weich sind.

4 Fischsoße, Essig und Pfeffer unterrühren.

5 In einer Schüssel Eier verquirlen und über die Nudeln geben. Bei starker Hitze verrühren, gehackte Kräuter zufügen und, sobald die Eier gar sind, Pfanne vom Herd nehmen.

6 Auf Tellern anrichten, Garnelen zufügen, mit gerösteten Erdnüssen bestreuen und jeweils 2 Limettenviertel auf jeden Teller legen.

FÜR 4 PERSONEN

ZUBEREITUNGSZEIT: 15 Min.

GARZEIT: 40 Min.

SCHWIERIGKEITSGRAD: ★

KOSTEN: €€

- 600 g weißer Thunfisch
- 600 g Möhren
- 2 Zucchini
- 1 Bund Frühlingszwiebeln
- 1 unbehandelte Orange
- 4 Teelöffel Olivenöl
- 4 Teelöffel Couscous-Gewürz
- Salz und frisch gemahlener Pfeffer

Thunfischpfanne mit Gemüse

Ein kleines, aber vollständiges Gericht, das in einem Pfännchen serviert wird: Da läuft einem das Wasser im Mund zusammen …

1. Den Backofen auf 200 Grad vorheizen.

2. Thunfisch grob würfeln. Möhren und Zucchini putzen, schälen, waschen und in Stifte schneiden. Zwiebeln putzen, waschen und klein schneiden (Grün anderweitig verwenden).

3. Orange waschen und mit einem Sparschäler 4 Zesten abschneiden. Frucht auspressen.

4. Gemüse 10 Minuten dampfgaren, abtropfen lassen. In einen kleinen Bräter legen, Thunfischwürfel, Orangensaft, Olivenöl und Gewürze zufügen, salzen und pfeffern. Topf verschließen, in den Ofen stellen und 30 Minuten garen.

GUT ORGANISIERT IST HALB GEKOCHT!

Falls Sie individuelle Pfännchen haben, wird das Servieren noch einfacher, und die Garzeit im Ofen reduziert sich auf 20 Minuten.

FÜR 2 PERSONEN

ZUBEREITUNGSZEIT: 30 Min.

GARZEIT: 20 Min.

SCHWIERIGKEITSGRAD: ★★

KOSTEN: €€

- 1 große Aubergine
- 2 Zitronen
- 2 Esslöffel Olivenöl
- Salz und frisch gemahlener Pfeffer
- 3 Zweige Dill
- 4 Zweige Kerbel
- 10 Kirschtomaten
- 100 g Pilze (Champignons, Austernpilze oder Pfifferlinge)
- 350 g Schwertfisch (in 6 feine Scheiben geschnitten)

UNSER PROFI-TIPP

Der Schwertfisch verdankt seinen Namen dem „Schwert", das seinen Oberkiefer verlängert. Das Fleisch dieses erlesenen Fischs erinnert an das des Thunfischs. Kochen Sie ihn genau wie diesen.

Millefeuille aus Aubergine und Schwertfisch

Bereiten Sie diese Millefeuille im Voraus vor, um Zeit für Ihren Gast zu haben.

1 Den Backofengrill einschalten.

2 Aubergine waschen, entstielen und mit der Schale in feine Scheiben schneiden. In eine ofenfeste Form legen.

3 Zitronen auspressen und Saft in eine Schüssel gießen. Mit Olivenöl mischen, salzen und pfeffern. Auberginenscheiben damit beträufeln und unter dem Grill 3 Minuten von jeder Seite garen.

4 Kräuter waschen, trocken tupfen, die Hälfte der Spitzen und Blätter fein hacken. Kirschtomaten kurz in kochendes Wasser legen, kalt abschrecken und die Haut abziehen. Pilze säubern. Gehackte Kräuter, Tomaten und Pilze in die Schüssel geben und marinieren lassen.

5 1 Scheibe gegrillte Aubergine nehmen und mit 1 Scheibe Schwertfisch und je einem nicht gehacktem Zweig Dill und Kerbel bedecken. Salzen und pfeffern. Vorgang zweimal wiederholen.

6 Mit 1 Scheibe Aubergine abschließen, Enden umklappen.

7 Zu Beginn der Mahlzeit den Backofen auf 180 Grad vorheizen. In den Ofen stellen und 15 Minuten garen.

8 Millefeuilles sehr heiß mit mariniertem Gemüse und Kochsud servieren.

FÜR 4 PERSONEN

ZUBEREITUNGSZEIT: 20 Min.

GARZEIT: 30 min

SCHWIERIGKEITSGRAD: ★

KOSTEN: €€

In Brühe pochierter Kabeljau

Originell und leicht für ein Abendessen unter Freundinnen.

- Erdnussöl
- 100 g Thai-Reis
- 600 g Kabeljau (ohne Haut)
- 3 Zweige glatte Petersilie
- 3 Zweige Koriander
- 2 weiße Zwiebeln
- 1 Knoblauchzehe
- 1 cm frischer Ingwer
- 1 Brühwürfel Gemüsebrühe
- 1 Limettenscheibe
- 1 Esslöffel Fischsoße
- Salz und frisch gemahlener Pfeffer

1 In einem Wok oder einer großen Pfanne 2 Esslöffel Erdnussöl bei hoher Temperatur erhitzen. Reis bei schwacher Hitze 1–2 Minuten unter Rühren einrühren.

2 Reis kurz abkühlen lassen, dann in einem Mörser grob zerstoßen.

3 Kabeljau in grobe Stücke schneiden. Petersilie und Koriander waschen, trocken tupfen, Blätter abziehen und hacken.

4 Zwiebeln und Knoblauch schälen und mit dem Ingwer hacken.

5 1 Liter Wasser mit dem Brühwürfel, den gehackten Zutaten und der Limettenscheibe zum Kochen bringen. 15 Minuten bei schwacher Hitze garen, zerstoßenen Reis hinzufügen und weitere 10 Minuten sanft köcheln.

6 Fischsoße, Petersilie und Koriander hinzufügen. Kurz vor dem Servieren abschmecken und Fischstücke 3 Minuten lang in der Brühe pochieren.

7 In Schalen oder tiefen Tellern mit einem Spritzer Erdnussöl servieren.

> **DAZU** eine Schale Naturreis servieren.

FÜR 2 PERSONEN

ZUBEREITUNGSZEIT: 10 Min.

REPOS: 1 Std.

GARZEIT: 15 Min.

SCHWIERIGKEITSGRAD: ★

KOSTEN: €€

Lachs mit Fenchelgelee

Ein leichtes, einfaches Gericht, das aber absolut raffiniert aussieht.

- 2 Lachsscheiben ohne Haut je 100 g)
- 1 Esslöffel Olivenöl
- ½ Teelöffel geriebener frischer Ingwer
- ½ Teelöffel abgeriebene Limettenschale
- 1 Teelöffel Sojasoße
- 1 Teelöffel Reisessig oder weißer Balsamico

Für das Gelee:

- 2 Fenchelknollen
- 4 Zweige Kerbel
- 1 Sternanis
- Salz
- ½ Teelöffel Agar-Agar

1 Für das Gelee Fenchel putzen. Obere Teile abschneiden und in feine Streifen schneiden. Knollen achteln. Kerbel waschen, trocken tupfen, Blätter abzupfen und hacken.

2 Fenchelstreifen mit Sternanis in den unteren Teil und die Fenchelstücke in den oberen Korb eines Dampfgarers legen. Salzen und zugedeckt bei mittlerer Hitze etwa 8 Minuten garen. Mit einer Messerspitze Garzustand des Fenchels überprüfen (nicht zu lange garen, da er kurz vor dem Servieren noch einmal aufgewärmt wird).

3 Sud abseihen und abkühlen lassen. Agar-Agar zufügen und zum Kochen bringen. Mit diesem Sud die Tellerböden bedecken, auf harmonische Weise Fenchelstreifen darauflegen und abkühlen lassen, bis das Ganze fest geworden ist. In einer Pfanne Lachsscheiben in Olivenöl von allen Seiten anbraten, dann zudecken, vom Herd nehmen und 5 Minuten ruhen lassen.

4 Ingwer, Limettenschalen, Sojasoße und Essig verrühren. Lachs damit beträufeln und wieder abdecken.

5 Kurz vor dem Servieren Lachs und Fenchel kurz aufwärmen. Auf das Gelee den Lachs setzen und als Blütenkrone die Fenchelstücke.

GARNIER-IDEE:

Geben Sie zum Gelee ein paar rote Pfefferkörner oder kleine Thymianblüten.

> **AUCH LECKER** mit Kabeljau- oder Seelachs und Petersilie statt Fenchel.

FÜR 4 PERSONEN

ZUBEREITUNGSZEIT: 20 Min.

GARZEIT: 20 Min.

SCHWIERIGKEITSGRAD: ★

KOSTEN: €

- 4 Lachsscheiben (je180 g)
- Meersalz und frisch gemahlener Pfeffer
- 1 Beet Kresse
- 2 Schalotten
- 1 Limette
- 30 g Butter
- 250 ml Kokosmilch

Kresse-Kokos-Lachs

Ein hübscher orange-grüner Kontrast auf dem Teller. Da bekommt man Appetit!

1 Lachs unter fließend kaltem Wasser abspülen und trocken tupfen. Mit Meersalz bestreuen.

2 Kresseblätter abschneiden und waschen. Schalotten schälen und klein schneiden. Limette auspressen.

3 Schalotten mit Butter in einem Topf bei schwacher Hitze dünsten. Kresse hinzufügen, salzen und pfeffern. Weitere 10 Minuten bei schwacher Hitze garen, dann mit Kokosmilch und Limettensaft im Mixer pürieren.

4 Lachsscheiben 5 Minuten dampfgaren.

5 Kurz vor dem Servieren Kressesoße abschmecken und aufwärmen, aber nicht kochen. Lachs mit Soße servieren.

> **AUCH LECKER** mit Sahne, falls Sie keine Kokosmilch haben.

> **DAZU** Basmatireis servieren.

FÜR 4 PERSONEN

ZUBEREITUNGSZEIT: 15 Min.

MARINIERZEIT: 1 Std.

GARZEIT 35 min

SCHWIERIGKEITSGRAD: ★

KOSTEN: €€

- 600 g Seezungenfilet
- 15 kleine Kartoffeln
- 1 rote Zwiebel
- 12 schwarze Oliven
- 1 in Salzlake eingelegte Zitrone (Rezept Seite 169)
- Salz und frisch gemahlener Pfeffer

Für die Marinade:

- 1 kleines Bund Koriander
- 2 Knoblauchzehen
- 1 Zitrone
- 3 Esslöffel Olivenöl

Seezungen-Zitronen-Tajine

Bereiten Sie diese Tajine im Voraus zu und stellen Sie sie in den Backofen, wenn Ihre Freunde eintreffen.

1 Für die Marinade Koriander waschen, trocken schütteln und Blätter abzupfen. Knoblauch schälen. Zitrone auspressen.

2 Koriander, Knoblauch, Zitronensaft, Olivenöl und 3 Esslöffel Wasser verrühren, in einen tiefen Teller geben, in Stücke geschnittenes Seezungenfilet darin 1 Stunde marinieren..

3 In der Zwischenzeit Kartoffeln schälen und waschen. Zwiebel schälen. Salzwasser in einem Topf zum Kochen bringen und Kartoffeln und Zwiebel 5 Minuten darin garen. Abtropfen lassen und beiseitestellen.

4 Den Backofen 45 Minuten vor dem Servieren auf 200 Grad vorheizen.

5 Fisch und Marinade in einen Tajine-Topf oder einen Bräter mit Deckel geben, Kartoffeln, Oliven, die fein gewürfelte, eingelegte Zitrone und geachtelte Zwiebel hinzufügen.

6 Salzen, pfeffern und zugedeckt 30 Minuten garen.

⊳ **AUCH LECKER** mit Kabeljau oder Köhler, die wesentlich günstiger sind als Seezunge.

FÜR 4 PERSONEN

ZUBEREITUNGSZEIT: 15 Min.

GARZEIT: 20 Min.

SCHWIERIGKEITSGRAD: ★

KOSTEN: €€

Rotbrassenfilet mit grünem Tee

Lassen Sie Ihre Gäste raten, welche Zutaten sich in der Kruste befinden. Überraschungseffekt garantiert!

- 4 Teelöffel Meersalz
- 2 Teelöffel grüner Matcha-Tee
- 4 Rotbrassenfilets (je 200 g)
- 4 weiße Rüben
- 4 Kartoffeln
- Salz und frisch gemahlener Pfeffer

Für die Soße:

- 2 Esslöffel Traubenkernöl
- 1 Esslöffel Olivenöl
- 1 Esslöffel Balsamico
- 2 Esslöffel Fischfond
- 1 Teelöffel grüner Matcha-Tee

1 Den Backofen auf 200 Grad vorheizen.

2 Meersalz und Matcha-Tee mischen. Rotbrassenfilets in eine Auflaufform legen und mit der Mischung dick bestreichen, damit eine hübsche grüne Kruste entsteht. Beiseitestellen.

3 Gemüse schälen, waschen und vierteln. Salzen und ca. 10 Minuten dampfgaren. Mit einer Messerspitze Garzustand überprüfen.

4 Für die Soße alle Zutaten in einem Topf verrühren und mit Salz und Pfeffer würzen. Bei schwacher Hitze erwärmen, dabei mit einem Schneebesen umrühren. Im Wasserbad warm halten.

5 Ca. 10 Minuten vor dem Servieren Rotbrassenfilets in den Ofen stellen und garen.

6 Auf jedem Teller Gemüseviertel und 1 Filet in Kruste harmonisch verteilen, mit Soße beträufeln und sofort servieren.

WUSSTEN SIE SCHON?

Matcha-Tee ist ein sehr feines Pulver aus grünem Tee. Er wird in Japan für die Teezeremonie benutzt, und man verwendet ihn beim Kochen als natürlichen Farb- oder Aromastoff. Sehr trendy!

FÜR 4 PERSONEN

ZUBEREITUNGSZEIT: 15 Min.

GARZEIT: 10 Min.

SCHWIERIGKEITSGRAD: ★

KOSTEN: €€

Seeteufel-Saltimbocca

Saltimbocca ist eine römische Spezialität. Die sollten Sie Ihren Gästen sofort nahebringen!

- 1 Schalotte
- 400 g Seeteufel
- 4 Salbeiblätter
- 4 feine Streifen geräucherter Speck
- 2 Esslöffel Olivenöl
- 2 Esslöffel Balsamico
- 3 Esslöffel starker Kaffee
- 1 Esslöffel flüssiger Honig
- Salz und frisch gemahlener Pfeffer

1 Schalotte schälen. Mittlere Gräte des Seeteufels entfernen und Fisch in 4 Teile schneiden. Anstelle der Gräte 1 Salbeiblatt einlegen und jedes Seeteufelstück mit 1 Speckscheibe umwickeln.

2 Olivenöl in einer Pfanne erhitzen und Saltimboccas 2 Minuten von jeder Seite darin braten. Vom Herd nehmen und warm halten.

3 Schalotte 1 Minute im Bratöl dünsten, mit Balsamico ablöschen. Bratensaft zusammenschaben, Kaffee und Honig zufügen. Salzen und pfeffern.

4 Reduzieren, bis die Soße leicht sirupartig wird. Saltimboccas zurück in die Pfanne legen, zudecken und weitere 2 Minuten garen.

> **DAZU** Brokkolipüree, Kartoffelpüree, grüne Linsen oder Tagliatelle servieren.

UNSER PROFI-TIPP

Das Fleisch des Seeteufels ist mager, fein und fest. Dieser recht teure Fisch wird ein wenig wie Fleisch zubereitet (als Spieß, als Braten, mit Soße, sautiert).

FÜR 4 PERSONEN

ZUBEREITUNGSZEIT: 20 Min.

GARZEIT: 35 min

SCHWIERIGKEITSGRAD: ★

KOSTEN: €€

- 4 Wachteln
- Salz und frisch gemahlener Pfeffer
- 2 Esslöffel Olivenöl
- 40 g Butter
- 150 ml Muskatwein
- 200 ml Geflügelsud (mit Geflügelfond zubereitet)
- 300 g Pfifferlinge
- 20 weiße Weinbeeren

Wachteln mit Pfifferlingen

Der Muskatwein verleiht den Wachteln sein würziges Aroma sowie einen ausgeprägten Traubengeschmack.

1 Das Innere der Wachteln salzen und pfeffern. In einem Topf, in den die 4 Wachten genau hineinpassen, Olivenöl und 20 g von der Butter erhitzen und Wachteln von allen Seiten kräftig anbraten. Wein zufügen und um ein Drittel reduzieren.

2 Geflügelsud hineingeben und zugedeckt bei schwacher Hitze 25 Minuten garen, dabei die Wachteln nach der Hälfte der Garzeit umdrehen.

3 Pfifferlinge putzen. In einer Pfanne mit der restlichen Butter anbraten. Abgegebene Flüssigkeit verdampfen lassen, salzen und pfeffern.

4 Weinbeeren waschen und abreiben, dann mit Pfifferlingen in die Pfanne geben und weitere 2 Minuten unter Rühren garen.

5 Falls nötig, Wachtelsoße reduzieren und Pfifferlinge und Weinbeeren zufügen. Herdplatte ausschalten und zudecken.

6 1 Wachtel, Pfifferlinge und Weinbeeren auf jeden Teller geben und mit Soße begießen.

GUT ORGANISIERT IST HALB GEKOCHT!

Falls Sie als Beilage zu diesem Gericht frische Pasta servieren, garen Sie sie vor der Ankunft Ihrer Gäste und stellen Sie sie in einem Sieb beiseite. Stellen Sie kurz vor dem Servieren die Herdplatte unter den Wachteln wieder an, spülen Sie die Pasta einmal kurz mit warmem Wasser ab und erwärmen Sie sie 1 Minute in der Mikrowelle. Etwas Olivenöl darübergeben und auf den Tellern anrichten.

FÜR 2 PERSONEN

ZUBEREITUNGSZEIT: 20 Min.

GARZEIT: 50 Min.

SCHWIERIGKEITSGRAD: ★

KOSTEN: €€

Gebratene Wachteln mit Datteln

- 6 kleine Möhren (mit Kraut)
- 2 Orangen
- ein paar Tropfen Zitronensaft
- ½ Teelöffel Kümmelkerne
- ½ Teelöffel Ingwerpulver
- ½ Teelöffel feiner Zucker
- 100 g Couscous-Grieß (mittlere Stärke)
- Salz und frisch gemahlener Pfeffer
- 2 Wachteln
- 6 Datteln mit Zweig
- Olivenöl

Bereiten Sie bei diesem Gericht für zwei das Gemüse und den Grieß zuerst vor.

1 Einen Großteil des Möhrenkrauts entfernen, 3 cm an den Möhren lassen. Möhren schälen und waschen.

2 Orangen auspressen, Saft in einen Topf gießen, Zitronensaft, Kümmel, Ingwer und Zucker zufügen. Zum Kochen bringen, dann Temperatur reduzieren und Möhren zufügen. Bei sehr schwacher Hitze offen etwa 35 Minuten köcheln: Die Möhren müssen gar, aber noch fest sein.

3 100 ml Salzwasser zum Kochen bringen und über den Grieß gießen. Mit der Gabel verrühren, um die Körner voneinander zu lösen, salzen und pfeffern.

4 Wachteln in eine kleine, ofenfeste Form legen, mit Olivenöl begießen, salzen und pfeffern.

5 Den Backofen auf 180 Grad während des Aperitifs vorheizen.

6 Wachteln 15 Minuten garen lassen. Kurz vor dem Servieren Möhren wieder auf den Herd stellen und den Grieß 1 Minute in der Mikrowelle aufwärmen.

7 Auf jeden Teller 3 Möhren, Grieß, 3 Datteln und 1 Wachtel verteilen. Mit Möhrensaft begießen und servieren.

FÜR 4 PERSONEN

ZUBEREITUNGSZEIT: 5 Min.

MARINIERZEIT: 4 Std.

GARZEIT: 1 Std. 15 Min.

SCHWIERIGKEITSGRAD: ★

KOSTEN: €€

Ente mit Gewürzen

Sie können die Ente schon am Vortag marinieren und teilweise vorkochen, damit Sie Zeit haben, Ihre Gäste in aller Ruhe zu empfangen.

- 1 junge Barbarie-Ente (2,4 kg)
- 30 g Butter
- 1 Esslöffel Sonnenblumenöl
- 1 Zitrone
- Salz und frisch gemahlener Pfeffer
- 150 g grüne Oliven (entsteint)

Für die Marinade:

- 250 g Joghurt
- abgeriebene Schale von 1 unbehandelten Zitrone
- 1 Teelöffel gemahlener Koriander
- 1 Teelöffel geriebener Ingwer

1 Marinade am Vortag zubereiten. Dafür alle Zutaten verrühren.

2 Ente unter fließend kaltem Wasser waschen und trocken tupfen. Auf einen Teller legen und mit der Marinade einreiben. Zugedeckt mindestens 4 Stunden kalt stellen.

3 Ente abreiben. In einem Bräter Butter und Sonnenblumenöl erhitzen und Ente bei schwacher Hitze von allen Seiten 5 Minuten anbraten.

4 Zitrone auspressen. 200 ml Wasser und Zitronensaft mit in den Bräter geben. Entenbrust in die Mitte setzen, salzen, pfeffern. Ente zugedeckt bei schwacher Hitze 50 Minuten garen. Ente tranchieren und die Stücke wieder in den Bräter legen.

5 Am selben Tag Oliven zufügen und etwa 10 Minuten erwärmen. Garzustand überprüfen, Deckel abnehmen und den Sud weitere 10 Minuten reduzieren.

6 Ein Entenstück von Oliven eingerahmt auf jeden Teller legen, mit Sud beträufeln und servieren.

> **DAZU** Kartoffelpüree oder Polenta reichen.

UNSER PROFI-TIPP

Die Barbarie-Ente ist eine Hausentenrasse, die sich besonders gut zum Braten eignet. Als Jungente bezeichnet man eine Ente von etwa 2 Monaten. Ihr Fleisch ist sehr zart.

WUSSTEN SIE SCHON?

Wie kann man errechnen, wie viel Gramm Entenfleisch jedem Gast zukommt? Rechnen Sie mit ca. 600 g Bruttogewicht pro Person bei einer ganzen Ente; bei einer vortranchierten Ente ohne Knochen mit 300 g pro Person. Eine Entenbrust ist für 2 Personen ausreichend.

FÜR 4 PERSONEN

ZUBEREITUNGSZEIT: 15 Min.

GARZEIT: 10 min

SCHWIERIGKEITSGRAD: ★

KOSTEN: €

- 500 g Hähnchenbrust
- 3 Schalotten
- 2 Knoblauchzehen
- 3 Esslöffel Olivenöl
- 3 Esslöffel Sojasoße
- 2 Esslöffel flüssiger Honig
- frisch gemahlener Pfeffer

Thai-Huhn

Ideal für ein Abendessen unter Frauen: einfach, fettarm und originell!

1 Hähnchenbrust in feine Streifen schneiden.

2 Schalotten schälen und klein schneiden. Knoblauch schälen und durch eine Presse drücken. Olivenöl in einem Wok oder einer Pfanne erhitzen und Hühnchen mit Zwiebeln und Knoblauch 3–4 Minuten darin braten.

3 Sojasoße und Honig hinzufügen, mit etwas Pfeffer würzen. 5–6 Minuten unter Rühren weiterbraten. Heiß servieren.

⪢ **DAZU** Salatgurke, Salatmischung oder Sojasprossen, schwarzen Reis oder Wildreis, Kartoffel- oder Selleriepüree reichen (je nach Saison).

GUT ZUR LINIE!

Nutzen Sie die Gelegenheit und zeigen Sie Ihren Freundinnen, wie man mit dem Wok kocht, indem Sie das Gericht vor ihnen zubereiten. Der Vorteil des Woks gegenüber der klassischen Pfanne besteht darin, dass man in ihm die in Zutaten geschnittenen Stücke scharf anbraten kann, ohne dass sie zu viel Fett aufnehmen.

FÜR 4 PERSONEN

ZUBEREITUNGSZEIT: 15 Min.

GARZEIT: 1 Std.

SCHWIERIGKEITSGRAD: ★

KOSTEN: €€

- 1, 5 kg Perlhuhn
- Salz und frisch gemahlener Pfeffer
- 2 Esslöffel flüssiger Honig
- 500 g Maronen (vorgegart)

Perlhuhn mit kandierten Maronen

Dieses wunderbar einfache Perlhuhnrezept eignet sich für ein Weihnachtsessen.

1 Den Backofen auf 180 Grad vorheizen.

2 200 ml Wasser in eine ofenfeste Form gießen, Perlhuhn hineinsetzen, salzen und 1 Stunde in den Ofen stellen. Perlhuhn regelmäßig mit Sud begießen.

3 Honig in einer großen Pfanne erhitzen und Maronen zufügen. Karamellisieren lassen, dabei ständig umrühren.

4 Wenn das Perlhuhn gar ist, auf einem Teller anrichten, Sud in einen kleinen Topf geben und bei starker Hitze reduzieren.

5 Perlhuhn tranchieren und mit dem reduzierten Sud und den kandierten Maronen servieren.

FÜR 4 PERSONEN

ZUBEREITUNGSZEIT: 10 Min.

GARZEIT: 20 Min.

SCHWIERIGKEITSGRAD: ★

KOSTEN: €€

- 500 ml Geflügelbrühe
- 250 g Quinoa
- 600 g Putenfilet
- Salz und frisch gemahlener Pfeffer
- ½ Teelöffel grobes Salz
- ½ Bund Koriander
- 1 kleine Salatgurke
- 2 Limetten
- 200 ml Kokosmilch

MEIN TIPP

Quinoa ist kein Süßgras wie Weizen oder Gerste und daher glutenfrei. Sehr praktisch, wenn einer meiner Gäste kein Gluten verträgt.

Quinoa-Taboulé mit Pute und Kokos

Ein sehr frisches und beliebtes Gericht für heiße Sommertage!

1 Geflügelbrühe in einem kleinen Topf zum Kochen bringen, Quinoa zugeben. Zugedeckt 20 Minuten bei schwacher Hitze garen, bis die Brühe vollständig absorbiert wurde. Abkühlen lassen, Quinoa mit einer Gabel auflockern.

2 Putenfilet in Streifen schneiden und mit Pfeffer würzen. Grobes Salz in einer Pfanne erhitzen und Putenfleisch darin 3 Minuten unter Wenden braten. Abkühlen lassen.

3 Koriander waschen, trocken schütteln, Blätter abzupfen und fein hacken. Gurke schälen und in feine Scheiben schneiden. Limetten auspressen.

4 In einer Salatschüssel Limettensaft und Kokosmilch verrühren. Salzen und pfeffern. Alle Zutaten zufügen, verrühren und kalt stellen. 15 Minuten vor dem Servieren aus dem Kühlschrank nehmen.

FÜR 4 PERSONEN

ZUBEREITUNGSZEIT: 10 Min.

GARZEIT: 45 min

SCHWIERIGKEITSGRAD: ★

KOSTEN: €

- 2 Esslöffel flüssiger Honig
- 4 Esslöffel Balsamico
- 4 Esslöffel Olivenöl
- 4 Hähnchenschenkel
- frisch gemahlener Pfeffer

Karamellisierte Hähnchenschenkel

Ihre Gäste werden von dem leichten Karamellgeschmack des Hühnchens überrascht sein!

1 Den Backofen auf 180 Grad vorheizen.

2 In einer Schüssel Honig, Balsamico und Olivenöl verrühren. Hähnchenschenkel hineinlegen, mit Soße überziehen, in eine nicht zu große ofenfeste Form legen und pfeffern.

3 Mit der restlichen Soße bedecken und 45 Minuten im Backofen garen, dabei zweimal während der Garzeit wenden.

> **DAZU** frischen Bohnensalat und ein paar Rucola-Blätter servieren.

WUSSTEN SIE SCHON?

Karamellisieren, das bedeutet nicht nur Zucker in Karamell zu verwandeln, indem man ihn bei schwacher Hitze erwärmt. Es bedeutet auch, eine Zutat in einem flachen Gefäß mit Zucker und einer kleinen Menge Wasser oder Butter zu garen.

FÜR 4 PERSONEN

ZUBEREITUNGSZEIT: 20 Min.

GARZEIT: 1 Std.

SCHWIERIGKEITSGRAD: ★

KOSTEN: €

Hühnchen-Colombo mit Pflaumen

Am Vortag zubereitet, ist dieses Gericht noch würziger.

- 4 Hähnchenschenkel
- 2 Esslöffel Olivenöl
- 2 Zwiebeln
- 50 g Colombo-Paste oder -Pulver (in diesem Fall 30 g) oder Sri-Lanka-Currypulver
- Salz und frisch gemahlener Pfeffer
- 24 Backpflaumen (entsteint)
- ½ l Geflügelbrühe

1 In einem Bräter Hähnchenschenkel im Olivenöl anbraten, dann zugedeckt bei schwacher Hitze 20 Minuten garen.

2 Zwiebeln schälen und hacken. Zwiebeln und Colombo-Paste bzw. -Pulver in den Bräter geben. Vorsichtig umrühren, salzen, pfeffern und Backpflaumen zufügen.

3 Mit Geflügelbrühe begießen und weitere 40 Minuten garen. Vor dem Servieren abschmecken.

> **DAZU** Basmatireis reichen.

MEIN TIPP

Colombo ist ein Gericht von den Antillen, das mit der Gewürzmischung zubereitet wird, die ihm seinen Namen gab. Diese Mischung besteht aus Kümmel, Kurkuma, Koriander und weißem Pfeffer.

GUT ORGANISIERT IST HALB GEKOCHT!

Falls Sie dieses Gericht im Voraus bzw. am Vortag zubereiten, nehmen Sie es nach 25 Minuten vom Herd und stellen Sie es kalt. Wärmen Sie es etwa 15 Minuten vor dem Servieren auf, wobei Sie die Soße um die Hälfte reduzieren.

FÜR 2 PERSONEN

ZUBEREITUNGSZEIT: 20 Min.

GARZEIT: 1 Std.

SCHWIERIGKEITSGRAD: ★

KOSTEN: €€

- 15 g getrocknete Morcheln
- 4 Schalotten
- 1 kleines Hähnchen
- 2 Knoblauchzehen
- 2 Esslöffel Crème fraîche
- 10 g Butter
- 1 Rolle Blätterteig (Kühlregal)
- 1 Eigelb
- Salz und frisch gemahlener Pfeffer

Geflügel mit Morcheln

Die Zutaten sind ein wenig kostspielig, aber das Ergebnis lohnt sich.

1 Den Backofen auf 180 Grad vorheizen.

2 Morcheln in einer kleinen Schale mit warmem Wasser einweichen. Schalotten schälen. Hähnchen mit Schalotten, ungeschälten Knoblauchzehen und 200 ml Wasser in eine ofenfeste Form geben. 45 Minuten garen.

3 Form aus dem Ofen nehmen, Hähnchen tranchieren. Brustfilets und Schenkel beiseitelegen. Das Fleisch sollte noch ein wenig rosa sein.

4 Jeweils 1 Brustfilet und einen Schenkel, 2 Schalotten, 1 Knoblauchzehe, die Hälfte der Crème fraîche, die Hälfte der abgetropften Morcheln und der Butter in zwei kleine Bräter geben.

5 2 Scheiben Blätterteig ausschneiden, die ein wenig größer als die Bräter sind, und diese mit jeweils einem Teigdeckel verschließen. Mit Eigelb bestreichen und 15 Minuten im Ofen garen.

⊳ **DAZU** Wildreis, der unmittelbar vor Beginn der Mahlzeit gegart und im geschlossenen Topf warm gehalten wurde, servieren.

NULLTARIF!

Am nächsten Tag den Rest des Hähnchens 30 Minuten in 500 ml Salzwasser mit 2 Estragonzweigen, 2 Möhren in Scheiben und 1 gewürfelten Zucchini garen. Brühe abseihen und Gemüse beiseitestellen. Mit den Fingern die Hähnchenstücke herausnehmen. Frische Pasta in der Brühe kochen und am Ende der Garzeit Gemüse und Fleisch hinzufügen. Mit Petersilie bestreuen und servieren.

FÜR 6 PERSONEN

ZUBEREITUNGSZEIT: 20 Min.

GARZEIT: 1 Std.

SCHWIERIGKEITSGRAD: ★

KOSTEN: €€

- 1 Zweig Rosmarin
- 250 g Crème fraîche
- 5 Esslöffel scharfer Senf
- Salz und frisch gemahlener Pfeffer
- 1,8 kg Kaninchen (in Stücke geschnitten)
- 1 kg Drillingskartoffeln
- 3 Esslöffel Olivenöl
- 20 Perlzwiebeln

Geschmortes Kaninchen mit Kartoffeln

Ein Gericht, das direkt aus dem Backofen auf den Tisch kommt!

1 Den Backofen auf 210 Grad vorheizen.

2 Rosmarin abspülen, trocken tupfen, Nadeln abzupfen und grob hacken. In einer Schüssel Crème fraîche, Senf, die Hälfte des Rosmarins, Salz und ½ Teelöffel Pfeffer verrühren.

3 Kaninchenstücke mit dieser Mischung bestreichen und in eine große, ofenfeste Form legen.

4 Kartoffeln waschen, in eine Schüssel legen, mit Olivenöl beträufeln und restlichem Rosmarin bestreuen, mit Salz und Pfeffer würzen. Gut mischen und in die Form zu den Fleischstücken legen. 200 ml Wasser zufügen und das Ganze 45 Minuten im Backofen garen, dabei von Zeit zu Zeit umrühren.

5 Perlzwiebeln schälen, zufügen und weitere 15 Minuten garen.

6 Aus dem Ofen nehmen, abdecken und das Gericht vor dem Servieren 5 Minuten ruhen lassen.

FÜR 4 PERSONEN

ZUBEREITUNGSZEIT: 30 Min.

GARZEIT: 30 Min.

SCHWIERIGKEITSGRAD: ★★

KOSTEN: €€

Kaninchen-Saltimbocca

Ein Kaninchenrezept nach der Art eines Saltimbocca alla romana. Man muss noch nicht einmal ein ausgeprägter Feinschmecker sein, um es zu genießen!

- 100 g Spinatsprossen
- 2 Schalotten
- 2 Knoblauchzehen
- 30 g altbackenes Mehrkornbrot
- 1 Teelöffel Thymianblüten
- 100 g Ricotta
- Salz und frisch gemahlener Pfeffer
- 2 große Kaninchenrücken (ohne Knochen, halbiert)
- 4 Scheiben Rohschinken
- 2 Lorbeerblätter
- Olivenöl
- 200 ml Weißwein

1 Den Backofen auf 210 Grad vorheizen.

2 Spinatsprossen waschen, abtropfen lassen. Schalotten und Knoblauch schälen, in der Küchenmaschine mit Brot und Thymian zu einer groben Paste vermengen. Mischung in eine Schüssel geben, Ricotta, Salz und Pfeffer zufügen und das Ganze gut verrühren.

3 Kaninchenrücken mit dem Messer einschneiden, ohne sie vollständig durchzuschneiden. Die Rücken sollten sich wie ein Buch öffnen lassen.

4 Ein Viertel der Füllung in jedes Stück legen und mit jeweils 1 Scheibe Schinken umwickeln.

5 Lorbeerblätter in eine ofenfeste Form legen und gefüllte Kaninchenrücken zufügen. Mit Olivenöl beträufeln, Weißwein zugießen, pfeffern und 25 Minuten im Backofen garen.

6 5 Minuten vor dem Servieren Kaninchen unter den Backofengrill stellen und auf einem Bett aus Spinatsprossen servieren.

⊳ **DAZU** frische Tagliatelle oder Pastinakenpüree servieren.

FÜR 4 PERSONEN

ZUBEREITUNGSZEIT: 10 Min.

GARZEIT: 2 Std.

SCHWIERIGKEITSGRAD: ★

KOSTEN: €€

- 700 g Schweinefilet
- 20 g Butter
- 4 Knoblauchzehen
- 4 Zweige Thymian
- 6 Salbeiblätter
- 500 ml Milch
- ½ Teelöffel geriebene Muskatnuss
- Salz und frisch gemahlener Pfeffer

MEIN TIPP

Ich schneide den Braten in Scheiben, bevor meine Gäste kommen, und lasse die Scheiben in der Soße liegen: So werden sie noch weicher.

Schweinebraten in Milch

Dieses leckere Gericht lässt sich in nur 10 Minuten zubereiten. Kurz vor dem Servieren muss der Braten nur in Stücke geschnitten werden!

1 Den Backofen auf 180 Grad vorheizen.

2 Schweinebraten in einem Bräter in Butter bei hoher Hitze von allen Seiten 3–4 Minuten anbraten. Knoblauch schälen, Thymian und Salbei waschen.

3 Milch zugießen und bei mittlerer Hitze 2 Minuten köcheln. Muskatnuss, Knoblauch und Kräuter zufügen, salzen und pfeffern. Zugedeckt 1 Stunde im Backofen garen.

4 Bräter herausnehmen, Braten umdrehen und für 1 weitere Stunde zurück in den Ofen stellen.

> **DAZU** Erbsen, Schwarzwurzeln oder geschmorte Möhren reichen.

FÜR 4 PERSONEN

ZUBEREITUNGSZEIT: 15 Min.

GARZEIT: 20 Min.

SCHWIERIGKEITSGRAD: ★

KOSTEN: €€

- 2 Lammfilets (je 300 g)
- Olivenöl
- 1 getrocknete Feige
- 1 Esslöffel scharfer Senf
- 8 Blätter Filoteig
- 8 frische grüne oder lila Feigen
- 40 g gemischte Trockenfrüchte (Pistazien, Walnüsse, Mandeln)
- flüssiger Honig
- Salz und frisch gemahlener Pfeffer

GUT ORGANISIERT IST HALB GEKOCHT!

Nehmen Sie keine großen Teller. Ideal sind Teller, die mit dem Filet und den Feigen gefüllt sind.

Lammfilet in Filoteig

Bereiten Sie alles vor der Ankunft Ihrer Gäste vor, dann müssen Sie das Gericht vor dem Servieren nur noch 30 Minuten in den Ofen stellen.

1 Den Backofen auf 240 Grad vorheizen.

2 Olivenöl in einer Pfanne erhitzen und Lamm darin bei hoher Hitze kräftig anbraten, mit Salz und Pfeffer würzen. Fett abgießen.

3 Getrocknete Feige fein hacken. Mit Senf mischen, 1 Teelöffel Honig, Salz und Pfeffer hinzufügen. Mischung auf den Lammfilets verteilen.

4 Filoteigblätter ausbreiten, mit Olivenöl bestreichen und jeweils 4 Blätter übereinanderschichten. Je 1 Lammfilet auf einen Stapel legen, die Teigkanten umschlagen. In eine ofenfeste Form legen.

5 Frische Feigen waschen und trocken tupfen. Zu den Filets in die Form legen. Mit Olivenöl und wenig Honig beträufeln, Trockenfrüchte darüberstreuen und zu Beginn der Mahlzeit in den Ofen stellen. 15 Minuten garen.

6 Im ausgeschalteten Ofen 10 Minuten bei geöffneter Backofentür ruhen lassen.

7 Filets halbieren, jeweils eine Hälfte auf einen Teller legen und Feigen dazulegen.

⪢ **AUCH LECKER** mit Brickteigblättern.

So decken Sie den Tisch für Ihre Gäste

Für eine ansprechende Dekoration brauchen Sie kein Silberbesteck und keine Kristallgläser.
Ein harmonisch gedeckter Tisch reicht völlig aus. Einige Regeln, die Sie trotz allem beherzigen sollten:

Stellen Sie so viele Gläser pro Person auf den Tisch, wie Getränke serviert werden, und zwar von links nach rechts vom größten zum kleinsten: Wasserglas links, dann Rotweinglas, dann Weißweinglas rechts. Die Champagnerflöte steht zwischen Wasser- und Rotweinglas.

Nehmen Sie am besten eine weiße Tischdecke oder hübsche Tischsets. Servietten können sich von der Tischwäsche unterscheiden, sollten aber alle identisch sein.

Lassen Sie genug Platz zwischen den Tellern, damit die Gäste sich nicht gegenseitig behindern (30–40 cm zwischen zwei Tellern). Wenn Sie die Teller aufeinander stellen, beginnen Sie mit dem Platzteller, dann der flache Teller, dann der tiefe. Vorsicht, stapeln Sie nie mehr als drei Teller übereinander und nie zwei flache Teller.

Das Besteck muss von außen nach innen in der Reihenfolge der Benutzung verteilt werden.
Legen Sie die Gabeln mit den Zinken nach unten links neben die Teller; rechts die Messer (Klinge nach innen) und die Suppenlöffel (Vertiefung nach unten). Kleine Löffel, Dessertgabeln und Käsemesser müssen oberhalb der Teller platziert werden (nach links gerichtet). Achten Sie auf eine schöne gerade Anordnung.

FÜR 2 PERSONEN

ZUBEREITUNGSZEIT: 10 Min.

MARINADE: 12 Std.

GARZEIT: 1 Std. 15 Min.

SCHWIERIGKEITSGRAD: ★

KOSTEN: €€

Eingelegte Lammvorderhaxen

Am Vortag zuzubereiten – das Fleisch wird umso zarter sein.

- 4 Möhren
- 2 Lammvorderhaxen
- 2 Fenchelknollen

Für die Marinade:

- 1 kleines Stück frischer Ingwer
- 2 Knoblauchzehen
- 2 Zweige Basilikum
- 2 Zweige Minze
- 2 Zweige Koriander
- 2 Esslöffel Sojasoße
- 3 Esslöffel Olivenöl
- Salz und frisch gemahlener Pfeffer

1 Am Vortag Möhren putzen, schälen und waschen. Lammhaxen in eine ofenfeste Form legen.

2 Für die Marinade Ingwer und Knoblauch schälen, Kräuter waschen und trocknen, Blätter abzupfen. Zutaten hacken. Gehacktes mit Sojasoße verrühren, Olivenöl und ein wenig Salz und Pfeffer zufügen.

3 Lammhaxen vollständig mit Marinade bedecken und Möhren dazulegen. Mit Frischhaltefolie bedecken und mindestens 12 Stunden kalt stellen.

4 Am selben Tag den Backofen auf 180 Grad vorheizen.

5 Lamm 1 Stunde und 15 Minuten garen, dabei die Haxen von Zeit zu Zeit wenden. Falls nötig, während der Garzeit 200 ml Wasser zufügen.

6 In der Zwischenzeit Fenchelknollen putzen, waschen und halbieren. 10 Minuten dampfgaren.

7 Fenchelknollen 15 Minuten vor Ende der Garzeit zu den Haxen geben.

FÜR 4 PERSONEN

ZUBEREITUNGSZEIT: 30 Min.

GARZEIT: 1 Std. 30 Min.

SCHWIERIGKEITSGRAD: ★

KOSTEN: €€

Kalb mit Gemüse

Ein komplettes, leichtes Gericht, das Sie auch im Voraus oder am Vortag zubereiten können.

- 800 g Kalbfleisch (aus dem oberen Teil der Keule)
- 8 Esslöffel Olivenöl
- 2 Esslöffel flüssiger Honig
- 300 ml Kalbsfond
- 1 in Salzlake eingelegte Zitrone (Rezept auf Seite 169)
- 1 Esslöffel gemahlene Kurkuma
- Salz und frisch gemahlener Pfeffer
- 1 Bund kleine Möhren
- 1 Bund Frühlingszwiebeln
- 20 TK-Zuckererbsen
- 40 g Butter
- 2 Esslöffel feiner Zucker

1 Den Backofen auf 180 Grad vorheizen.

2 Kalbfleisch in einem Bräter von allen Seiten in Olivenöl anbraten, Honig zufügen. Leicht karamellisieren lassen, Kalbsfond hinzugeben.

3 Eingelegte Zitrone in feine Scheiben schneiden, auf den Braten legen, mit Kurkuma bestreuen, salzen und pfeffern. Zugedeckt 1 Stunde und 15 Minuten im Backofen garen. Alle 30 Minuten Kalbfleisch mit Sud begießen.

4 In der Zwischenzeit Möhren und Zwiebeln putzen, Zuckererbsen waschen.

5 Butter in einem Topf erhitzen und das Gemüse darin anbraten. Zucker darüberstreuen und leicht Farbe nehmen lassen. Zur Hälfte mit Wasser bedecken, salzen und pfeffern. Gemüse 10 Minuten bei mittlerer Hitze garen, bis es mit einem Zuckerguss überzogen ist.

6 Kalbfleisch in Scheiben schneiden und Gemüse zufügen. Kurz vor dem Servieren bei hoher Hitze erwärmen und servieren.

▷ **AUCH LECKER** mit Erbsen.

FÜR 2 PERSONEN

ZUBEREITUNGSZEIT: 10 Min.

GARZEIT: 1 Std. 30 Min.

SCHWIERIGKEITSGRAD: ★

KOSTEN: €€

- 600 g Kalbfleisch (aus dem oberen Teil der Keule)
- 2 Esslöffel Olivenöl
- 1 Zwiebel
- ½ Teelöffel Ingwerpulver
- ½ Teelöffel Viergewürz
- 1 Teelöffel gemahlene Kurkuma
- 200 ml Kokosmilch
- Salz und frisch gemahlener Pfeffer

Würziges Kalbfleisch

Lange vor sich hin köchelndes Fleisch ist einzigartig zart, vor allem, wenn es sich um Kalbfleisch handelt.

1 Fleisch würfeln und in einem Bräter in Olivenöl anbraten.

2 Zwiebel schälen und klein schneiden, zum Fleisch geben. Gut mischen, Gewürze zufügen und 1 Minute unter Rühren kräftig anbraten.

3 Mit Kokosmilch begießen, Temperatur reduzieren und das Fleisch zugedeckt bei schwacher Hitze 1 Stunde köcheln lassen.

4 Abschmecken, vorsichtig umrühren und weitere 30 Minuten garen.

⊳ **DAZU** Bulgur, Couscous-Grieß oder Quinoa reichen.

FÜR 2 PERSONEN

ZUBEREITUNGSZEIT: 15 Min.

GARZEIT: 10 Min.

SCHWIERIGKEITSGRAD: ★

KOSTEN: €€

Ofen-Hochrippe

Manchmal würde man für ein gutes blutiges oder rosiges Stück Fleisch alles geben …

- 1 kg Hochrippe
- 2 Esslöffel Erdnussöl
- 3 Romana-Salatherzen
- 2 Esslöffel Olivenöl
- Salz und frisch gemahlener Pfeffer
- einige rote Pfefferkörner

1 Hochrippe im Erdnussöl in einer Pfanne scharf anbraten. In eine ofenfeste Form legen und beiseitestellen. Salatherzen waschen und trocken tupfen, halbieren und kurz in Olivenöl anbraten. Salzen und pfeffern.

2 Zu Beginn der Mahlzeit den Backofen auf 180 Grad vorheizen.

3 Ca. 10 Minuten vor dem Servieren die Hochrippe salzen und pfeffern und in den Ofen stellen.

4 Während der Vorspeise Salatherzen bei sehr schwacher Hitze aufwärmen. Mit rotem Pfeffer bestreuen und die Hochrippe umgeben von Salatherzen servieren.

MEIN TIPP

Falls etwas Hochrippe übrig bleibt, servieren Sie sie am nächsten Tag mit Salat – köstlich!

FÜR 4 PERSONEN

ZUBEREITUNGSZEIT: 10 Min.

SCHWIERIGKEITSGRAD: ★

KOSTEN: €

- 500 g Mango
- 1 Prise Safran
- 3 Esslöffel gezuckerte Kondensmilch
- 1 Teelöffel Zimtpulver

MEIN TIPP

Sie können tiefgefrorene oder Dosen-Mangos verwenden, dann sparen Sie die Hälfte der Zubereitungszeit.

Mangosüppchen

In nur 10 Minuten haben Sie ein fertiges, frisches Dessert.

1 Mangos schälen und entsteinen, das Fruchtfleisch in Stücke schneiden.

2 Mit Safran, Kondensmilch und Zimt im Mixer pürieren.

3 Mischung in Schalen gießen und bis zum Verzehr kalt stellen.

NOCH MEHR GENUSS …

Mit einer Kugel Kokosnusssorbet oder mit Baiserkrümeln bestreut.

⊳ **DAZU** eine Kugel Kokosnusseis servieren oder mit zerkrümeltem Baiser bestreut.

FÜR 2 PERSONEN

ZUBEREITUNGSZEIT: 5 Min.

RUHEZEIT: 12 Std.

SCHWIERIGKEITSGRAD: ★

KOSTEN: €

- 4 weiße Pfirsiche
- ½ Zitrone
- 300 ml süßer Weißwein
- 2 Zweige Minze

UNSER PROFI-TIPP

Weiß-Pfirsiche sind sehr aromatisch. Da sie eine feinere Textur besitzen als gelbe Pfirsiche, sind sie auch saftiger.

Pfirsichsalat mit Weißwein

Eine ganz einfache Art, Pfirsiche zu genießen … unter der Bedingung, dass man ein paar Stunden früher alles vorbereitet.

1 Pfirsiche schälen und über einer kleinen Schüssel entsteinen und vierteln, um den Saft aufzufangen.

2 Zitronenhälfte auspressen und Pfirsiche mit Saft beträufeln. Weißwein und abgezupfte Minze zufügen und die Pfirsiche 12 Stunden einlegen.

3 Kurz vor dem Servieren Minze herausnehmen, Früchte und Saft in schönen Schalen verteilen und kalt stellen.

> **DAZU** Mürbegebäck in Form von Herzen servieren

FÜR 4 PERSONEN

ZUBEREITUNGSZEIT: 10 Min.

GARZEIT: 2 Min.

SCHWIERIGKEITSGRAD: ★

KOSTEN: €

- 6 Orangen
- 1 Grapefruit
- 2 Esslöffel Orangenlikör
- 1 Teelöffel Agar-Agar

Fruchtgelee

Ein Dessert mit Pfiff und ein gelungener Abschluss eines Abendessens. Bei den Großen wird es bestimmt Kindheitserinnerungen wecken …

1 4 Orangen auspressen. Die übrigen 2 Orangen und Grapefruit schälen und die weiße Haut mit entfernen. In feine Scheiben schneiden, diese wiederum vierteln.

2 Orangensaft mit Likör und Agar-Agar in einem kleinen Topf zum Kochen bringen.

3 Jeweils einen 5 mm hohen Saftspiegel in kleine Formen gießen und den Topf bei schwacher Hitze auf dem Herd stehen lassen, damit das Ganze nicht fest wird. Gelee bei Zimmertemperatur in den Formen fest werden lassen.

4 Fruchtstücke in jede Form setzen, mit dem restlichen Fruchtsaft begießen. Abkühlen lassen und sobald das Gelee fest ist, mit Frischhaltefolie überziehen und kalt stellen.

5 Kurz vor dem Servieren stürzen (oder auch nicht).

> **DAZU** Schokoladenkuchen oder Madeleines reichen.

> **AUCH LECKER** mit Pfirsichen oder Aprikosen aus der Dose.

FÜR 4 PERSONEN

ZUBEREITUNGSZEIT: 20 Min.

GARZEIT: 30 Min.

SCHWIERIGKEITSGRAD: ★

KOSTEN: €

- 100 g feiner Zucker
- 800 g rote Früchte (Erdbeeren, rote Johannisbeeren, Himbeeren)
- 50 g Butter
- 4 Eier
- 1 Packung Vanillezucker
- 50 g Mehl
- 250 ml Milch
- 250 g Sahne
- 1 Esslöffel Puderzucker

MEIN TIPP

Für dieses Rezept sollten Sie immer eine tiefgekühlte Mischung roter Früchte im Gefrierschrank haben!

Clafoutis mit roten Früchten

Hätten Sie gern noch ein Stück Clafoutis? Wie könnte man da Nein sagen?!

1 Den Backofen auf 180 Grad vorheizen. Ofenfeste Form fetten und mit 1 Esslöffel vom feinen Zucker bestreuen.

2 Erdbeeren waschen, trocken tupfen, entstielen und vierteln. Johannisbeeren waschen, mit einer Gabel von den Rispen streifen. Erdbeeren und Johannisbeeren mit den verlesenen Himbeeren in der Form verteilen.

3 Butter bei schwacher Hitze zerlassen und abkühlen lassen. Eier mit restlichem Zucker und Vanillezucker schaumig schlagen. Mehl, Milch, Sahne und abgekühlte Butter zufügen und die Zutaten zu einem glatten Teig verarbeiten.

4 Teig auf den Früchten verteilen und die Clafoutis im Backofen 30 Minuten backen.

5 Vor dem Servieren mit Puderzucker bestreuen.

FÜR 2 PERSONEN
ZUBEREITUNGSZEIT: 5 Min.
GARZEIT: 10 Min.
SCHWIERIGKEITSGRAD: ★
KOSTEN: €

- 1 Ei
- 40 g feiner Zucker
- 125 g Mascarpone
- 1 Esslöffel Orangenlikör
- 125 g Himbeeren
- 2 Rispen rote Johannisbeeren

Beerencreme

Nutzen Sie die Himbeersaison für die Zubereitung eines saftigen Desserts.

1 1 Liter Wasser im unteren Teil eines Dampfgarers erhitzen.

2 In einer Salatschüssel Ei und Zucker schaumig schlagen. Mascarpone und Likör zufügen und unterrühren, bis eine glatte Masse entsteht.

3 Masse in 4 kleinen Auflaufformen verteilen, verlesene Himbeeren darauflegen. In den oberen Korb des Dampfgarers setzen und 10 Minuten garen.

4 Vor dem Servieren 1 Johannisbeerrispe am Rand jeder Form befestigen.

NULLTARIF!

Nehmen Sie außerhalb der Saison TK-Himbeeren. Lassen Sie sie in einem Sieb über einem Topf auftauen, um den Saft aufzufangen. Fügen Sie 2 Esslöffel Zucker hinzu und kochen Sie die Mischung 3–4 Minuten zu einem köstlichen Sirup.

FÜR 4 PERSONEN

ZUBEREITUNGSZEIT: 15 Min.

GARZEIT: 25 Min.

KÜHLZEIT: 2 Std.

SCHWIERIGKEITSGRAD: ★

KOSTEN: €

- 1 Bund Minze
- 500 ml entrahmte Milch
- 3 Pfefferminzbonbons
- 40 g feiner Zucker
- 40 g Tapiokastärke

UNSER PROFI-TIPP

Tapioka wird aus vorgekochter Maniokstärke hergestellt. Sein Geschmack ist neutral, es nimmt aber leicht die Aromen anderer Zutaten auf. Aromatisieren Sie Tapioka also mit Minze, Vanille, Kokos …

Tapioka mit Minzmilch

Tapiokastärke ist ideal, um ein bisschen Abwechslung in die Welt der Desserts zu bringen. Für Ihre Gäste ist das vielleicht etwas Neues!

1 Minze waschen, trocken schütteln, Blätter von den Zweigen zupfen. 4 Blätter beiseitelegen. Milch zum Kochen bringen. Topf vom Herd nehmen und Minze 10 Minuten darin ziehen lassen.

2 Bonbons zerstoßen. Die Splitter eines Bonbons für die Garnitur beiseitelegen.

3 Milch abseihen und mit Zucker und 2 zerstoßenen Bonbons bei schwacher Hitze zurück in den Topf geben. Umrühren, damit Zucker und Bonbonsplitter schmelzen.

4 Tapioka zufügen und bei schwacher Hitze ca. 20 Minuten weitergaren, dabei von Zeit zu Zeit umrühren.

5 Das Ganze abkühlen lassen, dann in Schalen gießen. Mit Frischhaltefolie bedecken und mindestens 2 Stunden in den Kühlschrank stellen.

6 Kurz vor dem Servieren mit Bonbonsplittern bestreuen und je 1 Minzblatt in jede Schale legen.

FÜR 4 PERSONEN

ZUBEREITUNGSZEIT: 20 Min.

GARZEIT: 15 Min.

SCHWIERIGKEITSGRAD: ★

KOSTEN: €

- 50 g weiche Butter
- 100 g feiner Zucker
- 100 g Mehl
- 5 Birnen
- 150 g dunkle Schokolade

MEIN TIPP

Ich nehme aromatische Birnen für meinen Crumble wie z. B. Conference oder Williams.

Birnen-Crumble

Ihre Freunde sind in 35 Minuten da? Genauso lange brauchen Sie für diesen Crumble.

1 Den Backofen auf 180 Grad vorheizen.

2 Butter, Zucker und Mehl in eine Schüssel geben und mit den Händen verkneten.

3 Birnen waschen, schälen und entkernen, würfeln. Schokolade in sehr kleine Stücke brechen.

4 1 ofenfeste Form fetten, Birnenwürfel und Schokoladenstücke hineingeben. Vermischen, Teig wie Streusel mit den Fingern darüber verteilen. In den Ofen stellen und 15 Minuten backen.

FÜR 6 PERSONEN

ZUBEREITUNGSZEIT: 15 Min.

GARZEIT: 35 min

SCHWIERIGKEITSGRAD: ★

KOSTEN: €

- 3 Mangos
- 4 Eier
- 6 Esslöffel brauner Rohr-Rohzucker
- 10 Esslöffel Sahne
- 6 Esslöffel gemahlene Mandeln
- 1 Packung Vanillezucker

Mango-Tarte

Diese Tarte ist etwas Besonderes. Mit ihrer fruchtig-frischen Note ist sie ein ausgesprochen guter Abschluss einer schwereren Mahlzeit.

1 Den Backofen auf 210 Grad vorheizen.

2 1 Kuchenform fetten und mit 1 Esslöffel vom Rohrzucker bestreuen.

3 Mangos schälen, entsteinen und das Fruchtfleisch in 2 cm breite Scheiben schneiden. Auf dem Formboden verteilen.

4 In einer Schüssel Eier mit Zucker 2 Minuten lang schaumig schlagen, Sahne, Mandeln und Vanillezucker zufügen und 2 Minuten unterrühren. Das Ganze auf den Mangos verteilen und 35 Minuten im Backofen backen.

5 Tarte warm oder kalt servieren.

GARNIER-IDEE:

Tarte unmittelbar vor dem Servieren mit Puderzucker bestreuen.

> **AUCH LECKER** mit Äpfeln, Birnen oder roten Früchten.

> **DAZU** eine Kugel Mango-Sorbet (vor allem, wenn Sie die Tarte kalt servieren) reichen.

FÜR 2 PERSONEN

ZUBEREITUNGSZEIT: 10 Min.

GARZEIT: 15 Min.

SCHWIERIGKEITSGRAD: ★

KOSTEN: €

- 1 Rolle Mürbeteig (Kühlregal)
- 100 g dunkle Schokolade
- 1 Esslöffel Crème fraîche
- 2 reife Bananen
- ½ Zitrone

Schoko-Bananen-Törtchen

Egal welche Form die Törtchen haben, sie werden zum Anbeißen sein.

1 Den Backofen auf 180 Grad vorheizen.

2 Mürbeteig ausrollen und kleine Scheiben ausschneiden. In die Tartelettformen legen, mit Backpapier und getrockneten Hülsenfrüchten belegen und 10 Minuten blindbacken. Hülsenfrüchte und Backpapier entfernen und abkühlen lassen.

3 In der Zwischenzeit Schokolade in einem kleinen Topf bei schwacher Hitze schmelzen. Topf vom Herd nehmen, Crème fraîche einrühren.

4 Bananen schälen. 1 Banane zerdrücken und mit ein paar Tropfen Zitronensaft beträufeln. Püree auf den abgekühlten Böden verteilen. Schokolade darübergießen. Die andere Banane in feine Scheiben schneiden und auf die Schokolade legen. Törtchen mit Frischhaltefolie abdecken und kalt stellen.

⊳ **AUCH LECKER** mit Birnen oder Himbeeren.

FÜR 6–8 PERSONEN

ZUBEREITUNGSZEIT: 10 Min.

GARZEIT: 25 Min.

SCHWIERIGKEITSGRAD: ★

KOSTEN: €

- 6 Eier
- 80 g Puderzucker
- 120 g leicht gesalzene Butter
- 200 g dunkle Schokolade
- 1 Tasse sehr starker Kaffee

Feiner Schokoladenkuchen

Ein zart-schmelzender Kuchen für die vielen Schokoladenliebhaber.

1 Den Backofen auf 200 Grad vorheizen.

2 Eier trennen. Eigelbe und Zucker schaumig schlagen. Eiweiße sehr steif schlagen.

3 Butter und Schokolade in einem kleinen Topf schmelzen, Kaffee einrühren. Eigelb-Zucker-Mischung zugeben, verrühren und Eischnee vorsichtig unterheben.

4 1 Springform fetten und den Teig hineingeben. In den Backofen stellen und 25 Minuten backen. Das Innere des Kuchens wird flüssig sein.

> **DAZU** Orangen- oder Grapefruitsalat reichen.

Prost!
Prost!

Rezeptregister nach Zutaten

Rezeptregister nach Themenbereichen

Spontanes Abendessen

Am Vortag zuzubereiten

Schnelle Rezepte

Besondere Rezepte für besondere Gäste

Rezepte für jeden Geschmack

Rezepte mit Zertifikat „Garantierter Erfolg"

Günstige Rezepte

Spezial-Rezepte für Einsteiger

Gerichte mit Trick 17 – null Küchengeräte

Apéritif-Snacks

Brunch und Gartenparty

Kindergeburtstag

Mädelsabend

Kleines Abendessen unter Freunden

Romantisches Dinner zu zweit

Genehmigte Lizenzausgabe für die
garant Verlag GmbH, Benzstraße 56, 71272 Renningen, Deutschland
www.garant-verlag.de

Deutsche Übersetzung:
Maria-Theresia Kaltenmaier und Nora Schreiber-Rouart für twinbooks, München

Produktion: twinbooks, München
Satz: textum, München

Abbildungen: Olivier Ploton (Fotografien) und Lise Herzog (Illustrationen)

Die Übersetzung des Titels wurde nach Vereinbarungen mit Larousse produziert.

ISBN: 978-3-945623-00-8

FSC www.fsc.org
MIX
Papier aus verantwortungsvollen Quellen
FSC® C023419